2022
中国柔性版印刷发展报告

主　编：陈　斌
副主编：杨爱玲　乔俊伟　罗尧成
主　审：周建宝

DEVELOPMENT REPORT OF
CHINA FLEXOGRAPHIC PRINTING
2022

文化发展出版社
Cultural Development Press
·北京·

图书在版编目（CIP）数据

2022中国柔性版印刷发展报告 / 陈斌主编. — 北京：文化发展出版社，2022.9
 ISBN 978-7-5142-3823-5

Ⅰ.①2… Ⅱ.①陈… Ⅲ.①苯胺印刷－印刷工业－工业发展－研究报告－中国－2022 Ⅳ.①F426.84

中国版本图书馆CIP数据核字(2022)第134934号

2022 中国柔性版印刷发展报告

主　　编：陈　斌
副 主 编：杨爱玲　乔俊伟　罗尧成
主　　审：周建宝

出 版 人：武　赫	
责任编辑：朱　言	责任校对：岳智勇
责任印制：杨　骏	封面设计：韦思卓

出版发行：文化发展出版社（北京市翠微路2号 邮编：100036）
发行电话：010-88275993　010-88275711
网　　址：www.wenhuafazhan.com
经　　销：全国新华书店
印　　刷：北京印匠彩色印刷有限公司

开　　本：710mm×1000mm　1/16
字　　数：222千字
印　　张：16
版　　次：2022年9月第1版
印　　次：2022年9月第1次印刷

定　　价：158.00元
ＩＳＢＮ：978-7-5142-3823-5

◆ 如有印装质量问题，请与我社印制部联系　电话：010-88275720

编委会

编撰指导委员会
钱 俊　周建宝　顾春华　郑其红　韩 健　郑雪梨　蔡志荣　孙 勇

主 编
陈 斌

副主编
杨爱玲　乔俊伟　罗尧成

成 员
（按姓氏笔画排序）

王 洋　王红国　王晓红　孔玲君　田全慧　肖 颖
尚玉梅　金 琳　孟 玫　施建屏　顾 萍　蔡成基

主 审
周建宝

完成单位
上海出版印刷高等专科学校

国家新闻出版署"智能与绿色柔版印刷"重点实验室

指导委员会人员简要信息

钱　俊　"智能与绿色柔版印刷"重点实验室学术委员会主任、武汉大学教授
周建宝　中国印刷技术协会柔性版印刷分会理事长
顾春华　上海出版印刷高等专科学校党委书记、教授
郑其红　恩熙思印刷科技（上海）有限公司总经理
韩　健　西安航天华阳机电装备有限公司董事长
郑雪梨　上海印刷技术研究所有限公司所长
蔡志荣　上海外贸界龙彩印有限公司副总工程师
孙　勇　嘉升制版（上海）有限公司总经理

编撰委员会人员简要信息

陈　斌　上海出版印刷高等专科学校校长、教授
杨爱玲　上海出版印刷高等专科学校副校长、教授
乔俊伟　"智能与绿色柔版印刷"重点实验室执行副主任、教授级高工
罗尧成　上海出版印刷高等专科学校科研处处长、教授
王　洋　上海丝艾柔印文化传媒有限公司总经理、高工
王红国　北京科印传媒文化股份有限公司《标签技术》副主编
王晓红　上海理工大学出版印刷与艺术设计学院教授
孔玲君　上海出版印刷高等专科学校教务处副处长、教授
田全慧　上海出版印刷高等专科学校信息与智能工程系副教授
肖　颖　上海出版印刷高等专科学校印刷包装工程系副主任、副教授
尚玉梅　中国日用化工协会油墨分会秘书长、高工
金　琳　上海出版印刷高等专科学校印刷包装工程系工程师
孟　玫　上海印刷技术研究所有限公司《印刷杂志》主编、副编审
施建屏　中国印刷技术协会柔性版印刷分会秘书长、高工
顾　萍　上海出版印刷高等专科学校印刷包装工程系主任、教授
蔡成基　中国印刷技术协会柔性版印刷分会顾问、高工

主　审

周建宝　中国印刷技术协会柔性版印刷分会理事长

目 录

第一部分　主报告　001

中国柔性版印刷发展报告　003

第二部分　行业产业报告篇　047

中国柔性版印刷机市场销售情况调查报告　049
中国柔印油墨发展调研报告　061
中国标签产业发展报告　069
国内柔版印刷设备及版材进出口数据分析报告　085

第三部分　标准索引与技术发展篇　093

2021 年起发布或实施的印刷及环保类相关标准索引　095
柔性版制版标准化参数的控制　097
印刷环境光源的标准化　113
柔性版印刷测试文件包含的内容及其含义　127
PE 薄膜柔性版印刷中版材的应用技巧　137
食品用纸的胶转柔印刷质量控制要点探析　145
柔性版印刷复合软包装材料工艺技术升级探讨　153
基于色差的数字水印技术比较　159

《印刷智能工厂参考模型》标准实施中关键要素分析　　168
从第十二届"石梅杯"获奖产品探索国内柔印发展趋势　　175

第四部分　行业典型案例篇　　195

软包装凹转柔助力质量和效益提升　　197
践行可持续发展理念的无菌纸质包装企业　　205
瓦楞纸箱包装的创新、环保与数字化转型之路　　214
柔印组合印刷技术推动标签生产两化融合　　221
芬兰柔印软包装公司的成功之路　　229
2021—2022年美国FTA柔印大奖赛获奖产品选评　　238

第一部分
主报告

坚定走绿色发展之路是我国印刷行业的既定发展战略，更是全行业的共识。在新冠肺炎疫情的冲击和复杂多变的外部环境的影响下，印刷行业受到前所未有的下行压力。我国柔性版印刷行业也不例外，承受了巨大的冲击和挑战，尤其是面临着市场需求转弱、原材料价格暴涨、物流不畅通等各种问题。

随着国家各项环保政策的落实和推进，以及国家为应对新冠肺炎疫情冲击而采取的一系列减税降费等有力举措的推动，我国柔性版印刷行业在充分发挥其独特的环保性、高生产效率和工艺灵活性等特点的基础上，不断追求技术创新，积极开拓新的应用领域，在抗疫中发挥了重要作用，保持了较快的增长，表现出持续向好的发展态势。

主报告以2022年的行业调查为基础，结合近年来的相关调查，对我国柔性版印刷行业的发展现状、存在问题以及未来趋势等作了深入分析并得出一些基本结论，同时给出一些建议，对促进我国柔性版印刷业持续健康快速发展具有重要意义。

由于编者能力与水平有限，报告中存在不足之处，敬请读者批评指正。

中国柔性版印刷发展报告

乔俊伟　罗尧成

2021年，面对严峻的新冠疫情和复杂多变的外部环境，在全球经济复苏脚步放缓的情况下，中国经济依旧保持了稳健的增长，持续向好，取得了全年国内生产总值同比增长8.1%、全部工业增加值同比增长9.6%的成绩，实现了"十四五"时期的稳健开局。

在过去的一年中，在党中央的正确领导下，各级政府统筹疫情防控和经济社会发展，我国印刷行业也稳步恢复，工业总产值创新高。引领行业绿色化发展方向的柔性版印刷，继续努力创新，不断寻求突破，绿色环保的柔性版印刷业在"抗疫"中发挥了重要作用，保持了良好的发展势头。

本报告以2022年5月开展的行业调查为基础（数据以2021年1月至12月为周期区间），并结合近年来的相关调查，对我国柔性版印刷行业的发展现状、存在问题及未来趋势等作了深入分析。

一、柔性版印刷行业发展状况

（一）调查样本概况

本次调查由上海出版印刷高等专科学校国家新闻出版署"智能与绿色柔版印刷"重点实验室牵头实施，得到了中国印刷技术协会柔性版印刷分会、印刷及设备器材工业协会标签印刷分会、中国日用化工协会油墨分会、中国包装联合会包装印刷与标签委员会、中国包装联合会塑料包装委员会、中国医药包装协会药用包装印刷专业委员会、部分行业媒体和广大企业的大力支持与积极参与。本次调查通过网络发放和回收问卷，回收问卷335份，其中有效问卷310份，有效问卷数同比增长了10.32 %。有效问卷中有188份为上一年度参加调研的企业问卷，分别约占本年度和上一年度有效问卷的60.65%和66.90%，调查样本保持了相对稳定性。

从调查样本的省域分布情况看，上海占比最高，约为27.74%；广东次之，约为17.42%；其他占比较高的省份还有江苏，约为10.97%；浙江，约为10.32%；山东，约为5.81%；福建，约为3.87%；安徽，约为3.22%；湖北，约为2.90%；北京，约为2.58%；四川，约为2.26%；河南，约为2.26%。总体分布状况如表1所示。

表1 调查样本企业的地域分布情况

省（自治区、直辖市）	数量 / 家	百分比
安徽	10	3.22%
北京	8	2.58%
重庆	4	1.29%
福建	12	3.87%
广东	54	17.42%
广西	1	0.32%
贵州	1	0.32%
海南	1	0.32%
河北	6	1.94%
河南	7	2.26%
湖北	9	2.90%
江苏	34	10.97%
江西	3	0.97%
辽宁	3	0.97%

续表

省（自治区、直辖市）	数量/家	百分比
内蒙古	1	0.32%
山东	18	5.81%
山西	1	0.32%
陕西	6	1.94%
上海	86	27.74%
四川	7	2.26%
天津	6	1.94%
浙江	32	10.32%
合计	310	100%

按印刷产业带划分可知，长三角区域（上海、浙江、江苏）占比为49.03%，珠三角区域（广东）占比为17.42%，环渤海区域（北京、天津、河北、山东、辽宁）占比为13.24%，其他地区占比为20.31%，如图1所示。

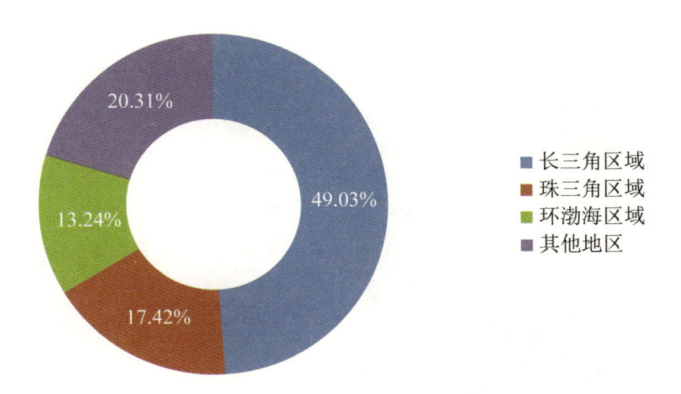

图1　调查样本的区域分布情况

调研企业中民营企业（非上市）占比最高，约为64.52%；外商独资企业占比次之，约为13.87%；上市公司约为8.06%；国有企业（非上市）约为4.84%；港、澳、台资企业约为4.52%；中外合资企业和混合所有制企业占比分别约为3.55%和0.64%，如表2所示。

表 2　调查样本企业的所有制类型分布情况

企业所有制	数量/家	百分比
国有企业（非上市）	15	4.84%
民营企业（非上市）	200	64.52%
上市公司	25	8.06%
混合所有制企业	2	0.64%
中外合资企业	11	3.55%
港、澳、台资企业	14	4.52%
外商独资企业	43	13.87%
合计	310	100%

按调研企业的主要业务类型区分，柔性版印刷企业占比约为40.32%，制版企业约为12.58%，柔印版材生产/销售企业约为5.48%，柔印设备与器材生产/销售企业约为16.78%，油墨生产/销售企业约为12.90%，印前软硬件、印刷耗材及其他相关业务企业约为11.94%，如图2所示。

图 2　样本企业中业务类型分布情况

调研企业对2022年度经营状况的预期情况如表3所示，其中预计明显好于上一年度（10%以上）的占比约为20.97%，略好于上一年度（3%～10%）的占比约为26.13%，与上一年度基本相当（-3%～3%）的占比约为22.90%，略差于上一年度（-3%～10%）的占比约为15.16%，明显差于上一年度（-10%以上）的占比约为14.84%。其中，预计明显好于或略好于上一年度的占比合计约为47.10%（上一年度约为72.04%），明显差于或略差于上一年度的占比合计约为30.00%（上一年度约为7.58%）。与上一年度的这一调研数据相比，调研企业持乐观预期的比例大幅下降，但仍然大于持悲观预期的比例，表明企业对柔印行业发展继续保持良好信心。

表3 调研企业对2022年度经营状况的预期情况

对2022年度经营预期	数量/家	百分比
明显好于上一年度（10%以上）	65	20.97%
略好于上一年度（3%～10%）	81	26.13%
与上一年度基本相当（-3%～3%）	71	22.90%
略差于上一年度（-3%～10%）	47	15.16%
明显差于上一年度（-10%以上）	46	14.84%
合计	310	100%

下面按企业的主营业务类型，分别对柔性版印刷企业、制版企业、设备与器材企业、印前软硬件与耗材及其他柔印企业等的发展状况等进行详细分析。

（二）柔性版印刷企业的发展状况

1. 基本情况

本次调查样本柔性版印刷企业中，民营印刷企业（非上市）的数量占比约为58.40%，与上一年度的调查数据（69.33%）相比有所下降，但仍然超过了其他类型所有制企业数量的总和。上市公司数量占比为15.20%，外商独资企业数量占比为10.40%，分别与上一年度的调查数据（10.00%和7.33%）相比有所上升；港、澳、台资企业数量占比为6.40%，国有企业（非上市）数量占比约为5.60%，中外合资企业数量占比为4.00%，与上一年度的调查数据相比变化不大，调查样本企业的所有制类型分布情况如图3所示。

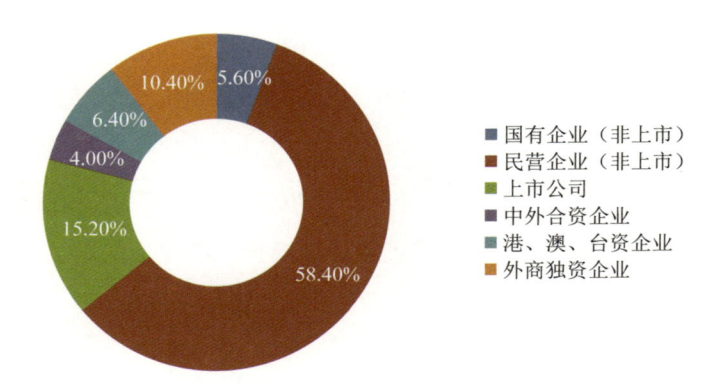

图 3　柔性版印刷企业所有制类型分布情况

与之前的调研相同，包装装潢印刷是柔性版印刷的主要应用领域，其中瓦楞纸包装、纸包装、软包装和标签印刷等均为包装印刷的重要组成部分。在瓦楞纸包装印刷中，为了与前三年（2019 年、2020 年和 2021 年）的调查范围保持一致，本次调查只涉及瓦楞纸预印，而未涉及瓦楞纸后印领域。这并不意味着柔性版印刷在瓦楞纸后印中占比较少。相反，柔性版印刷工艺在瓦楞纸板上直接印刷的所谓"瓦楞纸后印"领域中十分成熟，市场占有率相对稳定，高达 90% 以上，且通常采用水性油墨印刷，俗称"瓦楞纸水印"。

如表 4 所示，本次调研的印刷企业主营业务中标签印刷企业占比最高，约为 44.00%；软包装（含透气膜印刷）企业占比次之，约为 23.20%；薄纸类纸包装（200g/ 平方米以下纸张）企业占比约为 11.20%；厚纸包装（200g/ 平方米及以上纸张）企业占比约为 9.60 %；瓦楞纸预印企业占比约为 6.40 %；其他占比约为 5.60%。

表 4　不同主营业务类型的企业数量占比情况

企业主营业务	数量/家	百分比
标签印刷	55	44.00%
软包装（含透气膜）	29	23.20%
薄纸包装（200g/ 平方米以下）	14	11.20%
厚纸包装（200g/ 平方米及以上）	12	9.60%

续表

企业主营业务	数量/家	百分比
瓦楞纸预印	8	6.40%
其他	7	5.60%
合计	125	100%

由表4可知，标签印刷和软包装印刷是柔性版印刷最重要的应用领域。近两年也分别对这两个细分领域进行深入调研，并形成专题报告，比如《2020中国柔性版印刷发展报告》蓝皮书中《软包装领域柔性版印刷调查报告》和《2021中国柔性版印刷发展报告》蓝皮书中《柔性版印刷在标签领域的应用和发展报告》两个细分领域的专题调查报告。本蓝皮书继续对标签产业发展情况进行深入分析，并发布专题报告《2022中国标签产业发展报告》。

柔性版印刷企业拥有的员工数量情况如图4所示。其中，50人以下的企业约为22.40%，与上一年度的这一调研数据（31.33%）相比明显下降；51～100人的企业约为20.00%，与上一年度的这一调研数据（19.33%）相比变化不大；101～150人的企业和151～200人的企业占比分别约为12.80%和10.40%，与上一年度的这一调研数据（8.67%和8.67%）相比略有增加；201～250人的企业和251～300人的企业占比分别约为4.00%和5.60%，与上一年度的这一调研数据（5.33%和6.67%）相比略有下降；超过300人的企业占比约为24.80%，与上一年度的这一调研数据（20.00%）相比略有增加。

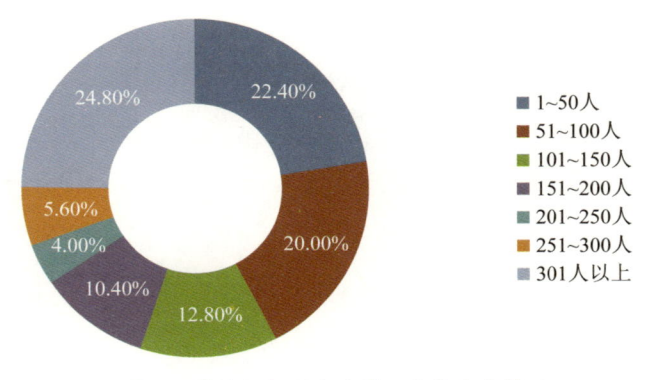

图4　柔性版印刷企业员工人数分布情况

在调研印刷企业中（集团公司除外）拥有柔印机台数 1～20 台不等，平均拥有机组式柔印机 2.72 台、卫星式柔印机 1.40 台、层叠式柔印机 0.31 台、组合式柔印机 0.47 台。按照柔印机结构形式的分布情况如图 5 所示。其中，机组式柔印机占比为 55.47%，卫星式柔印机占比约为 28.55%，层叠式柔印机占比约为 6.36%，组合式柔印机占比约为 9.62%。

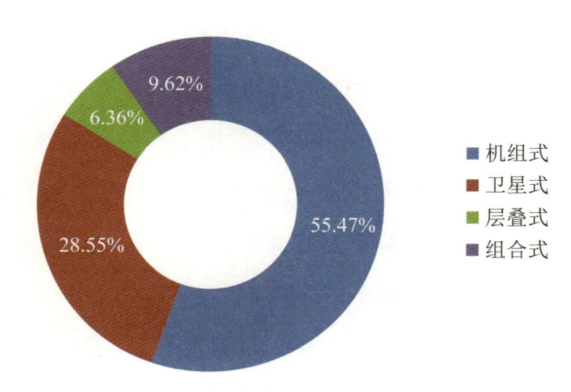

图 5　印刷企业拥有柔印机的机型分布情况

企业的年销售规模分布情况如图 6 所示。由图可知，年销售额 1000 万元以下的企业约为 8.00%；1000 万～2000 万元的企业约为 6.40%；2000 万～5000 万元的企业约为 19.20%；5000 万～1 亿元的企业约为 16.00%；1 亿～2 亿元的企业约为 14.40%；2 亿～5 亿元的企业约为 20.80%；5 亿～10 亿元的企业约为 8.80%；10 亿元以上的企业约为 6.40%。由以上数据可知，本次调研中规模以上重点印刷企业（年印刷产值超过 5000 万元）约占 66.40%，与上一年度的这一调研数据（57.33%）相比明显增加。

2. 柔印业务占比、销售及利润增长情况

柔性版印刷企业并不是仅仅采用柔性版印刷一种工艺，往往还应用了平版胶印、凹版印刷、丝网印刷、数码印刷等多种印刷工艺，有的企业应用其他印刷工艺业务占比之和超过柔性版印刷业务。

调研企业的柔性版印刷业务占企业总销售额的比重情况见表 5。其中柔性版印刷业务比重 10% 以内、10%～20%、20%～30%、30%～40%、

40%～50%、50%～60%、60%～70%、70%～80%、80%～90%和90%以上的企业数量占比分别约为8.00%、13.60%、9.60%、9.60%、11.20%、11.20%、5.60%、4.80%、7.20%和19.20%。

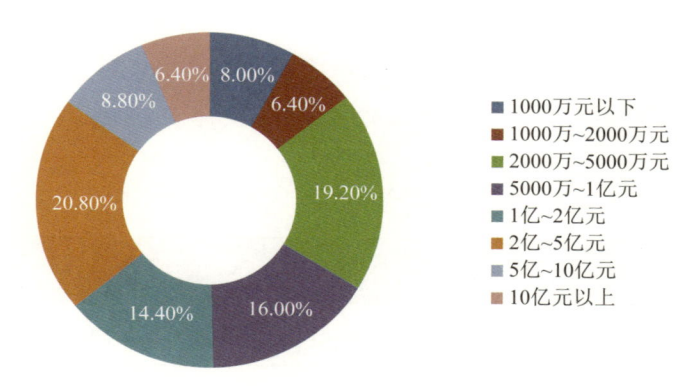

图6 柔性版印刷企业的2021年销售额情况

表5 调研企业的柔性版印刷业务占比情况

柔性版印刷业务占销售额的比重	数量/家	企业数百分比
10%以内	10	8.00%
10%～20%	17	13.60%
20%～30%	12	9.60%
30%～40%	12	9.60%
40%～50%	14	11.20%
50%～60%	14	11.20%
60%～70%	7	5.60%
70%～80%	6	4.80%
80%～90%	9	7.20%
90%以上	24	19.20%
合计	125	100%

近四年来，调研企业的柔印业务占比情况见表6。由表可知，与前三年相比，2021年的柔印业务占比呈现出整体向上浮动的趋势。其中，与2020年相比，柔印业务占销售额30%及以下的企业数占比下降9.47%，占销售额80%以上的企业数占比上升7.07%，柔印业务占比整体上呈现向上浮动的趋势。进一步分析数据表明，本次调研企业的柔印业务平均占比约为52.20%。其中与去年调研样本重合的企业柔印业务平均占比约为56.42%，同比上升了2.37%。

表6 2018—2021年柔性版印刷业务比重情况

柔性版印刷业务	2018年	2019年	2020年	2021年	同比
占销售额10%以内	19.05%	10.94%	10.67%	8.00%	-2.67%
占销售额10%~30%	22.23%	23.44%	30.00%	23.20%	-6.80%
占销售额30%~60%	25.40%	29.69%	28.00%	32.00%	+4.00%
占销售额60%~80%	14.27%	12.50%	12.00%	10.40%	-1.60%
占销售额80%~90%	4.76%	3.13%	4.00%	7.20%	+3.20%
占销售额90%以上	14.29%	20.30%	15.33%	19.20%	+3.87%
合计	100%	100%	100%	100%	0

调研企业的柔性版印刷业务增长的分布情况如图7所示。由图可知，其柔性版印刷业务与上一年度相比无明显变化（±5%以内）的企业约为12.80%。与上年度相比增长5%以上的企业约为76.80%，其中增长15%以上的企业约为42.40%，增长30%以上的企业占比为13.60%。与上一年度相比，柔性版印刷业务下降5%以上的企业约为10.40%，其中下降超过15%的企业占比为3.20%。

尽管我国印刷工业产值的统计中没有按照印刷工艺进行细分，难以直接得到我国柔性版印刷的工业产值，但仍然可以根据相关数据进行推算。2019中国印刷业创新大会发布2018年我国印刷业总产值为1.27亿元。根据科印传媒发布的《2021中国印刷业发展现状及未来趋势》《印刷业2021年经营状况分析》，2020

年我国印刷工业总产值约为 1.3 万亿元，2021 年我国印刷业规模以上企业营收同比增长 10.3%。

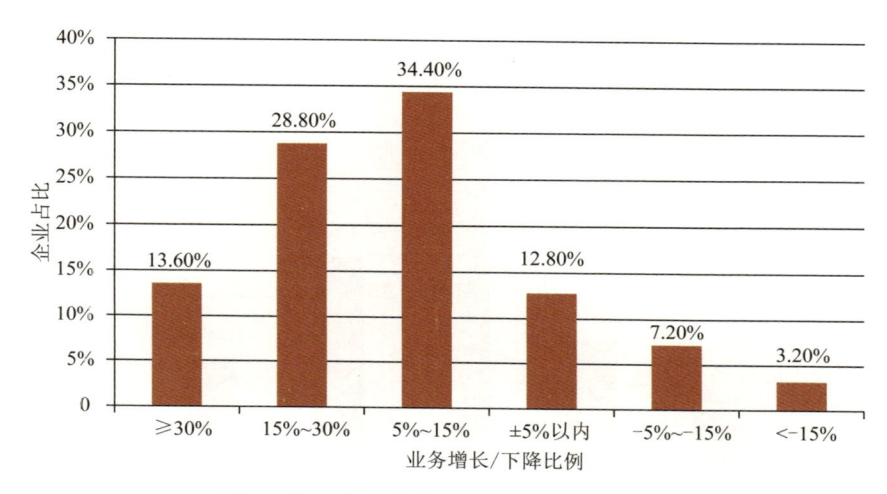

图 7 印刷企业的柔性版印刷业务增长情况

根据《2020 中国柔性版印刷发展报告》和《2021 中国柔性版印刷发展报告》的调研数据，估测 2022 年度我国柔性版印刷工业产值约为 1715 亿元，且近年来我国柔性版印刷以年均两位数增速发展，其中 2019 年和 2020 年的调研企业平均增长率分别约为 19.60% 和 13.50%。本次调研数据显示，调研企业 2021 年柔性版印刷平均增长率约为 14.65%。综合中国印刷技术协会柔印分会的分析和中国日用化工协会油墨分会的会员单位柔印油墨占比情况等数据，初步估算 2021 年柔性版印刷产值约占我国印刷工业总产值的 18.0% 以上。

调研企业柔性版印刷业务利润的增长情况如图 8 所示。由图可知，与上一年相比利润额变化不大（±5% 以内）的企业约占 24.80%，与上年度相比增长 5% 以上的企业约占 60.00%。其中，柔性版印刷业务利润增长 15% 以上的企业约占 21.60%，增长 30% 以上的企业约占 6.40%。与上一年度相比利润额下降 5% 以上的企业约占 15.20%，其中下降超过 15% 的企业约占 2.40%。利润额同比增长 6.86%，远低于营收增长率。这主要是由于原材料成本大幅飙升，以及人工成本不断上涨等因素，导致柔印企业的盈利严重承压。与科印数据《印刷业 2021 年经营状况分析》发布的"2021年，印刷业规模以上企业实现营业收入，同比增长10.3%；实现利润总额，同比下降0.4%"数据相比，柔性版印刷企业仍然保持了较高的盈利能力。

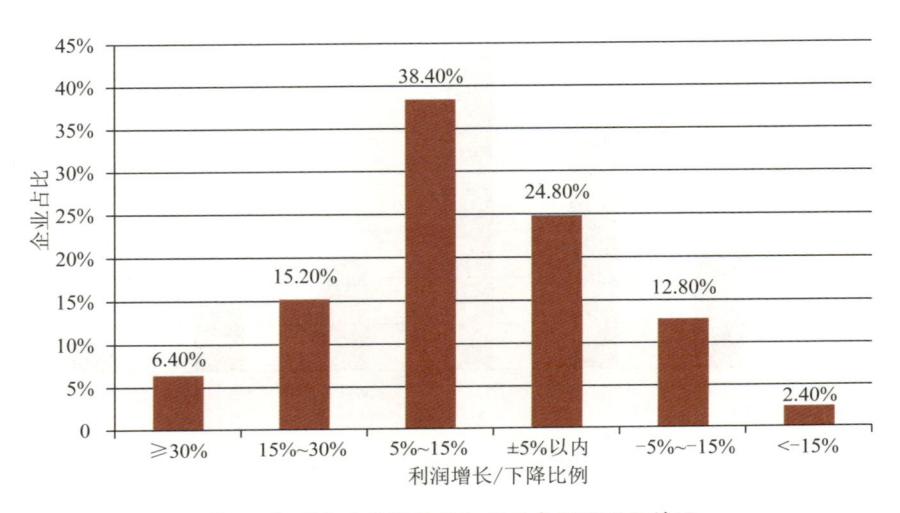

图8　印刷企业的柔性版印刷业务利润增长情况

3. 对本年度经营状况预期对比

近三年，调研印刷企业对本年度经营状况的预期对比情况如图9所示。由图可知，本年度调研中尽管超过一半的企业（51.15%）预计略好或明显好于上一年度，但与上一年度的调查数据（71.25%）相比大幅下降。其中，明显好于上一年度（10%以上）和略好于上一年度（3%～10%）的企业占比分别约为28.25%和22.90%，均比上一年度的相关调查数据（38.75%和32.50%）下降10%左右。预计与上一年度基本相当（-3%～3%）的企业占比约为25.19%，与上一年度的该数据值（20.00%）相比略有上升。预计略差或明显差于上一年度（约为8.75%）的企业约占23.66%，其中略差于上一年度（-3%～10%）的约占12.21%，明显差于上一年度（-10%以上）的约占11.45%，与上一年度的相关调查数据值（5.00%和3.75%）相比均大幅增加。

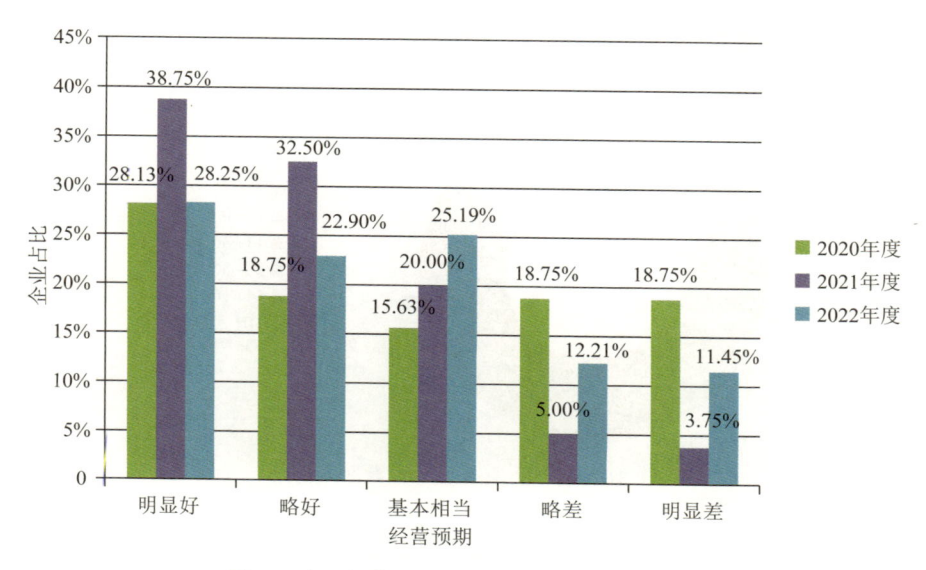

图9　近三年柔性版印刷企业的经营预期对比

（三）柔性版制版企业的发展状况

1. 基本情况

作为技术服务型企业，柔性版制版企业具有一定的技术门槛，在整个柔性版印刷流程中处于十分关键的位置。连续4年的调查表明，近80%的柔印企业完全依赖专业制版公司进行制版工作。制版企业规模普遍较小，以民营企业为主。本次调研中民营企业约占89.47%，港澳台资、外商独资和中外合资企业合计约占10.53%。近年来，行业竞争加剧，各种制版新技术层出不穷，技术迭代加快，集约化和专业化是制版行业发展的趋势。制版技术的快速发展对于柔性版印刷的印刷质量提高起到显著的推动作用，也直接推动着柔性版印刷行业的快速发展。

本次调研的制版企业中，员工人数30人以下的约占58.98%，比上一年度的调查数据（63.15%）有所减少；10人以下的企业占比约为15.39%，比上一年度的调查数据（23.68%）明显减少；31~50人的企业占比约为20.51%，比上一年度的调查数据（10.53%）大幅增加；51人以上的企业占比约为20.51%，比上一年度的调查数据（26.31%）有所减少，101人以上的企业占比约为12.82%，比上一年度的调查数据（15.79%）略有减少，如图 10 所示。

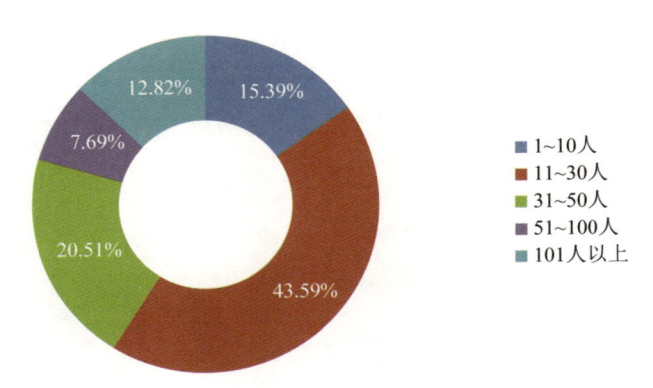

图 10　制版企业的员工人数分布情况

从销售规模来看，柔性版制版企业年销售额一般在 500 万～ 8000 万元，其中约 66.67% 的企业年销售额在 3000 万元以下，500 万～ 3000 万元的企业较为集中（约占 48.72 %）。年销售额超过 3000 万元的企业约占 33.33%，比上一年度的调查数据（21.05%）大幅增加；年销售额超过 5000 万元的企业约占 17.95%，比上一年度的调查数据（13.16%）明显增加。制版企业的 2021 年销售额分布情况和 2018—2021 年销售额分布对比情况分别如图 11 和表 7 所示。

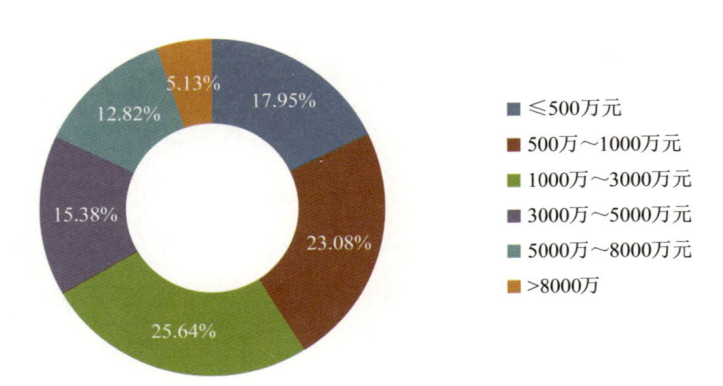

图 11　制版企业的 2021 年销售额分布情况

表 7 制版企业的 2018—2021 年销售额分布情况对比

销售额	2018 年度	2019 年度	2020 年度	2021 年度	与 2020 年同比
500 万元以下	13.79%	16.67%	18.42%	17.95%	−0.47%
500 万~1000 万元	34.48%	27.78%	21.05%	23.08%	2.03%
1000 万~3000 万元	20.69%	30.56%	39.47%	25.64%	−13.83%
3000 万~5000 万元	13.79%	19.44%	7.89%	15.38%	7.49%
5000 万元以上	17.24%	5.56%	13.16%	17.95%	4.79%

调研企业 2021 年度销售额增长情况如图 12 所示。由图可知，销售额增长 5% 以上的企业约占 64.10%，比上一年度的调查数据（52.63%）大幅增长。其中，销售额增长 5%~15% 的企业占比约为 48.72%，与上一年度的调查数据（47.37%）相比变化不大，增长 15% 以上的企业约为 15.38%，比上一年度的调查数据（5.26%）大幅增加。约 20.51% 的制版企业年销售额无明显变化（±5% 以内），比上一年度的调查数据（36.84%）大幅减少。同时，销售额减少超过 5% 的企业约占 15.39%，减少超过 15% 的企业约占 10.26%，与上一年度的调查数据（10.52% 和 2.63%）相比也大幅增加。这也说明制版企业间的竞争正在加剧，企业发展加速分化。

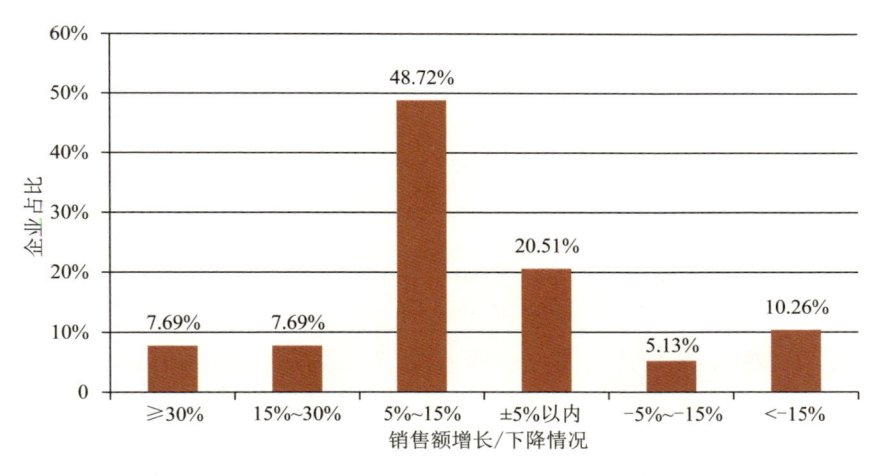

图 12 制版企业 2021 年度的销售额增长情况

柔性版制版企业 2021 年度的盈利状况如图 13 所示。由图可知，利润增长 5% 以上的企业约占 48.71%，增长 15% 以上的企业约占 15.38%，与上一年度的调查数据（36.84% 和 7.89%）相比均大幅增加。与上一年相比利润额变化不大（±5% 以内）的企业约占 33.33%，与上一年度的调查数据（36.84%）相比略有下降。利润下降 5% 以上的企业约占 23.08%，与上一年度的调查数据（26.32%）相比有所降低。其中，下降超过 15% 的企业约占 10.26%，与上一年度的调查数据（5.26%）相比显著下降。

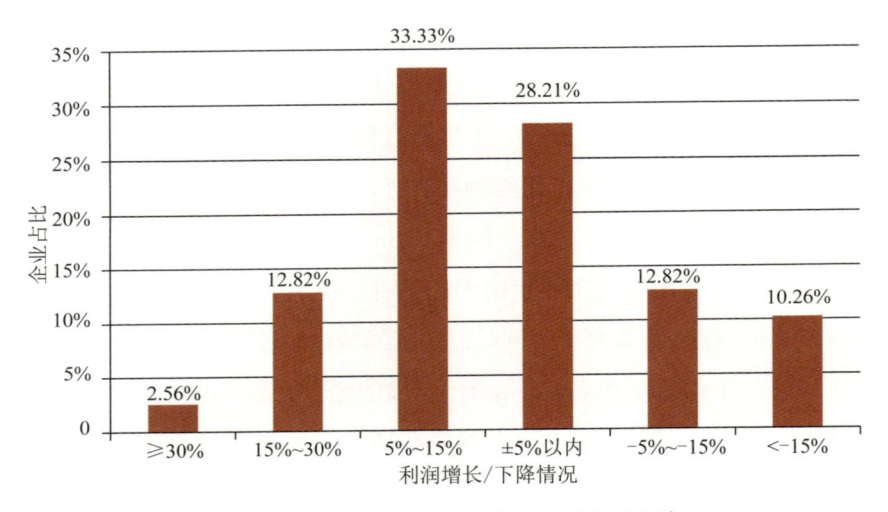

图 13　柔性版制版企业 2021 年度的利润增长情况

近三年，调研柔性版制版企业对下一年度经营状况的预期对比情况如图 14 所示。由图可知，本年度的调研中仅有三分之一左右（约为 35.90%）的企业预计明显好于或略好于上一年度，与上一年度的调查数据（47.37%）相比大幅下降。预计与上一年度基本相当（-3%～3%）的企业占比约为 23.08%，与上一年度的调查数据（34.21%）相比大幅下降。而预计明显差于或略差于上一年度的企业超过四成（约为 41.02%），与上一年度的调查数据（18.42%）相比大大增加。其中，预计明显好于上一年度（10% 以上）的企业仅为 10.26%，比上一年度的调查数据（18.42%）大幅下降；预计略好于上一年度（3%～10%）的企业约为 25.64%，比上一年度的调查数据（28.95%）略有下降。预计明显差于上一年度（10%

以上）和略差于上一年度（3%～10%）的企业均约为20.51%，比上一年度的调查数据（5.26%和13.16%）相比均大幅增加。

由图可知，近三年来柔性版制版企业每年的经营预期变化较为剧烈，2020年企业普遍对经营状况持悲观预期，2021年的经营预期整体反转，普遍持乐观预期，且基本恢复到新冠疫情前的水平，2022年的经营状况预期再次回落，但整体上仍然强于2020年的水平。

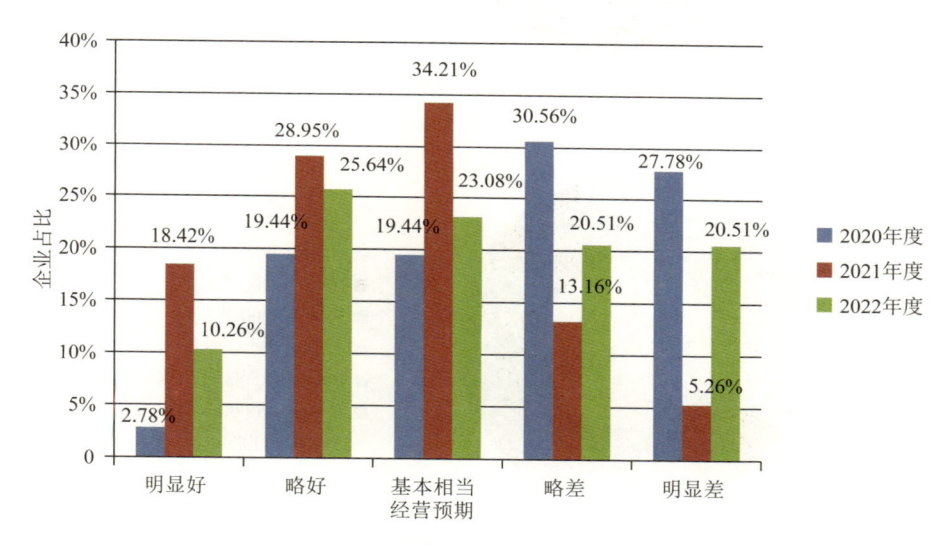

图14　近三年柔性版制版企业经营预期对比

2. 版材及溶剂的使用情况

本次调研的柔性版制版企业中各主要制版设备的分布情况如图15所示。每家制版企业平均拥有各类激光雕刻机2.64台、曝光机3.95台、洗版机3.26台、烘干机3.23台。

调研的制版企业版材年使用量最高的企业超过50000平方米，最低约为300平方米。制版企业2021年版材使用量分布情况如图16所示。由此可知，版材年使用量超过3000平方米的企业约占84.61%，与上一年度的调查数据（76.68%）相比明显增长，超过5000平方米、10000平方米和20000平方米的企业分别约占66.66%、53.84%和33.33%，与上一年度的调查数据（50.00%、39.47%和21.04%）相比均大幅增长。

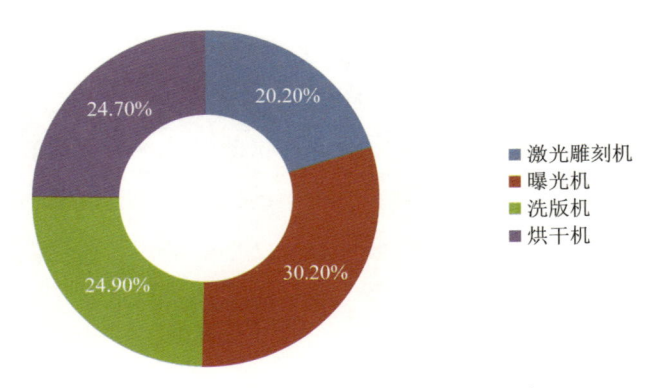

图 15　柔性版制版企业主要设备的分布情况

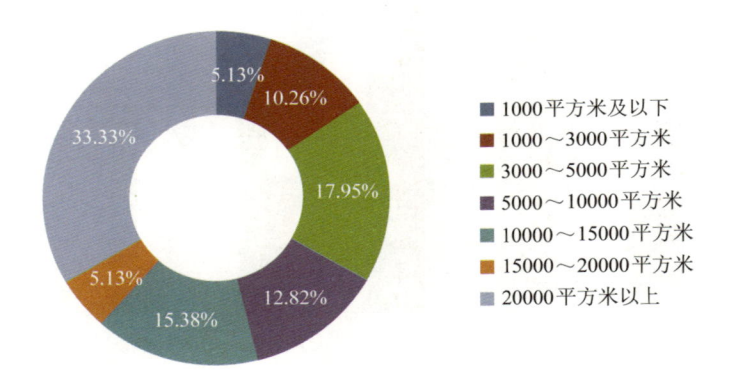

图 16　柔性版制版企业的 2021 年的版材使用量

如图 17 所示，与上一年度的版材使用量相比，用版量增长 5% 以上的企业约占 74.36%，与上一年度的调查数据（57.90%）相比大幅增长。其中，增长 15% 以上的企业占比约为 33.34%，增长 30% 以上的企业约占 10.26%。用版量减少 5% 以上的企业约占 12.82%，与上一年度的调查数据（5.26%）相比有所增长。其中，减少 15% 以上的企业约占 5.13%，与上一年度的调查数据（2.63%）相比也有所增长。用版量无明显变化（±5% 以内）的企业约占 12.82%，与上一年度的调查数据（36.84%）相比大幅减少。这从另一个侧面反映了制版企业正在发生分化。进一步数据分析表明，调研制版企业的用版量平均增长率约为 11.56%。

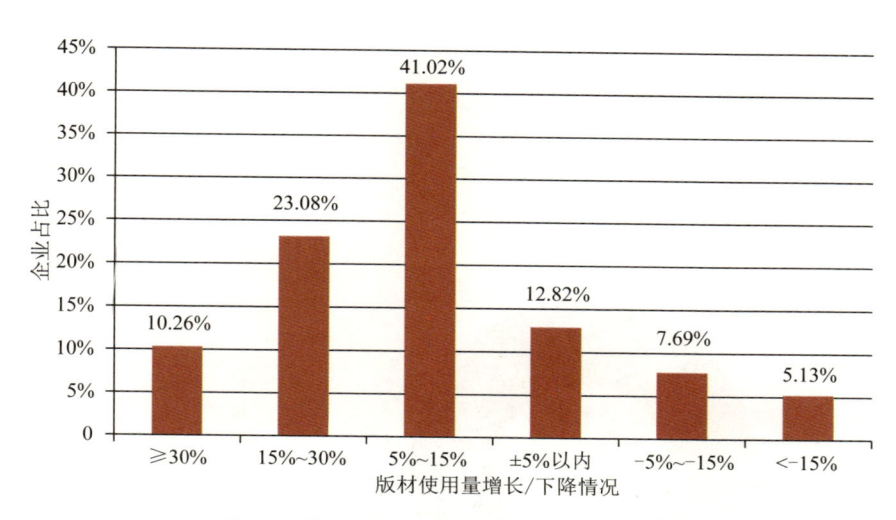

图 17 柔性版制版企业版材使用量增长情况

柔性版版材的种类主要可分为固态感光树脂版、液态感光树脂版和橡胶版。本次调研对各制版企业不同类型版材的占比情况进行了调查。结果显示，在调查的制版企业中固态感光树脂版的使用量最高，液态树脂版次之，橡胶版的使用量最小。三者的占比分别为固态感光树脂版约 82.79%、液态树脂版约 13.51% 和橡胶版约 3.70%，如图 18 所示。与上一年度的调查数据（77.29%、18.42% 和 4.29%）相比，固态感光树脂版的占比有所增加，液态树脂版的占比有所下降，橡胶板的占比也略有下降。

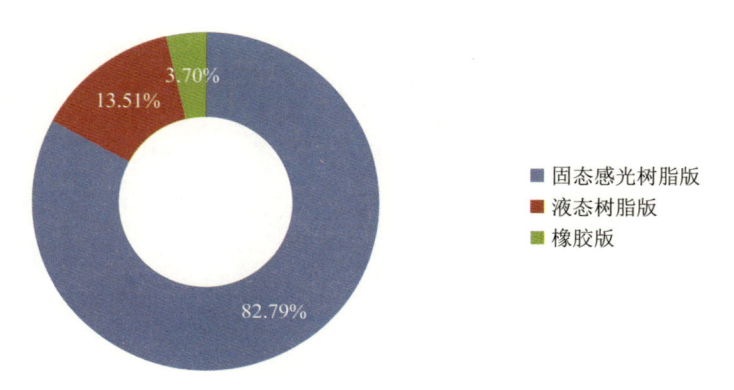

图 18 柔性版制版企业的版材种类占比情况

在版材厚度方面，根据调研企业对各种厚度版材用量的排序，结合年用版量加权计算，测算出调研企业中各种厚度版材的分布情况，如图 19 所示。按照使用量占比从高到低排序依次为 3.94 毫米、1.7 毫米、2.28 毫米、1.14 毫米、2.84 毫米、2.54 毫米和其他厚度版材，其占比分别约为 41.98%、32.35%、11.83%、6.67%、4.30%、2.55% 和 0.32%。

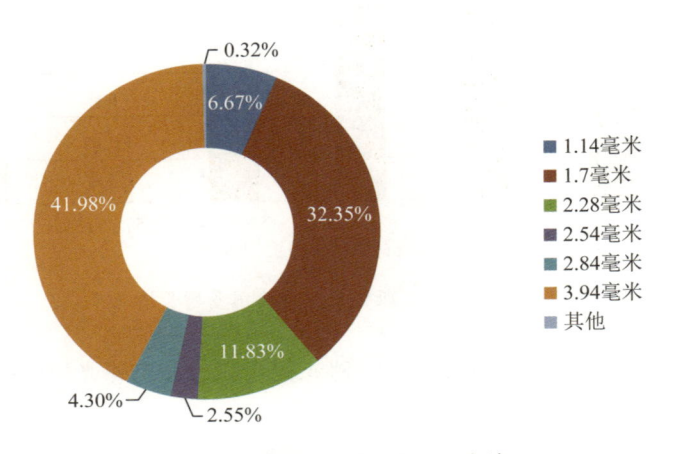

图 19　各种厚度版材的市场分布情况

根据 CI FLEXO TECH 杂志的"中国柔性树脂版市场现状机最新技术进展"（2022 年 4 月刊）以及海关进出口统计数据，2021 年，中国柔印固态感光树脂版版材总消耗量约为 135 万平方米，其中进口版材 75.67 万平方米，进口量约占市场总份额的 56.05%，进口金额增长 24.00%，进口数量增长 32.00%。按照进口数量排序，主要进口地依次为日本（27.14 万平方米）、德国（25.70 万平方米）、美国（15.91 万平方米）。

近年来，国内版材生产技术快速发展，以乐凯华光为代表的国产品牌迅速崛起，在厚版领域已经取得相对优势，并且在数字化柔版领域也取得突破，打破了国外技术垄断，以较高的性价比产品逐步得到市场认可，并远销海外。2021 年我国柔印版材出口数量 54.47 万平方米，同比数量增长 10%，金额增长 18%。2019 年调研时，乐凯华光的国内市场占有率成功进入前三名，到今天已经稳居第一，市场占有率约为 35%。

调研中发现，使用较多的国内外版材供应商（品牌）主要是乐凯华光、恩熙思（原富林特）、杜邦、旭化成、强邦、石梅、麦德美、柯达、东丽、富士胶片、JEM、东海泉龙和东洋纺等。

3. 制版及加网技术

根据调研企业对各种制版技术使用频率的排序，并结合其年使用版材量进行加权处理，统计结果显示传统的胶片制版技术约占23.20%，与上一年度调查数据（22.83%）相比基本持平。其他各种先进制版技术中主要包括基于设备的平顶网点制版（约占38.98%），版材自带平顶网点制版（约占20.59%），液态版制版（约占12.50%）、橡胶直雕制版（约占3.92%）和其他制版技术（约占0.81%）。

在加网技术方面，大多数公司同时使用几种加网技术。根据各调研企业对加网技术使用频率的排序，结合其版材使用量加权处理，结果如图20所示。其中，传统调幅网点技术占比与上一年度的调查数据（32.63%）相比略有下降，约为32.04%；HD高清网点次之，约为29.13%；Pixel+、NX Advantage加网均有较高的使用频率，占比分别约为9.87%和7.91%；Bellissima加网技术应用有所上升，约为6.85%；EskoLamation惊奇网点占比约为5.50%；水晶（Crystal）网点加网的占比相对较低，约为4.52%；其他加网技术的应用率约为4.18%。

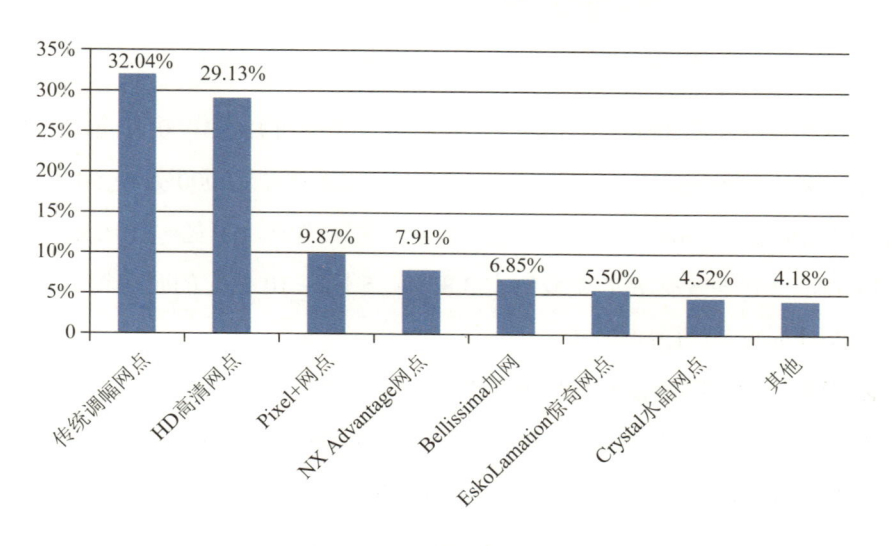

图20 各种加网技术应用情况

（四）柔印设备与器材企业的发展状况

1. 基本情况

在调研的柔性版印刷设备与器材生产销售企业中，柔印机生产销售企业约占 30.77%，柔印器材及配件生产销售企业约占 69.23%。

从员工人数来看，柔性版印刷设备与器材生产销售企业中 30 人及以下的企业占比约为 46.16%；31～50 人的企业占比约为 17.31%，51～100 人的企业占比约为 17.30%，101～200 人的企业占比约为 5.77%，201 人及以上的企业占比约为 13.46%，如图 21 所示。

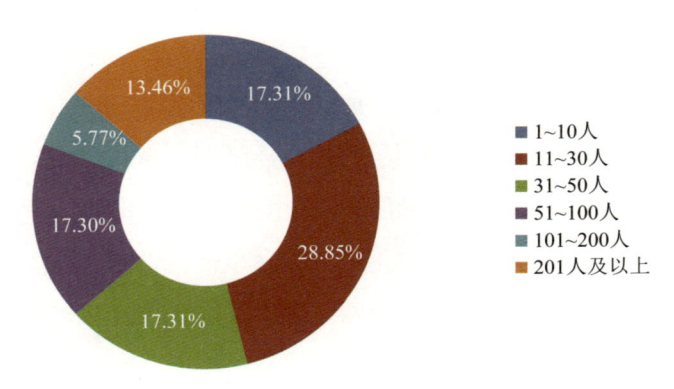

图 21　柔印设备与器材企业的员工人数分布情况

调研企业的销售额分布情况如图 22 所示。由图可知，1000 万元以下的企业约占 15.39%；1000 万～2000 万元的企业约占 21.15%；2000 万～5000 万元的企业约占 26.92%；5000 万～1 亿元的企业约占 15.39%；1 亿～2 亿元的企业约占 13.46%；2 亿～5 亿元的企业约占 3.85%；5 亿～10 亿元的企业约占 1.92%；10 亿元以上的企业约占 1.92%。

2. 幅宽、组合印刷及联线后道工艺

在调研的柔印机生产销售企业中，约有 68.75% 的企业生产窄幅机（幅宽 635 毫米以下），43.75% 的企业生产中幅机（幅宽 635 毫米～1100 毫米），43.75% 的企业生产宽幅机（幅宽 1100 毫米及以上）。

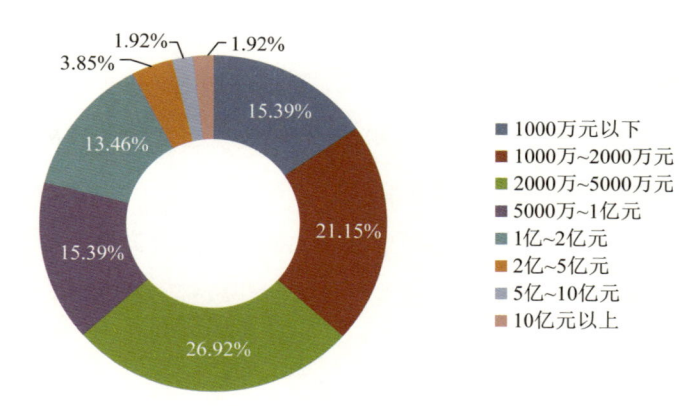

图 22　柔印设备与器材企业的销售额分布情况

调研企业中约 87.5% 的柔印机企业生产组合印刷的柔印机，其中，数字印刷、凹版印刷和丝网印刷是最为常见的组合印刷功能，分别占 56.25%、56.25% 和 43.75%，平版胶印和凸版印刷的组合印刷柔印机略少，分别约为 25.00% 和 12.50%。

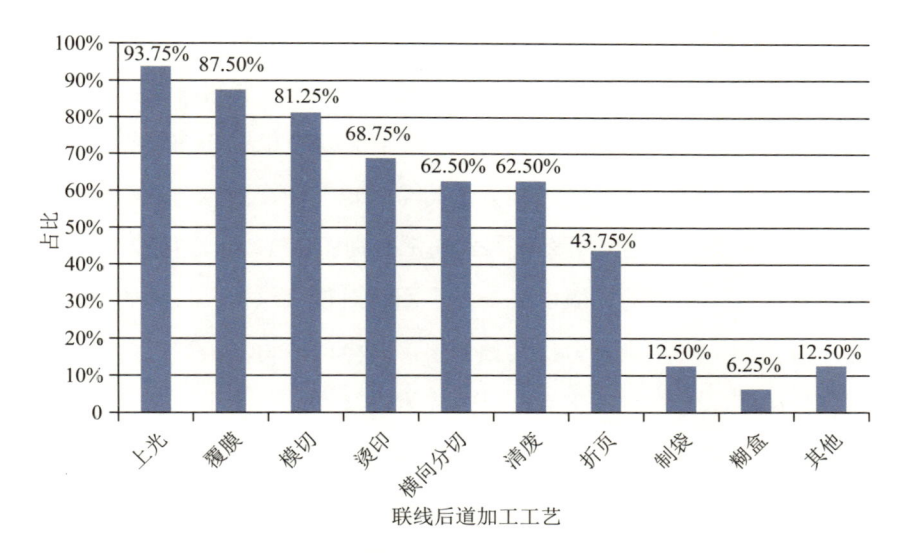

图 23　柔印设备具有联线后道加工工艺的情况

如图 23 所示，关于联线后道加工工艺，调研的印刷设备企业中具有上光、覆膜、模切功能的占比均超过 80%，分别约为 93.75%、87.5% 和 81.25%；选择具有烫印、横向分切、清废功能的企业占比均超过 60%，分别约为 68.75%、

62.50% 和 62.50%；选择具有折页功能的企业占比约为 43.75%；选择具有制袋、糊盒和其他功能的企业占比分别为 12.50%、6.25% 和 12.50%。

由以上调研数据可知，组合印刷和联线后道加工已成为柔印机的发展趋势。

3. 柔印机结构、自动控制及智能化技术

在柔印机结构方面，分别从印刷单元和供墨系统两个方面进行了调研。其中在印刷单元结构方面，主要对印刷辊传动方式、印版辊结构、离合压方式和走辊枕方式等进行了调研。

由于柔印机的版辊、网纹辊传动技术采用相互独立的伺服电机取代传统齿轮或机械长轴传动，分别控制各色版辊和网纹辊的运行速度和运行角度，使承印物依次经过各色印版，完成套印工序。这样的传动方式具有套印精度高、机械结构简化、传动比范围宽、组合配置灵活、功能扩展便利等优点，目前印刷辊的伺服传动已经成为高端进口柔印机的标配。

本次调研中约有 56.25% 的柔印机企业生产的柔印机完全采用伺服传动方式，6.25% 的企业生产的柔印机为齿轮传动方式，另有约 37.50% 的企业两种驱动方式的机型都在生产。所生产柔印机采用套筒式印版辊的企业约占 62.50%；柔印机采用走辊枕方式印刷的企业约占 37.50%，采用不走辊枕方式印刷的约为 62.50%。

柔印机的离合压通常是通过控制大滚筒与版辊之间、版辊与网纹辊之间的距离来实现的，而控制它们之间距离的方式通常有伺服、气动、液压或手动等方式。由于伺服离合压方式采用的伺服电机带有多圈绝对值编码器，该编码器具有位置记忆功能，可方便实现印刷压力自动预调整，减少印刷材料浪费，并且具有压力控制精度高、印刷压力稳定等优点，已经成为高端柔印机的主流技术。本次调研中采用伺服离合压调压控制技术的企业高达 87.50%，采用气动、液压方式的企业分别占比约 68.75% 和 25.00%，而手动离合压方式已经停产。

在柔印机供墨系统的结构与功能方面，分别从墨腔结构、网纹辊结构墨路自动清洗等方面进行了调研。结果显示，调研企业中其柔印机采用了封闭墨腔结构和开放式墨槽结构的企业分别约为 68.75% 和 56.25%；采用套筒式陶瓷网纹辊和带轴式陶瓷网纹辊的企业各占 50.00% 左右，见图 24。

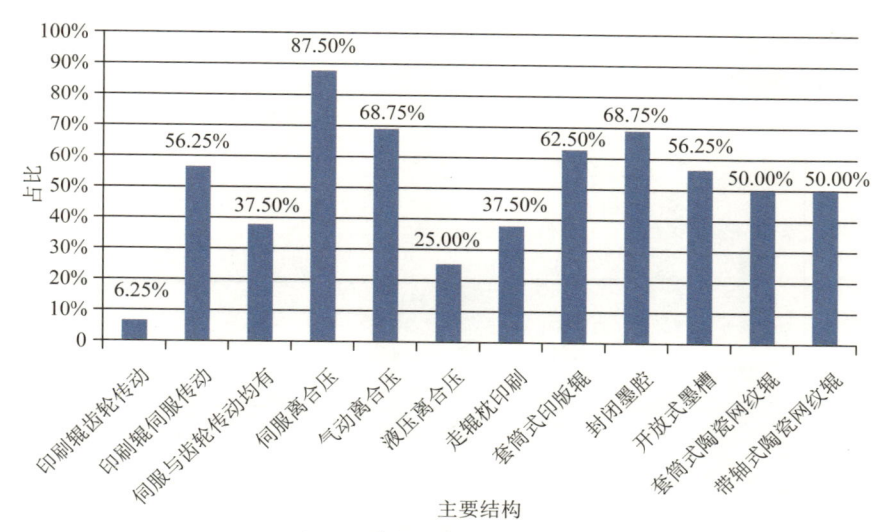

图 24 柔印设备的主要结构情况

在自动控制技术方面，分别从在线套印检测、自动印刷压力调节、在线印品检测与调整、墨路自动清洗，以及油墨的黏度、温度和流量的在线监测与调整等方面进行了调研。

调研数据显示，所生产柔印机具有在线套印检测与自动调整功能的企业约占 81.25%，具有印刷压力自动调节功能的约占 62.50%，具有在线印品缺陷检测功能的约占 56.25%，具有在线色彩检测与自动调整功能的约占 31.25%，具有墨路自动清洗功能的约占 50.00%，具有油墨黏度在线检测与调节功能的约占 31.25%，具有油墨温度在线检测与调节功能的约占 12.50%，具有油墨流量在线监测与控制功能的约占 18.75%，如图 25 所示。

在柔印机智能化功能方面，分别对调研企业生产柔印机是否具备远程通信、互联网接入、状态监控和自检功能、远程诊断与维护、预测性维护、计划性维护、与 ERP 系统接口以及与 MES 系统接口等方面进行了调研。

调研数据显示，约 93.75% 的企业生产的柔印机具有远程通信功能，约 75.00% 的企业生产的柔印机具有连接互联网功能，约 81.25% 的企业生产的柔印机具有状态监控和自检功能，约 75.00% 的企业生产的柔印机具有远程诊断和维护功能，约 37.5% 的企业生产的柔印机具有预测性维护功能，约 31.25% 的企业生产的柔印机具有计划性维护功能，约 50.00% 的企业生产的柔印机具有与 ERP 系统接口功能，约 31.25% 的企业生产的柔印机具有与 MES 系统接口功能（如图 26 所示）。

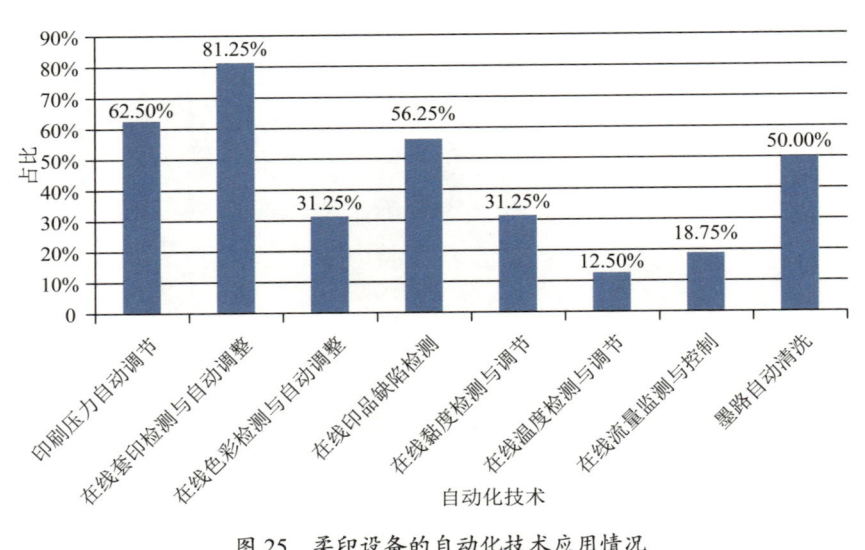

图 25 柔印设备的自动化技术应用情况

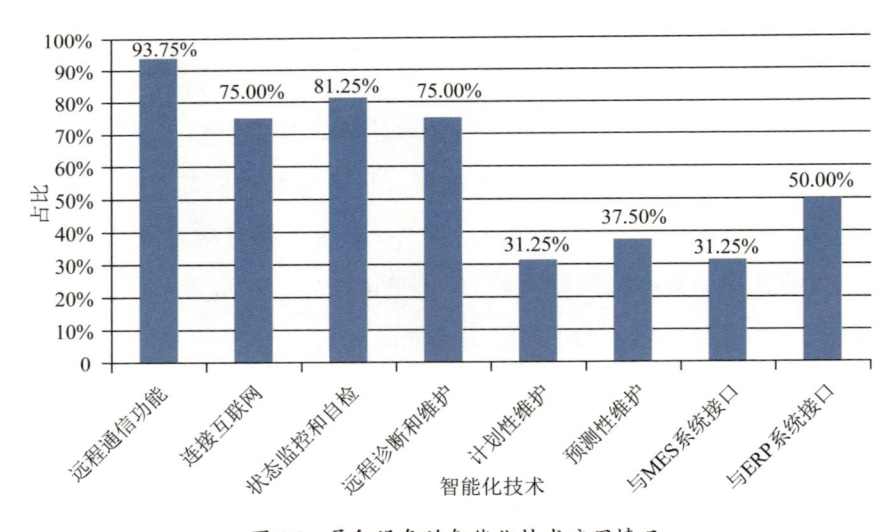

图 26 柔印设备的智能化技术应用情况

（五）印前软硬件、印刷耗材及其他企业的发展状况

本次调查中，印前软硬件、印刷耗材及其他柔印相关企业的业务类别分布

如图 27 所示。其中，印前及制版软硬件约占 21.62%，印刷材料及耗材企业（不含版材企业）约占 43.25%，印刷智能化相关约占 2.70%，其他相关业务约占 32.43%。

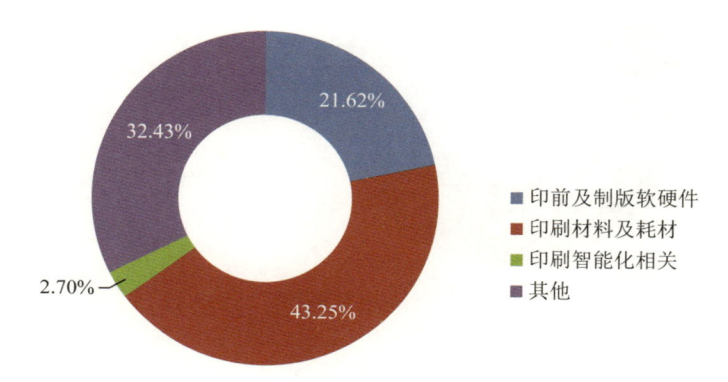

图 27　印前软硬件、耗材及其他相关企业的业务类别分布情况

从员工人数来看，柔性版印刷相关企业以 30 人及以下的企业占比最多，约为 56.75%；200 人以上的企业占比约为 21.62%，如图 28 所示。其中 200 人以上的企业多为印刷辅料及耗材、印前及制版软硬件、印刷智能化制造企业。

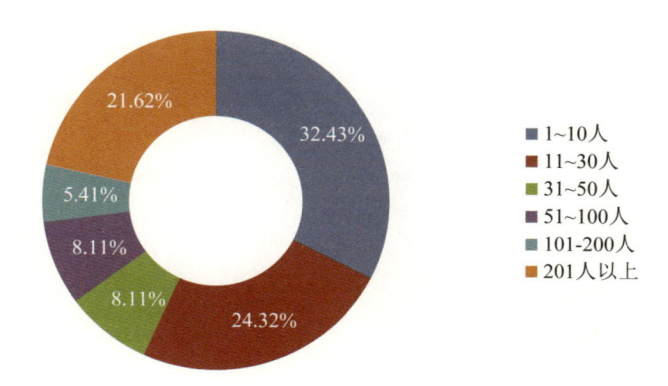

图 28　印前软硬件、耗材及其他相关企业的员工人数分布情况

调研企业的销售额分布情况如图 29 所示。由图可知，1000 万元以下的企业约占 45.95%；1000 万～2000 万元的企业约为 13.51%；2000 万～5000 万元的企业约为 8.11%；5000 万～1 亿元的企业约为 8.11%；1 亿～2 亿元的企业约为

2.70%；2亿～10亿元的企业约占10.81%；10亿元以上的企业约占10.81%。

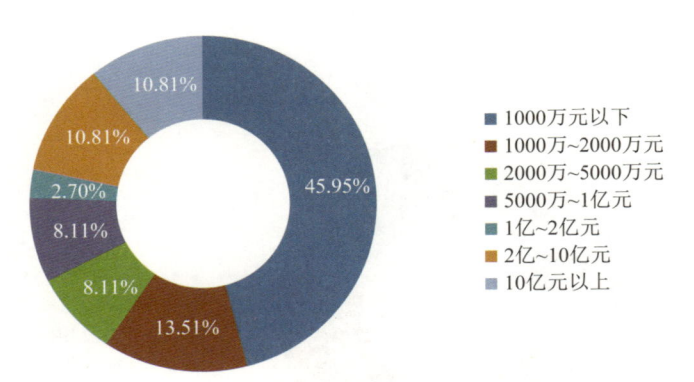

图29　印前软硬件、耗材及其他相关企业的销售额分布情况

调研企业中与柔性印相关的业务比重情况的企业分布情况如图30所示。与柔性版印刷相关的业务比重在10%以下、10%～30%的企业分别约占18.92%、35.14%，比重在30%～50%企业约占10.81%。比重在50%以上的企业约占35.13%，其中比重在80%以上的企业约为16.21%。进一步数据表明，调研企业中与柔印相关的业务比重平均为36.32%。

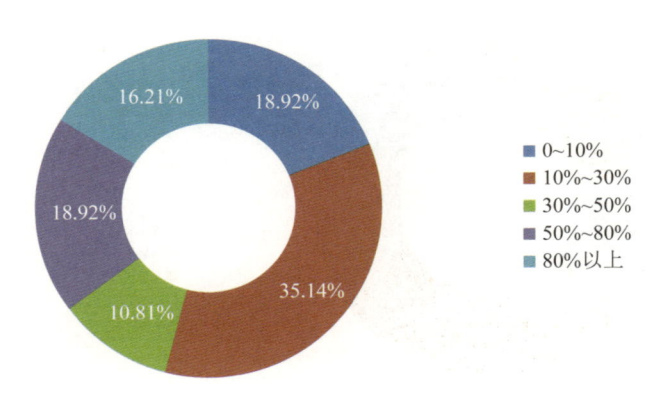

图30　柔性版印刷相关业务的占比情况

调研企业直接出口业务比重情况如图31所示。由此可知，半数以上（54.05%）的调研企业出口业务为零或10%以内，绝大多数调研企业（83.78%）出口业务比重在30%以下。出口业务比重为30%～50%的企业约占16.22%，出口业务

比重为 50% 以上的企业约占 0%。

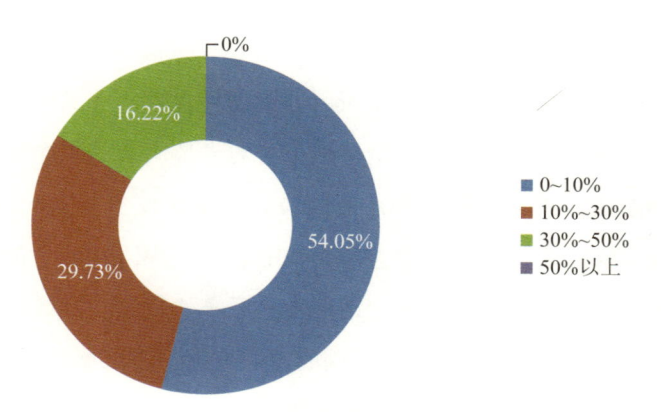

图 31　出口业务比重分布情况

调研企业柔性版印刷相关业务销售额增长情况如图 32 所示。由图可知，绝大多数调研企业（64.87%）的柔性版印刷相关业务销售额有所增长（增幅大于 5%）。其中，销售额增幅为 5%～15% 的企业约占 27.03%，增幅 15%～30% 的企业约占 27.03%，增幅 30% 及以上的企业约占 10.81%。销售额变化不明显（±5%）的企业约占 24.32%，降幅较大（下降 15% 以上）的企业约占 8.11%。进一步数据分析表明，该类调研企业的柔印业务平均增长约为 10.48%。

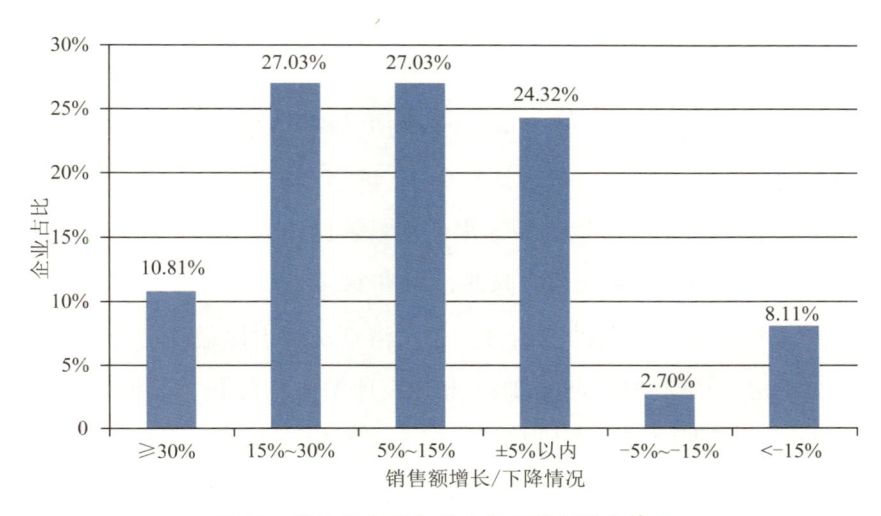

图 32　柔性版印刷相关业务销售额增长情况

二、柔性版印刷行业的环保现状

近年来，柔性版印刷受到社会各界普遍青睐的重要原因是其绿色特性。

柔性版印刷的绿色特性首先体现在所用油墨的环保性。尤其是柔性版印刷水性油墨，不含有毒性较强的苯、酯和酮，也不含对人体有害的重金属，其连结料主要由水和树脂组成，不含有机溶剂，可以最大限度地减少 VOCs（挥发性有机化合物）的排放，防止大气污染，改善印刷作业环境，保障从业者的身体健康，避免印刷品表面残留的溶剂气味，特别适用于食品、饮料、药品等对卫生条件要求严格的包装印刷产品。而且，柔性版印刷的墨层厚度只有凹版印刷的一半左右，单位面积的油墨消耗量远小于凹版印刷的油墨消耗。

其次柔性版的制版环节也更加绿色化，比如逐渐摒弃传统的溶剂洗版方式（四氯乙烯与正丁醇混合溶剂洗版方式），转而采用更加环保的洗版溶剂，甚至无溶剂制版方式（比如热敏制版和水洗版）等。

同时，柔性版印刷属于轻压力印刷，设备能耗相对较低，有利于印刷行业实现"碳达峰"和"碳中和"的目标。近四年的调研发现，无论是柔性版印刷企业，还是柔性版制版企业都高度重视生产过程中的 VOCs 处理、废水处理和溶剂回收，并且在照明、设备和厂房等的节能化改造方面做了不少工作，进一步提升了柔性版印刷全流程的绿色环保特性。

本次调研印刷企业的油墨使用量占比情况与 2021 年的调研情况相比变化不大。其中，水性油墨使用量占比约为 46.24%，与上一年度的这一调研数据（46.72%）相比基本持平；UV 油墨使用量占比约为 37.46%，与上一年度的这一调研数据（34.59%）相比略有上升；溶剂型油墨使用量占比约为 16.30%，与上一年度的这一调研数据（18.69%）相比略有降低。如图 33 所示。

在各类柔性版制版工艺的洗版方式中，溶剂洗版占比最高，约为 86.88%，与上一年度的这一调研数据（80.62%）相比有所增加。其中，四氯乙烯洗版约为 24.56%，与上一年度的这一调研数据（34.52%）相比大幅下降；而环保型洗版液约为 62.32%，与上一年度的这一调研数据（46.10%）相比大幅增长。水洗版占比约为7.14%，与上一年度的这一调研数据（3.19%）相比增长明显；无纺布洗版（热敏版）占比约为4.32%；其他约为1.65%。如图34所示。

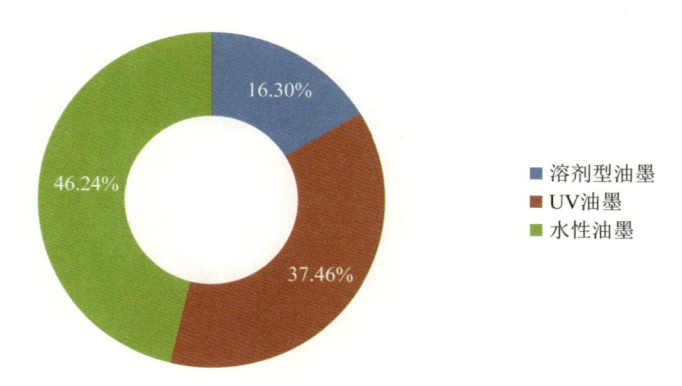

图33 柔性版印刷油墨种类的应用比例

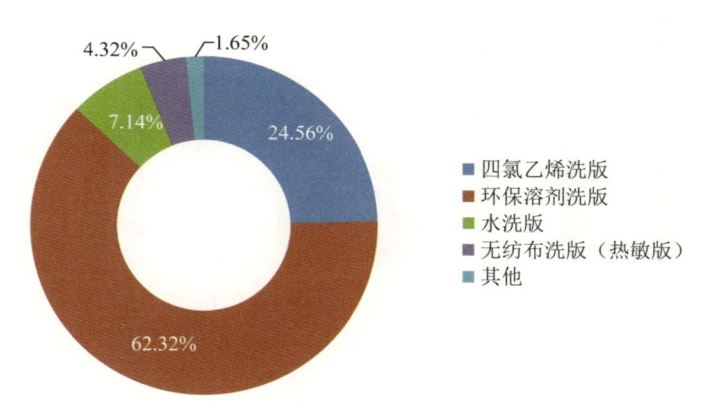

图34 洗版方式的应用比例

在调查的印刷企业和制版企业中，废水、废气处理和溶剂回收设备安装率普遍较高，如图35所示。其中安装了VOCs处理设备的印刷企业和制版企业分别约为76.00%和79.49%，与上一年度的调查数据（分别为78.75%和65.79%）相比，印刷企业的安装率基本接近，制版企业的安装率大幅上升；安装了废水处理装置的印刷企业和制版企业分别约为68.20%和30.77%，与上一年度的调查数据（72.50%和28.95%）相比，印刷企业安装率略有下降，制版企业略有增长；安装了溶剂回收装置的印刷企业和制版企业分别约为21.60%和73.62%，与上一年度的调查数据（15.00% 和 63.16%）相比，印刷企业安装率上升明显，制版企业安装率大幅上升；约 24.00% 的印刷企业和 28.08% 的制版企业进行了灯光节能化技术改造，与上一年度的调查数据（23.75% 和 31.58%）相比，印刷企业稍稍增加，制版企业略有下降；约 24.80% 的印刷企业和 17.82% 的制版企业进行了设备节能化技术改造，与上一年度的调查数据（23.75% 和 21.05%）相比，印刷企业变化不大，制版企业略有下降；约 21.60% 的印刷企业进行了厂房节能化技术改造，与上一年度的调查数据（22.50%）相比基本接近；约 29.60% 的印刷企业在源头采购和过程控制中实施了环保化措施等，与上一年度的调查数据（26.25%）相比略有增加。

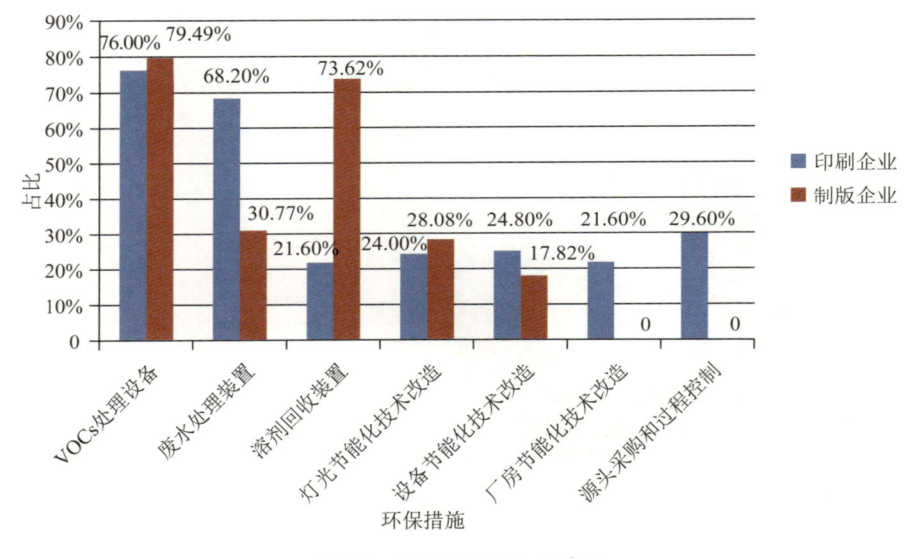

图 35　环保措施的应用情况

本次调研中，关于国家环保政策对柔印行业发展的影响强弱程度方面（以最高 10 分计），认为影响程度大于等于 5 的约占 76.13%，影响程度大于等于 6 的约占 62.26%，影响程度大于等于 7 的约占 49.03%，影响程度大于等于 8 的约占 33.22%，影响程度大于等于 9 的约占 15.16%，如图 36 所示。进一步分析数据表明，平均分值约为 6.16，说明国家环保政策对柔印行业发展具有显著的影响力。

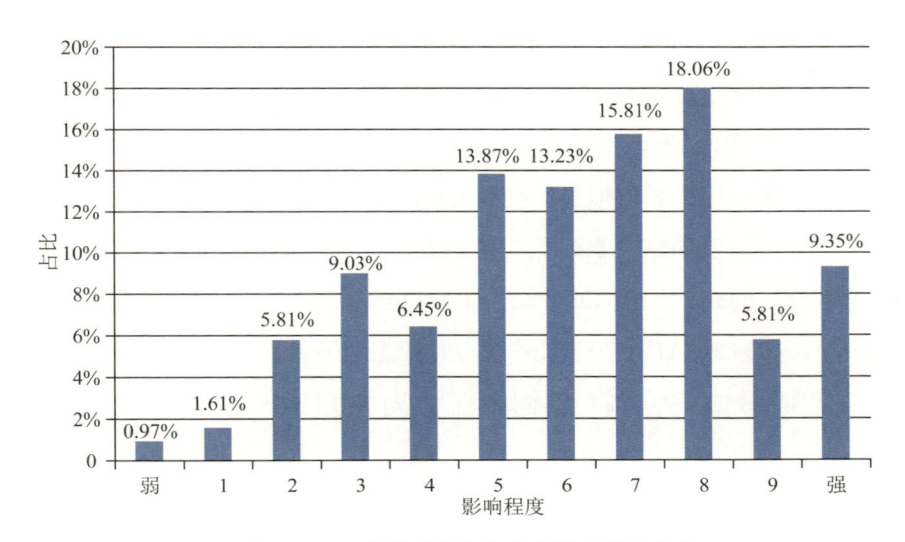

图 36　环保政策对柔印行业发展的影响程度

三、智能化技术应用情况

智能化是印刷数字化和自动化发展的更高阶段，可在很大程度上提高企业运营效率，降低综合成本，使企业在市场竞争中获取更多优势，同时也是企业加快科技创新进程，实现高质量、可持续发展的必由之路。而印刷过程的标准化、数字化、自动化以及精细管理等是实现印刷智能化的前提条件和必要基础。

本次调研对柔性版印刷企业的印前处理、主要设备智能化功能、管理信息化系统应用、标准化应用以及智能化车间等情况进行了调查。

本次调研的印刷企业中具有部分印前处理能力的企业约占58.40%。其中，拥有印前流程管理系统的企业约占47.95%，具有智能/自动分色处理能力的企业约占36.99%，具有智能/自动拼版能力的企业约占34.25%，如图37所示。

在管理信息化系统应用方面，本次调研的印刷企业中拥有ERP（企业资源管理系统）的企业约占80.00%，与上一年度的这一调研数据（73.12%）相比有所增长；拥有OA（办公自动化系统）的企业约占44%，与上一年度的这一调研数据（36.36%）相比有所增长；拥有MES（制造执行系统）的企业约占28.00%，与上一年度的这一调研数据（23.38%）相比有所增长；拥有 PLM（产品生命周期管理系统）的企业约占 11.20%，与上一年度的这一调研数据（6.49%）相比有所增长；拥有 WMS（仓库管理系统）的企业约占 28.00%，与上一年度的这一调研数据（20.78%）相比有所增长；拥有 CRM（客户关系管理系统）的企业约占 18.40%，与上一年度的这一调研数据（15.58%）相比有所增长；拥有 SCM（供应链管理系统）的企业约占 12.80%，与上一年度的这一调研数据（15.58%）相比略有减少；拥有 SCADA（数据采集与监控系统）的企业约占 8.80%，与上一年度的这一调研数据（9.09%）基本接近，如图 38 所示。

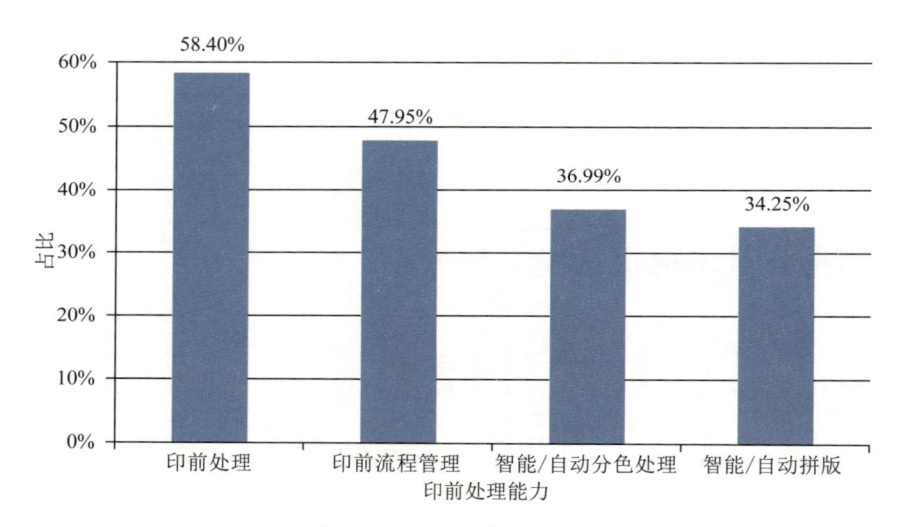

图 37 柔印企业具有印前处理能力的情况

在智能化车间方面，能够运用条形码或智能标签进行生产追溯的企业约占 49.20%，与上一年度的这一调研数据（48.75%）相比稍有增加；能够实现设备与信息系统之间连接通信的企业约占 38.00%，与上一年度的这一调研数据（33.75%）相比明显增加；能够实现自动工时统计的企业约占 33.60%，与上一年度的这一调研数据（25.25%）相比明显增加；能够实现设备之间连接通信的企业约占 20.80%，与上一年度的这一调研数据（21.50%）相比基本接近；能够实现自动质量数据采集的企业约占 15.40%，与上一年度的这一调研数据（13.25%）相比略有增加；拥有车间物流智能分拣系统（含 AGV）的企业约占 6.00%，与上一年度的这一调研数据（2.75%）相比也有所增加，如图39所示。

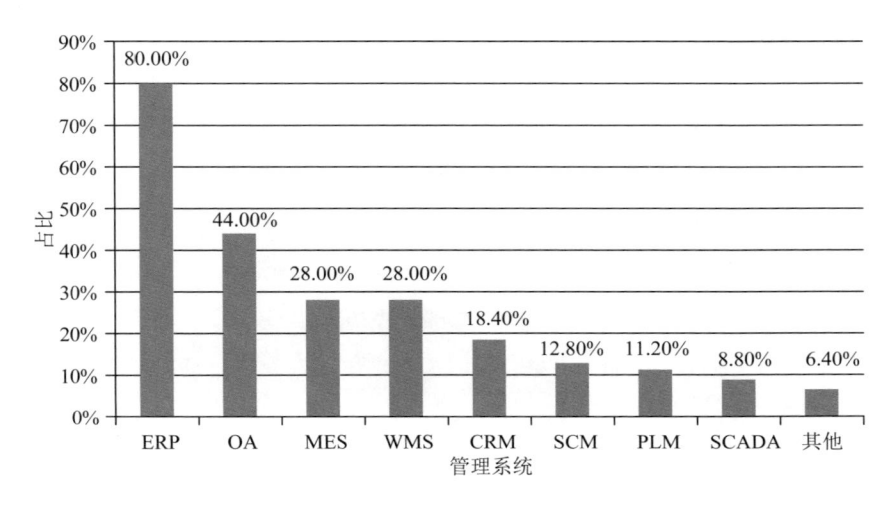

图 38　柔印企业的管理系统应用情况

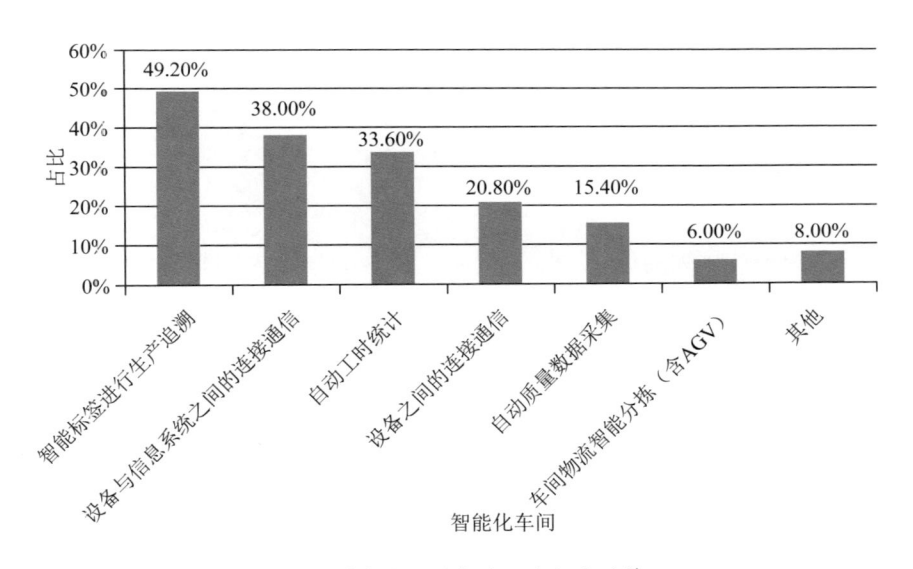

图 39　柔印企业的智能化车间实施情况

制约企业智能化的主要瓶颈从高到低依次是：精细化管理程度不够，智能化人才缺乏，部分工序无法实现智能化，数字化、自动化、标准化基础薄弱，设备智能化程度不高，软件购置等资金投入巨大，可供借鉴的成功案例很少等，如图40所示。与上一年度的调研数据相比，影响企业智能化的瓶颈问题排序有所变化，说明企业对智能化提升问题有了更深入的认识。

制约因素	综合得分
精细化管理程度不够	3.8
智能化人才缺乏	3.6
部分工序无法实现智能化	2.53
数字化、自动化、标准化基础薄弱	2.1
设备智能化程度不高	1.98
软件购置等资金投入巨大	1.93
可供借鉴的成功案例很少	0.41
其他	0.28

图 40　制约企业智能化的主要瓶颈

注：图中横坐标为选项的平均综合得分，由问卷系统根据所有填写者对选项的排序情况自动计算得出。它反映了选项的综合排名情况，得分越高表示综合排序越靠前。

平均综合得分的计算方法为选项平均综合得分＝（Σ 频数 × 权值）/ 本题填写人次。

权值由选项被排列的位置决定。例如，有 3 个选项参与排序，则排在第一个位置的权值为 3，排在第二个位置的权值为 2，排在第三个位置的权值为 1。

例如，一个题目共被填写 12 次，选项 A 被选中并排在第一位置 2 次，第二位置 4 次，第三位置 6 次，那选项 A 的平均综合得分＝（2×3 ＋ 4×2 ＋ 6×1）/12 ＝ 1.67 分。

四、细分市场前景及主要制约因素

（一）细分市场前景

随着柔性版印刷新技术、新工艺、新材料的应用，以及印刷机精度、自动化和智能化程度的提高，柔性版印刷质量显著提升，开始步入高品质印刷工艺的行列。特别是随着柔性版印刷水性油墨在薄膜类承印物上工艺的成熟和国家环保管控力度的加强，将极大地推动柔性版印刷在软包装印刷市场的应用，从而进一步推动我国柔性版印刷市场的整体快速发展。

通过调查发现，要实现我国柔性版印刷市场份额的突破性发展，除继续巩固并扩大其在瓦楞纸箱、无菌液体包装、纸杯纸袋、餐巾纸、无纺布等领域的优势地位，稳步扩大在标签印刷和折叠纸盒印刷的市场份额外，同时还要进入软包装印刷市场，尤其是与食品直接接触的密实袋和自立袋等。

调查结果显示，在我国柔性版印刷细分领域中增长最快的市场中，软包装和标签连续多年位列前三，从高到低依次为：软包装表印、标签、复合软包装里印、医药包装、纸袋（食品纸袋/礼品袋）、透气膜/无纺布、液体无菌包、瓦楞纸箱预印、纸杯/纸盒、工业包装（重包装袋/工业阀门袋）、餐巾纸/餐盘纸、瓦楞纸箱后印及其他，如图41所示。

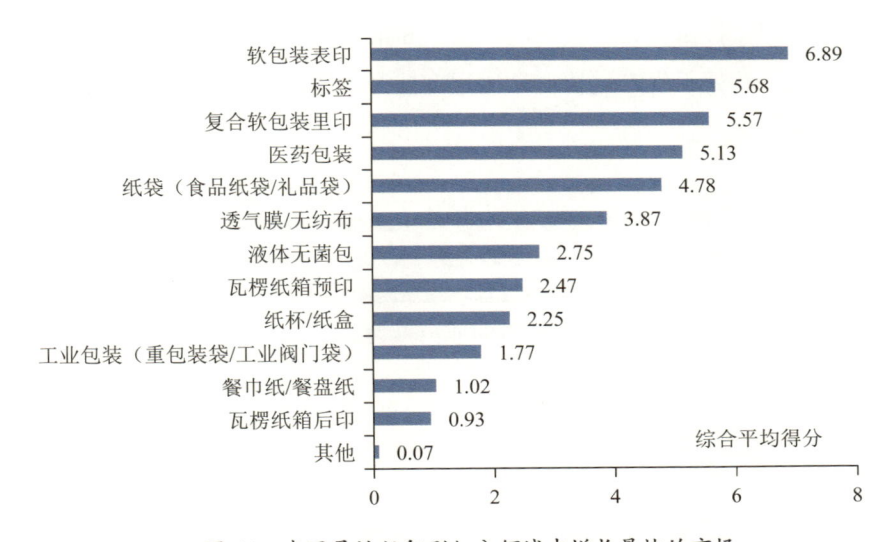

类别	综合平均得分
软包装表印	6.89
标签	5.68
复合软包装里印	5.57
医药包装	5.13
纸袋（食品纸袋/礼品袋）	4.78
透气膜/无纺布	3.87
液体无菌包	2.75
瓦楞纸箱预印	2.47
纸杯/纸盒	2.25
工业包装（重包装袋/工业阀门袋）	1.77
餐巾纸/餐盘纸	1.02
瓦楞纸箱后印	0.93
其他	0.07

图41 我国柔性版印刷细分领域中增长最快的市场

注：图中横坐标为选项的平均综合得分，由问卷系统根据所有填写者对选项的排序情况自动计算得出，计算方法同前。它反映了选项的综合排名情况，得分越高表示综合排序越靠前。

（二）主要制约因素

调研发现，制约行业发展的主要影响因素如图42所示。调研企业普遍认为印刷成本是制约行业发展的第一影响因素，反映出在各种成本高企的背景下，整个行业的经营持续承压，成本成为不可忽视的最主要影响因素。专业技术人才在制约因素中排名第二，也是连续四年位列前三大制约因素，说明柔印专业人才短缺现象依然严重，需要进一步加大人才培养力度。

排名第三和第四的影响因素分别是柔印工艺标准化程度和印刷质量，与上一年度的调研数据相比位次刚好交换，但两者的综合得分非常接近，与上一年度调研数据比较相似，说明柔印的印刷质量和工艺标准化程度对行业发展都具有重要影响，且影响程度不相上下。

此外，生产过程自动化程度、印刷工厂智能化程度、生产效率、技术培训、工作流程数字化程度等分别位列第五位至第九位。其中第五和第六位综合得分比较接近，但生产过程自动化程度比印刷工厂智能化程度的影响印刷略微靠前，说明大多数企业仍然处于生产过程自动化程度提升阶段，这也是印刷工厂智能化的前提和基础条件之一。

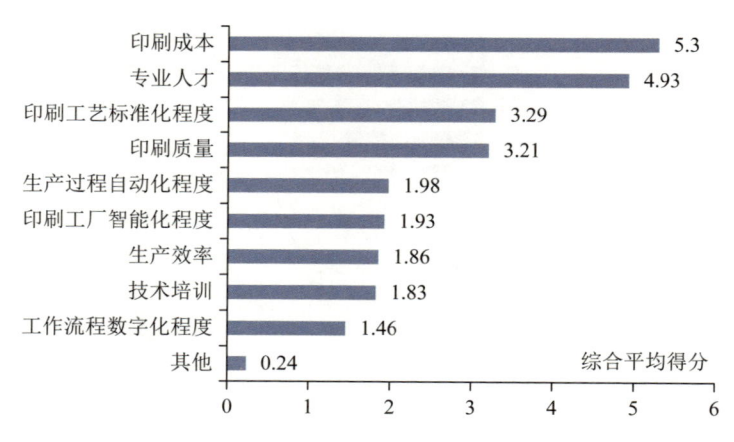

影响因素	综合平均得分
印刷成本	5.3
专业人才	4.93
印刷工艺标准化程度	3.29
印刷质量	3.21
生产过程自动化程度	1.98
印刷工厂智能化程度	1.93
生产效率	1.86
技术培训	1.83
工作流程数字化程度	1.46
其他	0.24

图42 制约行业发展的主要影响因素

注：图中横坐标为选项的平均综合得分，由问卷系统根据所有填写者对选项的排序情况自动计算得出，计算方法同前。它反映了选项的综合排名情况，得分越高表示综合排序越靠前。

在进一步的调研中，影响成本的主要因素如图 43 所示。与上一年度调研数据相比，其中人工成本依然位列第一，而纸张、薄膜等材料成本由第三位上升到第二位，版材与制版成本由原来的第二位下降至第三位，油墨价格的因素也由原来的第六位上升到第四位，反映出过去的一年中纸张、薄膜以及油墨等印刷材料价格上涨对印刷企业带来巨大的成本压力。设备价格和网纹辊等配套部件成本的影响分别居于第五位和第六位。

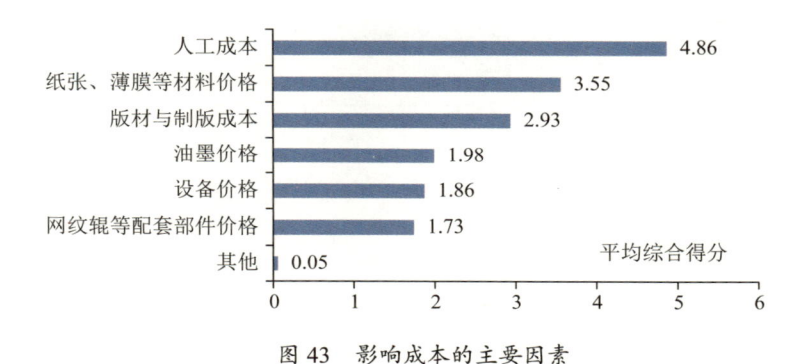

影响因素	平均综合得分
人工成本	4.86
纸张、薄膜等材料价格	3.55
版材与制版成本	2.93
油墨价格	1.98
设备价格	1.86
网纹辊等配套部件价格	1.73
其他	0.05

图 43　影响成本的主要因素

注：图中横坐标为选项的平均综合得分，由问卷系统根据所有填写者对选项的排序情况自动计算得出，计算方法同前。它反映了选项的综合排名情况，得分越高表示综合排序越靠前。

本次调研中认为提高柔印印刷质量需要改善的方面，排第一位的依然是高性能版材，排第二位和第三位的分别是印刷设备稳定性和适合薄膜印刷的高性能水性油墨，紧随其后的依次是印刷工艺及其标准化、印前加网技术、网纹辊线数及其匹配性、在线质量检测（套印、色彩、缺陷等）和其他等，如图 44 所示。

企业当前面临的主要困难情况如图 45 所示。由图可知，在企业当前的主要困难中排名第一和第二的分别是市场订单和原材料成本，且这两个选项远远高出了排名第三、第四的技术人才和用工成本；业务推广、产能不足、融资渠道和其他分别排第五位至八位。

影响印刷质量的主要因素综合平均得分：

- 高性能版材　4.37
- 印刷设备稳定性　4.21
- 适合薄膜印刷的高性能水性油墨　3.51
- 印刷工艺及其标准化　3.11
- 印前加网技术　2.8
- 网纹辊线数及其匹配性　1.89
- 在线质量检测（套印、色彩、缺陷等）　1.65
- 其他　0.24

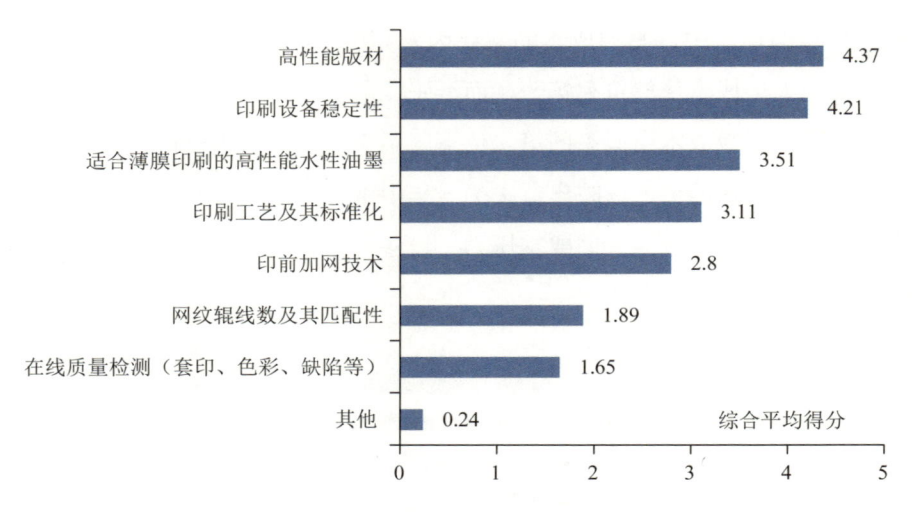

图 44　影响印刷质量的主要因素

注：图中横坐标为选项的平均综合得分，由问卷系统根据所有填写者对选项的排序情况自动计算得出，计算方法同前。它反映了选项的综合排名情况，得分越高表示综合排序越靠前。

企业当前面临的主要困难综合平均得分：

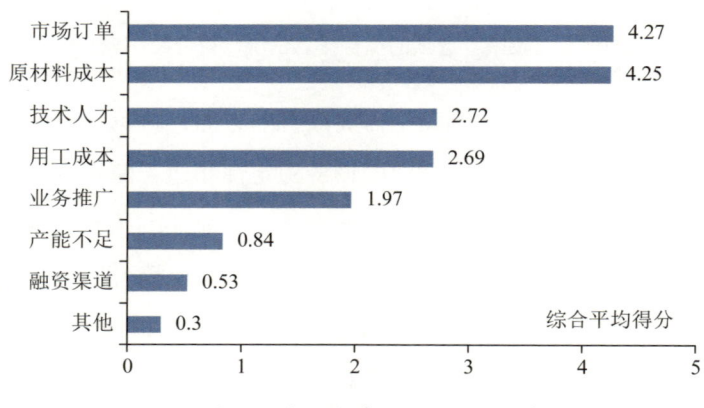

- 市场订单　4.27
- 原材料成本　4.25
- 技术人才　2.72
- 用工成本　2.69
- 业务推广　1.97
- 产能不足　0.84
- 融资渠道　0.53
- 其他　0.3

图 45　企业当前面临的主要困难

注：图中横坐标为选项的平均综合得分，由问卷系统根据所有填写者对选项的排序情况自动计算得出，计算方法同前。它反映了选项的综合排名情况，得分越高表示综合排序越靠前。

五、结论与建议

（一）基本结论

1. 柔印行业继续保持良好发展势头，但疫情影响不容忽视

在我国实施绿色印刷战略的大背景下，各项环保法律、法规和标准相继出台，柔性版印刷凭借其独特的环保优势、高生产效率、高耐印率、低能耗等特点受到社会和业界的广泛关注，迎来前所未有的发展良机。在产业链上下游的新技术、新工艺和新材料推动下，近年来，我国柔性版印刷始终保持着年均两位数的增速发展。数据显示，2021年度调研企业的柔性版印刷业务平均增长率约为14.65%，继续保持了良好的发展势头。

同时，受新冠肺炎疫情影响，人们的生产和生活方式发生了深刻变化，印刷业遭受了明显冲击，全球印刷业规模出现一定萎缩。同样也对柔印行业带来了很大影响，其影响主要表现为市场需求转弱带来的订单减少，物流不畅等带来的供应链危机和交货困难，开工困难造成了产能不稳定等。另外，企业还面临着原材料价格高涨、人工成本上涨、利润降低等各种压力。调研表明，尽管对2022年的经营预期持乐观态度的企业占比（47.10%）高于持悲观态度的企业占比（30.00%），但与上一年度的调研数据相比，乐观预期的占比出现了很大程度的滑坡，增加了不确定因素，远没有达到疫情前的预期水平。

2. 国产设备和版材逐渐替代进口，但质量与技术仍待进一步提升

近年来，国产柔印设备在结构功能、控制技术和制造精度上不断提升，伺服传动、封闭式墨腔、套筒式陶瓷网纹辊、在线套印检测、自动调压、在线印品检测、远程诊断与维护以及ERP系统接口等功能已经成为国产中高端印刷机的主流配置。凭借较高的性价比优势，近五年来，国产机组式和卫星式柔印机的国内市场份额始终保持在九成左右。与国际先进水平相比，国产柔印设备仍然存在一些差距，主要表现在高速印刷的稳定性以及设备的早期故障率等方面。

在柔印版材方面，以乐凯华光为代表的国产品牌迅速崛起，近年来在数字化柔版技术方面取得一定突破，性能不断提升，产品逐步获得市场认可，在部分领域（比如厚版）已经取得明显竞争优势，部分产品远销海外。但国产版材还需在油墨转移效果、高光网点还原性、印版耐印力以及批次间的质量稳定性等方面进一步提升，并且还需开发性能更加成熟的自带平顶点版材等。

3. 软包装和标签是柔性版印刷领域的重要增长市场，关键技术还需突破

调研表明，软包装和标签是未来柔性版印刷最重要的增长市场。短单及可变印刷的需求将促进柔印与数码融合的组合印刷方式发展。目前，我国软包装印刷领域仍然以凹印为主，随着国家环保政策的不断趋紧，软包装柔印的未来发展潜力巨大，但是制约因素也很明显，需要在高性能版材、稳定的印刷设备以及适合薄膜印刷的高性能水性油墨等方面进行突破。在标签印刷领域中，柔性版印刷已经超过凸版印刷成为标签印刷的主力军。多工艺联线加工的多功能印刷设备，越来越成为标签印刷机的发展趋势。大印量的标签，未来仍将是传统柔印的天下，而对于中印量的标签而言，混合印刷机将更受青睐。

4. 智能化提升逐渐受到关注，制约智能化发展因素十分明显

柔印智能化也逐渐受到人们的关注，主要表现在：柔印设备的伺服传动、自动调压、在线套印、印品检测等自动化功能大幅提升，并且普遍具备远程通信、互联网连接、远程诊断与维护以及 ERP 系统接口等功能；印刷企业普遍应用了 ERP 系统，且 OA、MES、PLM、WMS、CRM 等管理信息化系统的应用比例也有所提升；企业开始重视设备之间互连、设备与信息系统之间连接、自动工时统计、自动质量数据采集、物流智能分拣等系统或功能的应用。

调研中发现，能够实现设备与设备、设备与信息系统之间交互通信的企业不多，存在大量信息化和自动化"孤岛"，能够进行质量数据自动采集、车间物流智能分拣的企业比例更低。实施智能化是一项非常艰巨的任务，需要予以高度重视，加大研发投入，积极引导企业智能化建设，培育一批数字化、网络化、智能化发展标杆企业，推进柔性版印刷走智能化发展之路。

5. 人才是行业长远发展的重要保证，专业人才短缺问题依然突出

人才是柔印行业长远发展的重要保证。随着我国柔性版印刷行业的持续快速发展，对专业人才的需求也大量增加。当前印刷业普遍存在招工难、用工贵的问

题，尤其是柔印专业人才短缺问题严重。由于柔性版印刷工艺的独特性，原来的平版胶印和凹印专业人才不能达到柔性版印刷专业要求，需要进行较长时间的培训和培养，尤其在印刷机操作、印前制作和技术专业管理等岗位缺口很大，连续四年的调研发现，专业技术人才短缺依然是制约行业发展的主要因素之一。

（二）几点建议

1. 加大政策与标准的宣传与落实，引导印刷企业绿色化转型

近年来，国家相继出台了一系列促进印刷业绿色化发展的政策、法律法规和标准等，对于柔性版印刷的快速发展起到了积极的引导作用。当前，应重点加强各项政策与标准的宣传和贯彻，将配套政策落到实处，促使印刷业不断优化产业结构，在减少废水和废气等污染物排放的同时，减少碳排放，坚定走印刷业绿色可持续发展之路，实现碳达峰和碳中和的战略目标。同时，在当前严峻的新冠肺炎疫情和复杂的国际贸易环境下，企业信心亟须提振，也需要进一步抓实抓细各项税费优惠政策的落实，服务于构建以国内大循环为主体、国内国际双循环相互促进的新发展格局，使柔性版印刷保持健康快速发展。

2. 依靠技术和管理进步，提高企业竞争力和抗风险能力

在市场竞争激烈、原材料价格上涨和人力成本高企的背景下，企业应高度重视技术进步，创新产品工艺，提高产品附加值，开拓新的应用领域，实施差异化策略，以提高企业竞争力。对于疫情带来的物流不畅、供应链不稳定、开工困难、交货期延长等问题，企业需要提高风险意识，在做好现金流管理的同时，提前备货，提高安全库存；分散业务区域和实现本地化生产，缩短服务距离。同时，企业应从长远着眼，提高生产数字化、自动化、智能化水平，减少人工依赖，提高生产效率和质量，减少过程浪费，降低营运成本，提高企业抗风险能力。

3. 组织软包装柔印技术瓶颈攻关，扩大柔印市场份额

软包装印刷是柔印未来发展的重点领域。近年来柔印在高线数制版、网点还原、油墨等方面取得的一系列技术进步，印刷质量大幅提升，虽在软包装领域的取得一定进展，但占比仍然较小。需要产业上下游共同努力，集中力量组织攻关，

针对柔印的薄弱环节，重点研发符合国家环境标志产品技术要求的高色浓度薄膜水墨，推进柔性版印刷标准化，提高印刷质量等，解决软包装柔性版印刷的瓶颈问题，以不断扩大柔印市场份额。

4. 持续加大柔印专业人才培养，保障行业持久发展

培养更多合格的专业人才是保证柔性版印刷行业持续、快速发展的关键所在。为满足柔性版印刷行业快速发展的需要，应尽快形成多层次的人才培养体系。一方面，大专院校要针对行业发展的迫切需要建立柔性版印刷专业，或者在现有专业中提高柔性版印刷的相关课程比重；另一方面，需要院校和行业企业紧密合作，通过产学研项目和基地建设，为学生提供更多的实习和实训机会，快速培养适合行业发展需要的专业人才。同时，柔印企业也应加强内部岗位专业培训，不断提高企业职工的业务能力和技术水平，为企业发展提供充分的人力资源。

参考文献

[1] 陈斌，曾忠，顾凯，等.2019中国柔性版印刷发展报告[M].北京：文化发展出版社，2019.

[2] 陈斌，周国明，乔俊伟，等.2020中国柔性版印刷发展报告[M].北京：文化发展出版社，2020.

[3] 陈斌，杨爱玲，乔俊伟，等.2021中国柔性版印刷发展报告[M].北京：文化发展出版社，2021.

[4] 王丽杰.2020中国印刷业发展现状及趋势分析[J].印刷经理人，2020（6）：46-51.

[5] 王丽杰.2021中国印刷业发展现状及未来趋势[J].印刷经理人，2022（1）：53-60.

[6] 黄永山，高迎新.中国柔性树脂版市场现状及最新技术进展[J].CI FLEXO TECH，2022（4）：13-17.

[7] 郑其红.柔性版印刷的特征属性[J].印刷杂志，2022（6）：5-7.

第二部分
行业产业报告篇

本部分包含了《中国柔性版印刷机市场销售情况调查报告》《中国柔印油墨发展调研报告》《中国标签产业发展报告》《国内柔版印刷设备及版材进出口数据分析报告》四个报告。

《中国柔性版印刷机市场销售情况调查报告》采用文献分析、企业调研、专家咨询等调研方式，对我国2021年的机组式和卫星式柔性版印刷机市场销售情况做了统计分析。该报告分别从机组式柔印机和卫星式柔印机的历年销售情况两方面进行了详细分析。从中可以看出，近年来在技术进步的推动下，国产柔印机性价比逐年提高，受到市场青睐，市场占有率始终维持在较高水平。

《中国柔印油墨发展调研报告》对中国油墨行业总体情况以及柔印油墨企业的发展状况等进行了深入分析。调研数据反映，尽管遇到了原材料大幅涨价、物流和人工成本增加等困难，柔印油墨行业仍然保持增长态势，其中水性油墨占柔印油墨的比例较大，发展也较快。油墨企业的新产品研发与升级，市场与营销渠道的拓展，生产流程管理数字化与智能化改造，企业环保改造等几个方面是企业未来发展的重点投入方向。

《中国标签产业发展报告》对标签产业以及标签印刷等的发展现状、面临的挑战及未来发展趋势等进行了分析。报告分析了在标签印刷领域，柔版印刷首次能够超越凸版印刷成为生产"主力军"的三大因素和制约企业健康发展的主要因素等，指出柔印与多种印刷工艺组合，以及后加工联线处理的组合式标签印刷正显现出巨大优势等。

《国内柔版印刷设备及版材进出口数据分析报告》根据国家海关总署发布的统计数据，对柔印设备和柔印版材进出口情况进行分析，通过对进口来源国和出口目的地的分析，得出了柔印设备进口规模不断萎缩，商品结构趋于高端化；柔印设备出口规模不断扩大，商品结构优化仍需努力；国内柔印版材进口、出口同步增长，国内外柔印市场仍有增长潜力等结论。

2022年上半年，尽管上海、深圳等地出现了新冠肺炎疫情反弹的态势，给我国柔印行业带来不利影响，但随着党和政府一系列助企纾困政策的贯彻落实，食品、医药、卫生、快消品等的包装需求正在快速增长，柔印行业生产迅速恢复，业内企业依然对2022年的增长保持着普遍乐观的预期。

中国柔性版印刷机市场销售情况调查报告

施建屏　金琳

2021年是非凡的一年，由于我国对新冠肺炎造成的疫情成功地进行了控制，主要消费市场强力反弹，1—4月绝大多数柔性版印刷企业和供应商业绩高歌猛进，业务饱满，订单激增。但是从5月开始，大宗原料价格暴涨，柔性版印刷业必须用的纸张、薄膜、油墨及化工原材料等供货价都达到了历史高位。就连柔性版印刷机制造业必需的有色金属、电气元器件，甚至是黑色金属材料都进入了涨价的名单。到了9、10月又遇上严格的限电管控，为了保证订单按时交货，柔性版印刷业只能采取调整工作时间等措施，相关的制造成本大幅上升。

据国家统计局统计数据，2021年印刷业规模以上企业实现营收7442.3亿元，同比增长10.3%，占规模以上工业企业营收总量的0.58%；利润总额428.4亿元，同比减少0.4%，占规模以上工业企业利润总额的0.49%，两项指标的占比与2020年相比分别减少0.03%和0.16%。显而易见，印刷业在2021年面临的压力比很多行业都要大。尽管在发展的路上遇到了前所未有的困难和挑战，但中国柔性版印刷行业进一步凝聚合力，坚定信心，推动行业发展回归正常轨道。从2022年我们的问卷调查的情况来看，2021年柔性版印刷业的发展仍然优于多数传统印刷方式，无论是产值还是利润，都继续保持一定幅度的增长。

在政府管理部门和行业协会的指导推动下，中国柔性版印刷机制造企业紧跟国际新技术的步伐，技术上不断推陈出新。国产柔性版印刷机制造企业努力克服各种困难，坚持不懈，中国内地生产的柔性版印刷机销售增量明显，2021年的柔性版印刷机销售量逆势增长，形势喜人。

本报告采用文献分析、企业调研、专家咨询等调研方式，对我国 2021 年的柔性版印刷机市场销售情况做统计分析。卷筒料柔性版印刷机按照滚筒排列方式，可以分成机组式、卫星式和层叠式三种类型，其中，前两种具有较高的生产效率特长，其对制造的要求比较高，因此本报告只对机组式和卫星式柔性版印刷机的销售情况进行分析。

一、对本报告的几点说明

（1）本报告中机组式柔性版印刷机累计销售量和 2021 年新增销售量的数据来源于《印刷技术》杂志的《2021"柔性版印刷在中国"装机量调查报告》；卫星式柔性版印刷机的累计销售量和 2021 年新增销售量的数据来源于《印刷杂志》上中国印刷技术协会柔性版印刷分会所作的《2021 年中国卫星式柔性版印刷机销售调查报告》，并综合了行业协会、业内专家、部分参与调查的企业等信息，对数据进行对比和分析。

（2）本报告采用的机组式柔性版印刷机销售数据开始时间为 2006 年 1 月 1 日，截止日期为 2021 年 6 月 30 日。调查和统计的范围是销售到中国内地的机组式柔性版印刷机，不包括销售到中国香港特别行政区、中国澳门特别行政区、中国台湾地区，以及出口到国外的机组式柔性版印刷机。本报告采用的卫星式柔性版印刷机销售数据开始时间为 2014 年 1 月 1 日，截止日期为 2021 年 12 月 31 日。

（3）层叠式柔性版印刷机以及用于涂布上光的单色柔性版印刷机组、单色或双色的卫星式柔性版印刷机均未列入统计分析范围之内。

（4）杭州项淮机械科技有限公司的卫星式柔性版印刷机于 2018 年开始进入市场，2020 年首次参加行业统计，并提供了 2018、2019 两年的装机量（11 台），该数据被补充进 2019 年国产机"当年销售量"中；温州立胜印刷包装机械有限公司的卫星式柔性版印刷机于 2019 年开始进入市场，2021 年首次参加行业统计并补充上报了 2020 年的国内外销售数据，据此，中国印刷技术协会柔性版印刷分会对 2020 年国内外销售量进行了修正。

二、机组式柔性版印刷机的销售情况

1. 2006—2021 年中国市场机组式柔性版印刷机销售情况

2006 年 7 月 1 日至 2021 年 6 月 30 日，共有 3236 台全新的机组式柔性版印刷机在中国内地投入使用。基于个别供应商对前两年销售数据的修正和补充提供，本报告也对相应数据进行了修正。最近 6 年来中国机组式柔性版印刷机每年销售增量均超过 200 台，中国内地机组式柔性版印刷机历年累计销售量见图 1；在 3236 台装机量中，国产机为 2599 台，占 80.32%；进口机为 637 台，占 19.68%，国产与进口设备当年销售量及占比情况见图 2 和图 3。

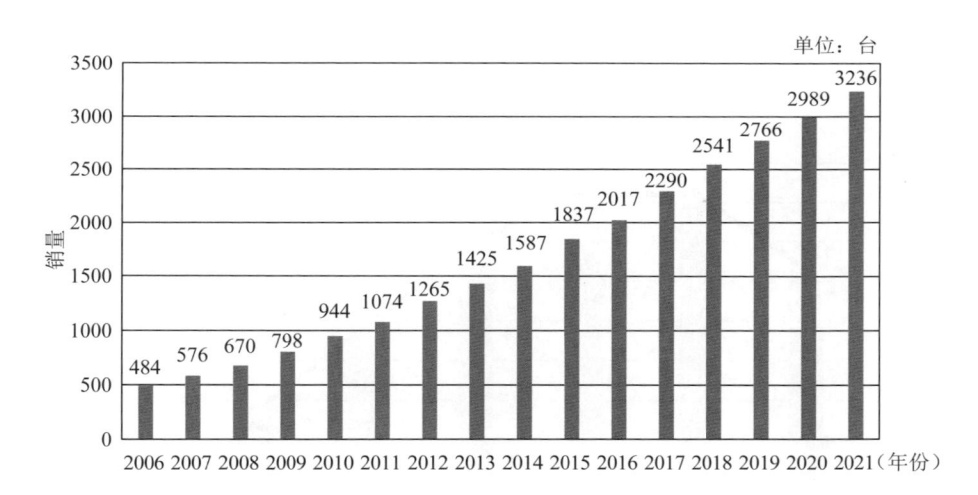

图 1　中国内地机组式柔性版印刷机历年累计销售量

2. 截至 2021 年年底中国机组式柔性版印刷机销售区域分布情况

（1）机组式柔性版印刷机全国各省、市、自治区累计销售量情况分析

在 2006—2021 年列入使用统计中的 3236 台机组式柔性版印刷机中，除 399 台设备的销售地区不明确外，其余 2837 台设备均有明确地区分布。根据有明确地区分布数据统计，2021 年中国内地机组式柔性版印刷机各省（自治区、直辖市）的累计销售量、新增销售量情况见表 1。

图 2　2016—2021 年当年销售量中国产机组式柔性版印刷机销售及占比

图 3　2016—2021 年当年销售量中进口机组式柔性版印刷机销售及占比

截至 2021 年年底，中国内地机组式柔性版印刷机统计数据显示，31 个省（自治区、直辖市）均已安装过机组式柔性版印刷机。其中，广东省以 493 台的销售量遥遥领先，占有明确地区分布的销售总量（2837 台）的 17.38%；位列第二的是浙江省，销售量为 388 台，占比为 13.68%；上海市紧追其后，销售量为 305 台，占比为 10.75%；江苏省销售量为 248 台，占比为 8.74%；山东省销售量为 235 台，占比为 8.28%。上述 5 个省市的累计销售量均已超过 200 台，特别是广东省已接近 500 台，是当之无愧的"第一梯队"。排在累计销售量最后三位的是宁夏、青海、西藏。

销售增量方面，2021 年，浙江省、江苏省、山东省稳居销售增量前茅，且均超过了广东省的销售增量。在最近一次调查中，浙江省以新增 19 台的成绩拔得头筹，且浙江省新增数量超过广东省新增数量一倍多，江苏省以新增 13 台的成绩位列第二，山东省以新增 11 台的成绩入围前三甲。广东省和上海市 2021 年的销售增量有所下降，分别为 9 台和 5 台。值得注意的是，河北省以新增 10 台的成绩首次入围前五，可以推测从北京疏解到河北的企业，生产运营逐渐稳定，对设备的更新换代有一定的需求；结合江苏（13 台）、安徽（8 台）的销售量可以推测，因上海当地环保政策被迫疏散至江苏、安徽的印刷企业同样面临着设备更新换代的需求，详见表 1。

表 1 各省（自治区、直辖市）销售量及排名

地区	2021 年新增/台	合计	排名	地区	2021 年新增/台	合计	排名
广东	9	493	1	广西	2	24	17
浙江	19	388	2	江西	0	21	18
上海	5	305	3	辽宁	0	18	19
江苏	13	248	4	重庆	1	18	19
山东	11	235	5	吉林	0	16	20
福建	4	135	6	内蒙古	0	14	21
安徽	8	130	7	贵州	1	14	21
湖北	2	122	8	黑龙江	2	12	22
河南	6	110	9	海南	0	10	23
四川	4	102	10	山西	0	10	23
河北	10	96	11	甘肃	1	10	23
北京	0	81	12	新疆	0	9	24

续表

地区	2021年新增/台	合计	排名	地区	2021年新增/台	合计	排名
天津	1	74	13	宁夏	0	4	25
陕西	0	57	14	青海	0	1	26
云南	0	50	15	西藏	0	1	26
湖南	1	29	16				
销售总量合计		2837		新增合计		100	

（2）机组式柔性版印刷机三大印刷产业带销售量情况分析

将三大印刷产业带进行对比，2021年以广东为主体的珠三角地区累计销售量为493台，约占有明确地区分布的累计销售量（2837台）的17.38%；以上海、浙江、江苏为主体的长三角地区累计销售量为941台，占比为33.16%；环渤海地区（北京、天津、山东、河北、辽宁）累计销售量为504台，占比为17.77%，详见图4和图5。

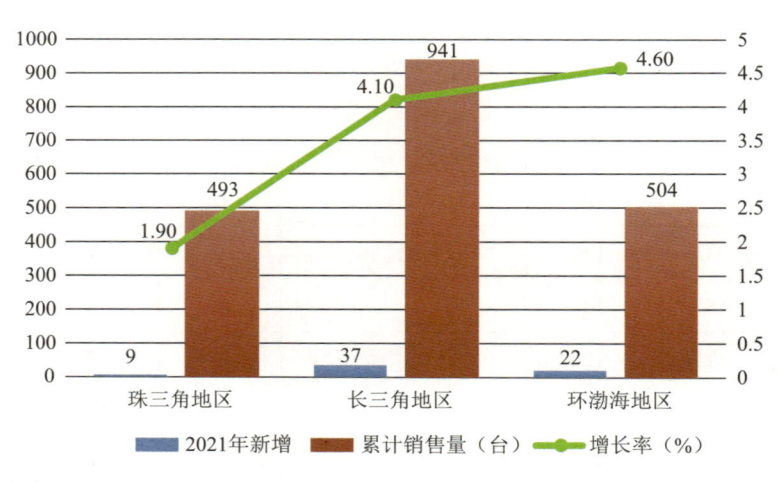

图4 三大产业带机组式柔性版印刷机累计销售量及增量情况（截至2021年年底）

从整体来看，三大印刷产业带的销售量累计为1938台，占有明确地区分布的销售总量的 68.31%，详见图 5。从以上数据可以看出，三大印刷产业带仍以绝对优势继续引领中国内地机组式柔性版印刷机市场的发展，尤其是长三角地区以 37 台销售量的成绩第 15 次荣登三大印刷产业带销售增量之首，再次显示出了超强的发展潜力。

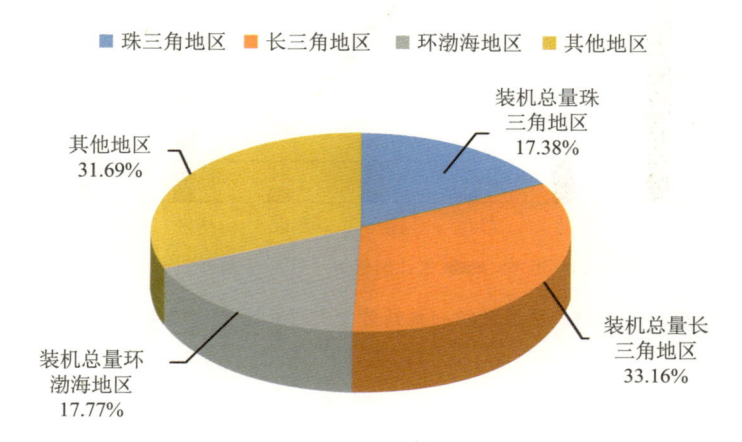

图 5　三大产业带机组式柔性版印刷机及其他地区销售量占比（截至 2021 年年底）

（3）机组式柔性版印刷机七大地理区域销售量情况分析

从传统地理区域划分来看，华东地区（上海、江苏、浙江、安徽、江西、山东）仍然排在首位，累计销售量为 1327 台（以浙江和上海为首，分别为 388 台和 305 台）占有明确地区分布的累计销售总量的 46.78%，销售增量为 56 台；华南地区（广东、广西、海南、福建）累计销售量为 662 台（以广东为首，493 台），占比为 23.33%，销售增量为 15 台；华北地区（北京、天津、河北、山西、内蒙古）累计销售量为 275 台（以河北和北京为首，分别是 96 台和 81 台），占比为 9.69%，销售增量为 11 台；西南地区（重庆、四川、贵州、云南、西藏）累计销售量为 185 台（以四川为首，102 台），占比为 6.52%，销售增量为 6 台；华中地区（河南、湖北、湖南）累计销售量为 261 台（以湖北为首，122 台），占比为 9.20%，销售增量为 9 台；西北地区（陕西、甘肃、青海、宁夏、新疆）累计销售量为 81 台（以陕西为首，57 台），占比为 2.86%，销售增量为 1 台；东北地区（黑龙江、吉林、辽宁）累计销售量为 46 台（以辽宁为首，18 台），占比为 1.62%，销售增量为 2 台。2021 年国内各地区销售量及占比如图 6 和图 7 所示。

图 6　七大地理区域机组式柔性版印刷机销售量及增量增速情况（截至 2021 年年底）

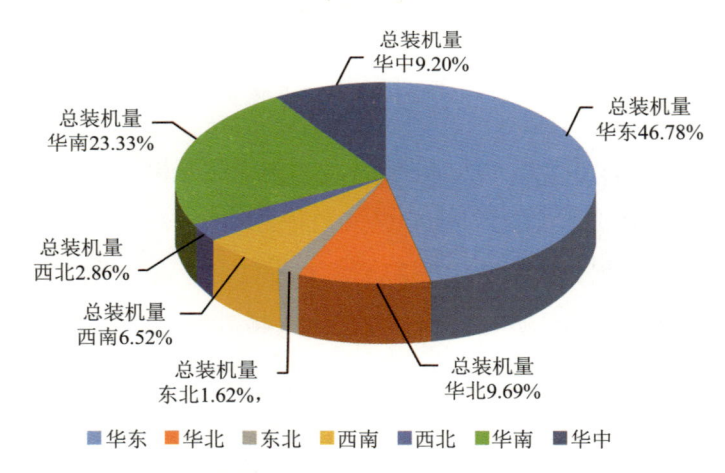

图 7　七大地理区域机组式柔性版印刷机销售量占比（截至 2021 年年底）

调查数据反映的结果也与多数柔性版印刷机供应商的观点一致。他们认为华东地区与华南地区是柔性版印刷市场增长最快的地区，主要是由于这些地区的印刷企业整体实力较强、终端客户集中、管理规范，对于柔性版印刷工艺的认可度较高。

三、卫星式柔性版印刷机的销售情况

1. 2014—2021 年中国市场卫星式柔性版印刷机销售情况

2014 年 1 月 1 日至 2021 年 12 月 31 日，共有 570 台全新的卫星式柔性版印刷机在中国内地投入使用。2017 年起中国内地卫星式柔性版印刷机连续五年实现销售超过 50 台，2020 年起每年销售增量更是突破 100 台。2014—2021 年卫星式柔性版印刷机累计销售量和新增销售量见图 8。在 570 台销售量中，国产机为 545 台，占 95.61%；进口机为 25 台，占 4.39%，2014—2021 年卫星式柔性版印刷机国产与进口设备历年销售量及占比详见图 9；部分供应商国内销售量及增量情况详见表 2 和图 10。

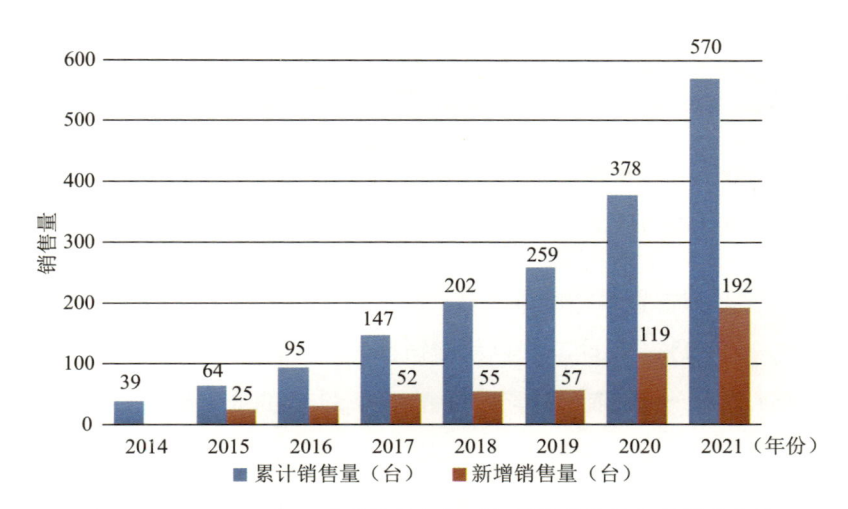

图 8 2014—2021 年卫星式柔性版印刷机累计销售量和新增销售量

2. 国内外品牌卫星式柔性版印刷机情况分析

"2014—2021 年卫星式柔性版印刷机国产与进口设备历年销售量及占比"情况详见图 9；部分供应商国内销售情况见图 10 和表 2。从国产品牌销售量的排名来看，瑞安昶弘以累计销售量 193 台的成绩摘得桂冠，首次超过西安航天华阳的国内累计销售台数，其销售数量占卫星式柔性版印刷机销售总量的 33.86%，占国产机销售总量的 35.41%；西安航天华阳以 179 台的成绩排名第二，占销售总量的 31.40%，占国产机销售总量的 32.84%；温州立胜排在第三位，其累计销售量为 54 台，占销售总量的 9.47%，占国产机销售总量的 9.91%。

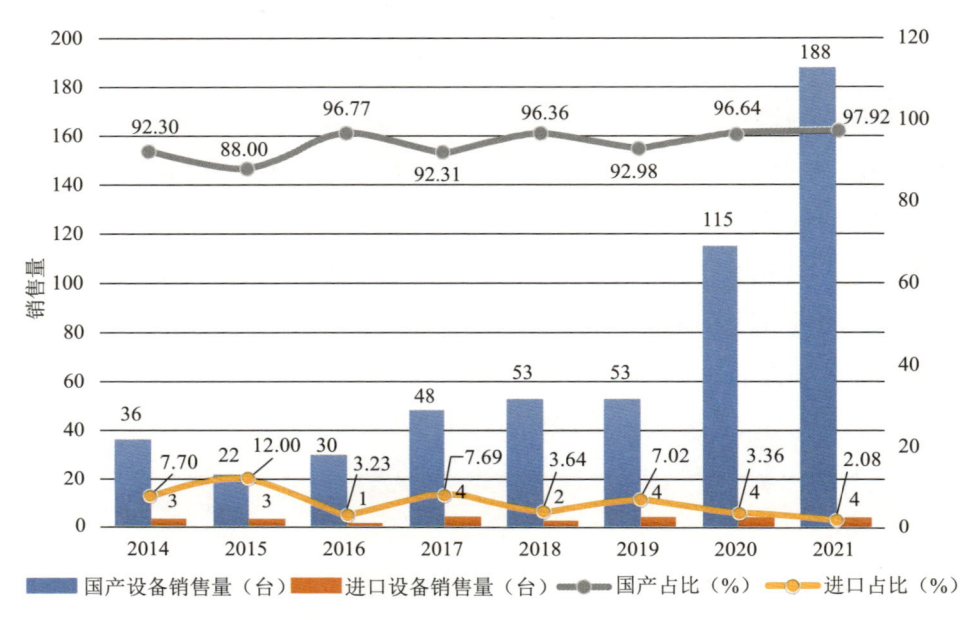

图 9　2014—2021 年卫星式柔性版印刷机国产与进口设备历年销售量及占比

从 2021 年新增销售量的排名来看，瑞安昶弘以新增销售 91 台的成绩排名第一，新增率为 89.21%；温州立胜以新增销售 35 台的成绩紧随其后，排名第二，新增率为 184.21%；西安航天华阳以新增销售 32 台的成绩排名第三，新增率为 21.77%；佛山伟塔以新增销售 16 台的成绩排名第四，新增率为 133.33%。由此可见温州立胜和佛山伟塔虽然销售总量不占优势，但发展势头迅猛。

从进口品牌来看，在销售量方面，尽管捷克索玛机械 2021 年没有新增销售量，仍排名第一，2014—2021 年的销售量为 12 台，领先于其他进口品牌，占卫星式柔性版印刷机销售总量的 2.11%，占进口机同期销售量的 48.00%；博斯特（Bobst）以 6 台的成绩紧随其后，占同期销售总量的 1.05%，占进口机同期销售量的 24.00%；香港嘉华行（代理意大利 Uteco 柔性版印刷机）排名第三，销售量为 5 台，占同期销售量的 0.88%，占进口机同期销售量的 20%。

表2 2014—2021年卫星式柔性版印刷机部分供应商国内累计销售量及增量表

销售厂商	品牌	国内累计销售量/台 2020年	国内累计销售量/台 2021年	2021年年新增/台	增长率/%
瑞安昶弘	昶弘	102	193	91	89.21
西安航天华阳	HY Flexo	147	179	32	21.77
温州立胜	立胜	19	54	35	184.21
广东欧格	OLGER	51	52	1	1.96
佛山伟塔	伟塔机械	12	28	16	133.33
杭州项淮	XH项淮	22	35	13	59.09
博斯特	BOBST	4	6	2	50.00
嘉华行	Uteco	4	5	1	25.00
科美西	COMEXI	0	1	1	100.00
索玛机械	SOMA	12	12	0	0.00
高宝	KB	1	1	0	0.00

图10 2021年部分供应商卫星式柔性版印刷机累计销售量

四、结语

  2022 年是"十四五规划"的关键之年，"十四五"时期是我国"两个一百年"奋斗目标承前启后的历史交会期，同时也是我国印刷行业高质量发展的关键跨越期。国家新闻出版署于 2021 年 12 月底发布的《印刷业"十四五"发展专项规划》明确提出，在"十四五"期间要继续推动我国印刷业加快"绿色化、数字化、智能化、融合化"发展的步伐，促进产业结构优化升级。随着数字技术、互联网技术、信息化技术、自动化技术、智能化技术向我国柔性版印刷行业的广泛渗透，希望柔性版印刷机制造企业不断引入这些先进技术，推动其在设备制造业的智能化和自动化，把提升柔性版印刷机整体技术水平和生产效率作为自身的核心业务能力，减少对熟练工的依赖，努力实现柔性版印刷生产从自动化向信息化转变，开发出更多适应市场需求的柔性版印刷机，在激烈的市场竞争中出奇制胜。

  在党和政府的正确领导下，我国经济必将长期保持健康可持续发展的态势，这是我国印刷工业由大变强的前提和可靠保证。我们要深入贯彻党中央、国务院关于"疫情要防住、经济要稳住、发展要安全"的重大决策部署，坚持高质量发展，努力将柔性版印刷技术拓展到软包装、纸包装等更多领域，我国柔性版印刷机市场将会继续保持良性的稳步增长态势。只要大家齐心协力，柔性版印刷及其制造业必将迎来充满生机的春天。

中国柔印油墨发展调研报告

尚玉梅　田全慧

2021年作为"十四五"规划建设目标实施的开局之年，也是后续各项目标计划实现打基础的首年。回顾这一年的发展，可在前期企业调查的基础上，进一步了解我国油墨行业中有关柔印油墨生产发展现状，促进行业健康发展。

对本报告的两点说明：

（1）本报告第一部分中油墨行业总体情况以及进出口的数据来源于中国日用化工协会油墨分会和国家统计局。

（2）为了进一步反映柔印油墨行业的发展情况，本报告针对柔印油墨生产企业进行了专项问卷调研，涵盖了涉及柔印油墨的主要生产厂家，结果反映在本报告的第二部分。

一、2021年全国油墨行业总体情况

（一）2021年油墨行业生产经营基本情况

根据国家统计局的统计数据，"油墨及类似产品制造"规模以上企业数量为376家，行业总资产为473.38亿元，较2020年增长1.09%；行业营业收入为542.50亿元，同比增长了20.06%；行业营业成本为439.50亿元，同比增长21.86%；利润总额为36.86亿元，同比增长了6.24%。亏损企业达到40家，亏损额为1.05亿元，亏损企业亏损额同比增长46.34%。

国家统计局的数据中除了油墨产品以外，还涵盖了油墨类似产品，此部分所包括的内容较广泛。为了详细了解油墨行业的发展情况，中国日用化工协会油墨分会根据油墨行业统计信息组的统计数据对我国油墨行业的运行情况进行了分析。

根据油墨行业统计信息专业组对 2021 年行业完成情况的统计数据，综合全国油墨生产的分布情况以及油墨行业近年来发展现状及发展趋势等，初步测算 2021 年全国油墨大类产品产量约为 85 万吨，较 2020 年增长 11.84%。油墨行业统计信息组的统计结果显示，各项经营指标均有不同程度的增长，但受原材料上涨等影响，2021 年行业利润有近 20% 的降幅。

（二）我国油墨进出口情况

据海关统计，2021 年油墨出口量 24255.70 吨，同比增长 12.46%；油墨出口金额 12651.80 万美元，同比增长 38.27%。进口油墨 10716.80 吨，同比增长 1.71%；油墨进口金额 30415.80 万美元，同比增长 4.13%，详见表 1。

表 1　2021 年我国油墨进出口情况

内容		2020 年	2021 年	同比
油墨出口	出口量 / 吨	21567.90	24255.70	12.46%
	出口金额 / 万美元	9150.30	12651.80	38.27%
油墨进口	进口量 / 吨	10537.10	10716.80	1.71%
	进口金额 / 万美元	29209.80	30415.80	4.13%

二、调研样本企业的发展状况

为了更好地了解柔印油墨的发展情况，上海出版印刷高等专科学校联合中国日用化工协会油墨分会和中国印刷技术协会柔性版印刷分会共同发起了针对柔印油墨生产企业的调研。参与本次调研的企业数量为 36 家，调研企业 2021 年的油墨产量总计 33.29 万吨，约占全国油墨大类产品产量（85 万吨）的 39.16%。

（一）调研统计企业的地域分布情况

本次调研的企业从地域分布（如图 1 所示），有 35.00% 的企业位于珠三角产业带，35% 的企业位于长三角产业带，25.00% 的企业位于京津冀产业带，5.00% 的企业位于三大产业带以外的地区。

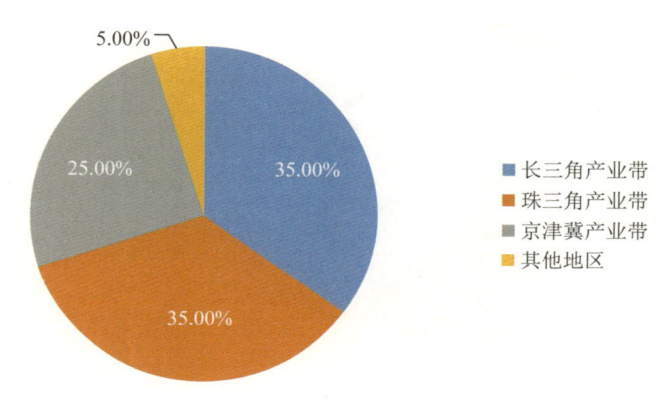

图 1　调查企业地域分布

（二）调研企业基本情况分析

调研企业的所有制类型占比情况如图 2 所示，其中 65.85% 的企业为民营企业（较上一年度减少 11.15%），14.63% 的企业是外商独资企业（较上一年度增加 6.63%），9.76% 的企业为上市公司（较上一年度增加 5.76%），4.88% 的企业为港、澳、台资企业，4.88% 的企业为中外合资企业。

图 2　调研企业所有制类型

调研企业 2021 年的销售规模情况如图 3 所示，其中 2021 年全年油墨销售总额在 10 亿元以上的企业占比为 10.00%，销售总额在 1 亿～10 亿元的企业占比为 32.50%，销售总额在 5000 万～1 亿元的企业占比为 20.00%，以及销售总额在 5000 万元以下的企业占比为 37.50%。

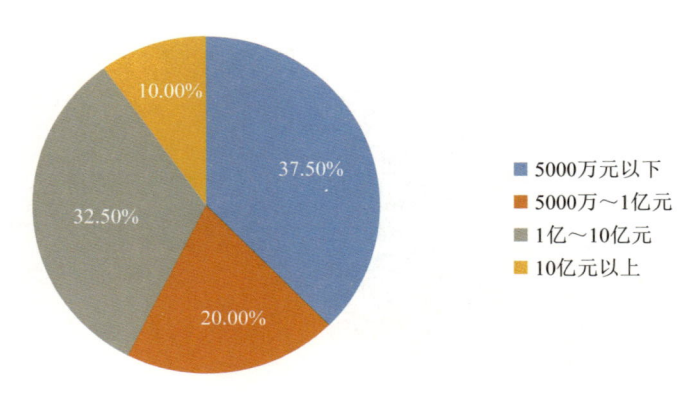

图 3　调研企业 2021 年油墨销售规模

（三）调研企业的油墨产品结构

产品结构方面，本次调研的油墨企业以生产柔印油墨为主，同时生产凹印油墨的企业数占比为 65.00%，同时生产胶印油墨的企业数占比为 32.50%，同时生产网印油墨和喷墨墨水的企业数占比分别为 22.50% 和 20.00%，同时生产凸印油墨和其他类型油墨的企业数占比分别为 12.50% 和 17.50%。

（四）调研企业的柔印油墨销售情况

1. 柔印油墨产品类型

调研企业的柔印油墨主要包括水性油墨、溶剂型油墨、UV 油墨和其他（底油和光油）。数据表明，约有 80.00% 的调研企业生产水性油墨，生产 UV 油墨和溶剂型油墨的企业占比分别为 37.50% 和 32.50%，约有 52.50% 的企业生产其他（底油和光油）。

2. 柔印油墨销售情况

调研企业 2021 年度柔印油墨的销售情况如表 2 所示，油墨类型占比情况如图 4 所示。由表可知，调研企业的柔印油墨销售总量约为 10.17 万吨。从柔印油墨的类型看，水性油墨的销售量占比最高，约为 77.56%；溶剂型油墨占比约为 6.88%；UV 油墨占比较少，约为 2.34%；其他（底油、光油）等占比约为 13.22%。

表 2 调研企业柔印油墨销售情况（按产品类型区分）

柔印油墨类型	2021 年销售量 / 吨	占比
水性油墨	78837.00	77.56%
溶剂型油墨	6994.00	6.88%
UV 油墨	2382.00	2.34%
其他（底油、光油等）	13439.00	13.22%
总计	101652.00	100%

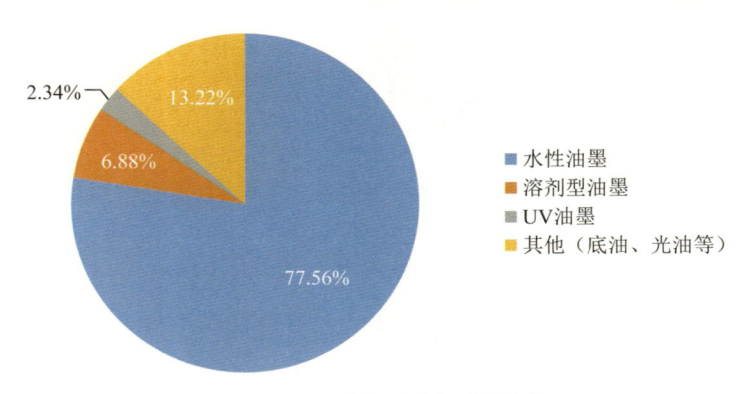

图 4 调研企业柔印油墨类型占比情况

进一步的调研数据显示，整体上调研企业 2021 年度销售状况良好。其中，约 82.50% 的调研企业销售量有所增加，7.50% 的企业销售量与上一年度持平，10.00% 的企业销售量有所减少。

三、几点看法

1. 柔印油墨行业持续发展

调研数据表明，约 70.00% 的调研企业准备扩大生产规模，约 30.00% 的企业将维持现状。对于 2022 年的经营状况预期，约 45.00% 的调研企业持乐观态度，约 35.00% 的企业持悲观态度，如图 5 所示。其中，12.50% 的企业认为 2022 年的经营状况将明显好于上一年度（10% 以上），32.50% 的企业认为将比上一年度略好（3%～10%），20.00% 的企业认为将与上一年度基本相当（-3%～3%），20.00% 的企业认为将略差于上一年度（-3%～-10%），15.00% 的企业认为将明显差于上一年度（-10% 以上）。

图 5 对 2022 年企业经济效益预估情况

2. 原材料价格上涨对油墨行业的经营产生较大压力

如图 6 所示，约 85.00% 的调研企业认为原材料成本对企业经营产生巨大影响。约 67.50% 和 47.50% 的调研企业认为市场订单和用工成本是影响企业经营的主要因素。排在第四、第五位的分别是技术人才与业务推广问题，而融资渠道和产能问题的影响相对较小。

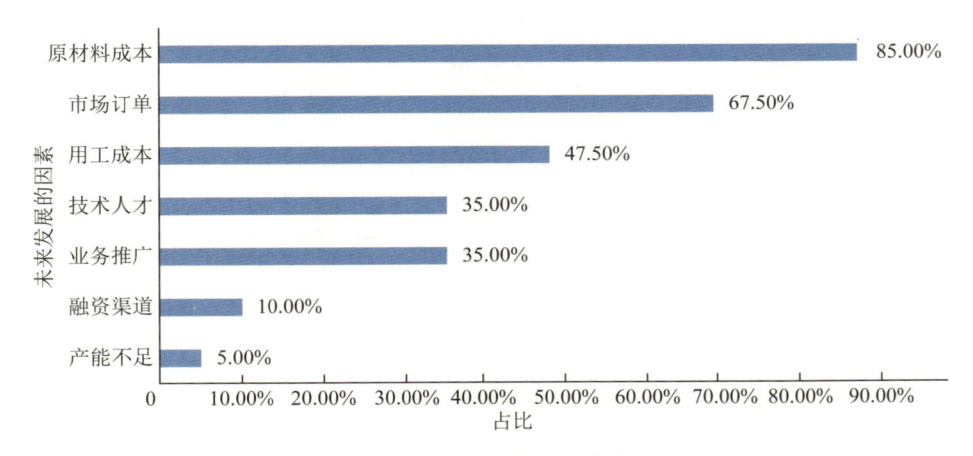

未来发展的因素	占比
原材料成本	85.00%
市场订单	67.50%
用工成本	47.50%
技术人才	35.00%
业务推广	35.00%
融资渠道	10.00%
产能不足	5.00%

图 6　企业对未来发展的因素分析

3. 水性及溶剂型柔印油墨将进一步在薄膜类印刷基材上拓展应用

水性柔印油墨在纸制品上的应用已非常广泛。近些年，随着产业稳步向绿色环保方向的推进，在薄膜等非吸收性印刷基材上的绿色印刷需求也明显增加。调研企业普遍认为，软包装表印和复合软包装是柔印未来的重要发展方向，水性和溶剂型柔印油墨将进一步在薄膜类印刷基材上拓展应用。

4. 提高创新能力是企业发展的关键

调研油墨企业中 67.50% 的企业是高新技术企业（较上一年底调研企业占比上升了 7.50%），同时企业中建有油墨研发中心的企业占比为 87.50%，建有油墨测试中心的企业占比为 82.50%，建有计算机油墨配色中心的企业占比为 60.00%。

针对柔印的重点应用领域，柔印油墨企业需要在产品开发中重点解决 UV 油墨的低分子物迁移问题，以及适用于薄膜印刷的高性能乳液型水墨。

如图 7 所示，对于企业发展的投入主要集中在新产品研发与升级、市场与营销渠道的拓展、生产流程管理的数字化与智能化改造、企业的环保改造等几个方面。约 82.50% 的企业将会在新产品研发与升级方面投入更多，约 80.00% 的企业将加大市场与营销渠道拓展方面的投入，约 47.50% 的企业将在生产流程管理数字化与智能化改造方面进行投入，25.00% 的企业认为未来仍需要进一步针对环保进行改造，以更加适应国家的相关政策。

投入方向	占比
新产品研发与升级	82.50%
市场与营销渠道的拓展	80.00%
生产流程管理的数字化与智能化改造	47.50%
企业的环保改造	25.00%

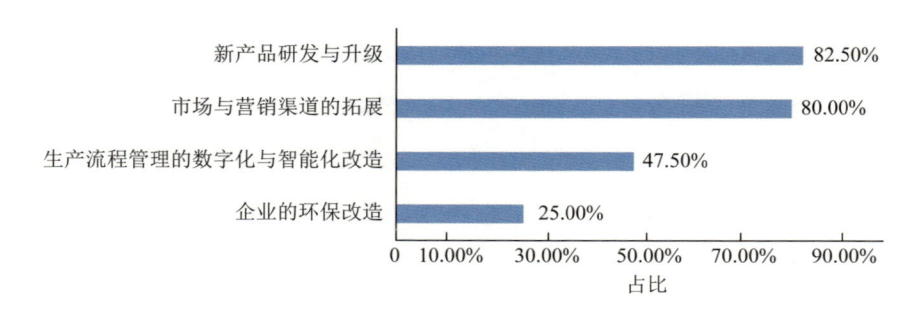

图 7　油墨企业在未来发展的投入情况

近年来，在国家科技兴国的国策下，在"十四五"国家发展规划的总指引下，各企业纷纷不断创新发展。本报告调查的企业中，普遍认为技术与产品的创新与研发是企业创新发展的基石。同时，近来由于原材料涨价、全球市场变化等因素，更多的企业也认为在原材料成本控制、市场拓展等方面需要投入更多的精力，才能确保企业健康稳定地发展。

中国标签产业发展报告[1]

王红国

"中国标签产业发展报告"自 2009 年首次发布以来已经连续发布 13 年。13 年来，标签印刷产业市场服务范围不断延展，智能科技对终端产业持续渗透，带动标签产品不断创新发展。"中国标签产业发展报告"以抽样调查数据为基础，结合当前产业形势和行业热点，从企业经营运行态势、面临困境与挑战、创新发展举措等多个视角，进行持续跟踪和分析，为标签产业各方提供决策参考。2022年，《标签技术》编辑部继续沿用以往在线调查方法，针对上一年度（2021 年）从事标签印刷的企业进行了问卷调查。希望这份报告能够帮助行业从业者明晰发展态势，及时调整经营策略。

一、样本企业概况

（一）地域分布

按照通常的行政大区分类方法，样本企业地域分布如图 1 所示。其中，华东占 42.62%，华南占 34.43%，西南占 9.84%，华北占 6.56%，华中占 4.92%，西北占 1.64%。因未收到东北地区企业的反馈问卷，故其占比为 0.00%。

（二）业务领域分布

参与本次业情调查的样本企业，其整体业务涵盖了标签、纸盒/纸箱、软包装、其他包装、票证卡、其他商业印刷等几个类别。数据显示，在企业整体业务中标

---

[1] 原载于《标签技术》2022 年第 2 期 P7—14，有改动。

签印刷业务在50%以上的企业占比为85.24%（其中，只从事标签印刷的企业占比37.70%），标签印刷业务在50%以下的企业仅占14.76%。

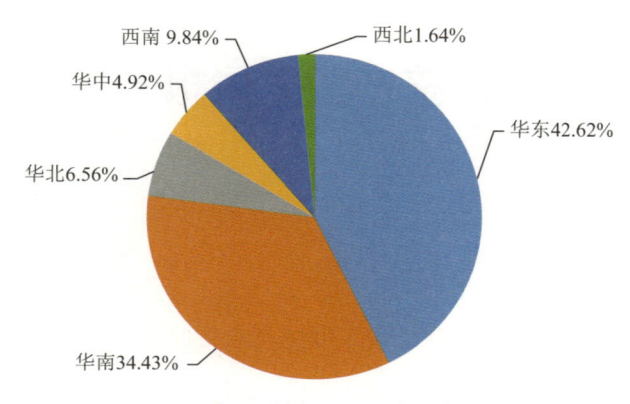

图 1　样本企业地域分布

本次调查，样本企业所涉及的标签细分领域与往年相同，仍然定位于化妆品、医药保健品、日化、化工、食品饮料、酒、电子电器、物流、服装鞋帽、文体用品、其他标签共11类市场，如图2所示。可以看出，食品饮料和酒标市场以绝对的优势稳居首位，涉足这两大领域的企业数量各占63.93%；其次为医药保健品标签市场，占55.74%；日化、化妆品标签市场紧随其后，分别占49.18%和39.34%；电子电器、其他标签市场各占37.70%。

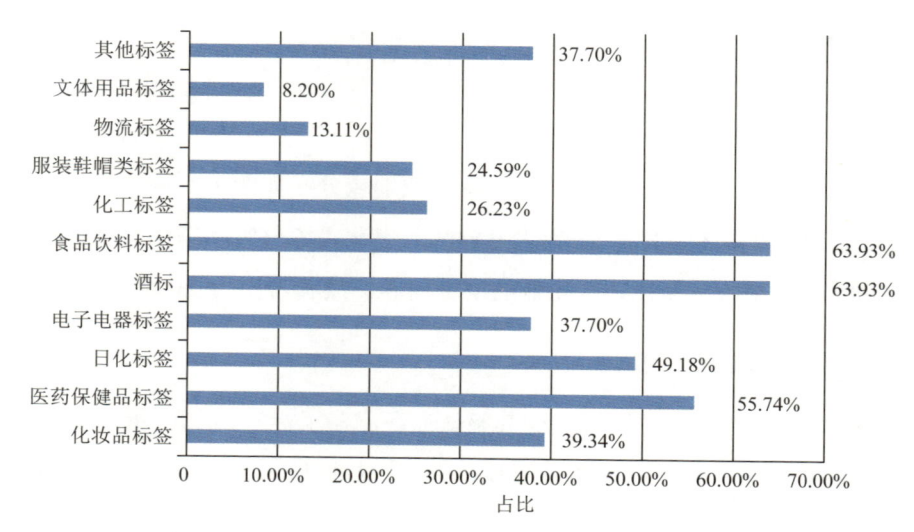

图 2　样本企业标签细分领域业务分布情况

（三）业务规模分布

从印刷业务整体营收来看，超过 8000 万元的企业占 45.91%（其中，营收超过 1 亿元的企业占比 36.07%），5000 万～8000 万元的企业占 8.20%，5000 万元以下的企业占 45.90%。

从标签印刷业务营收来看，超过 8000 万元的企业占 32.79%（其中，营业收入超过 1 亿元的企业占 24.59%），5000 万～8000 万元的企业占 9.84%，5000 万元以下的企业占 57.37%，如图 3 所示。

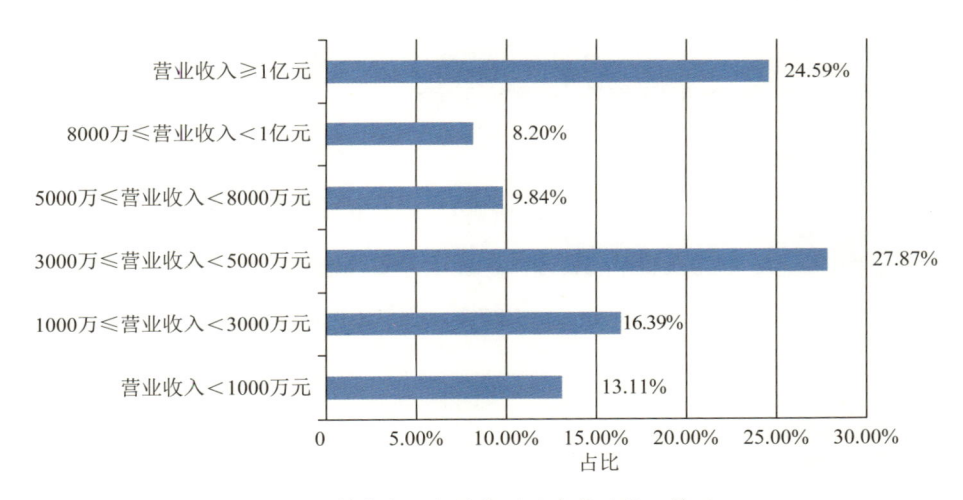

营业收入区间	占比
营业收入≥1亿元	24.59%
8000万≤营业收入＜1亿元	8.20%
5000万≤营业收入＜8000万元	9.84%
3000万≤营业收入＜5000万元	27.87%
1000万≤营业收入＜3000万元	16.39%
营业收入＜1000万元	13.11%

图 3　样本企业标签印刷业务营业收入情况

综上，我们试图勾勒出参与本次调查的样本企业群像。

- 以市场为导向的标签产业集群地域性分布特征依然明显，华东、华南地区仍然为主要聚集地。值得一提的是，西南地区标签市场表现出色，承接标签产能梯度转移水平在逐年提高。
- 85% 以上的样本企业业务主要集中在标签印刷领域，其中专门从事标签印刷的样本企业占 37.70%。除标签印刷业务外，纸盒/纸箱、软包装及票证卡业务较受企业青睐。
- 在标签细分领域中，食品饮料、酒、医药保健品市场是样本企业涉足较多的领域，位居前三。

- 企业规模和标签营收两极分化趋势明显，标签营收 5000 万元依然是很多样本企业难以跨越的一条"红线"。

二、经营运行态势

2021 年是经受新冠肺炎疫情影响的第二年，面对复杂严峻的国际环境和国内疫情散发等多重考验，国内标签印刷行业的生存境况是喜是忧？对 2022 年全年经营又有怎样的预期？我们可以借助以下几组数据，做一系统的梳理和了解。

（一）2021 年企业经营运行态势回顾

1. 2021 年全年开工情况

如图 4 所示，在过去的 2021 年，所有样本企业的开工率均在 50% 以上。其中，实现满负荷开工的企业占 16.39%，开工率在 80% 以上的企业占 54.10%，开工率处于 60%～80% 的企业占 27.87%，仅 1.64% 的样本企业开工率处于 50%～60%。

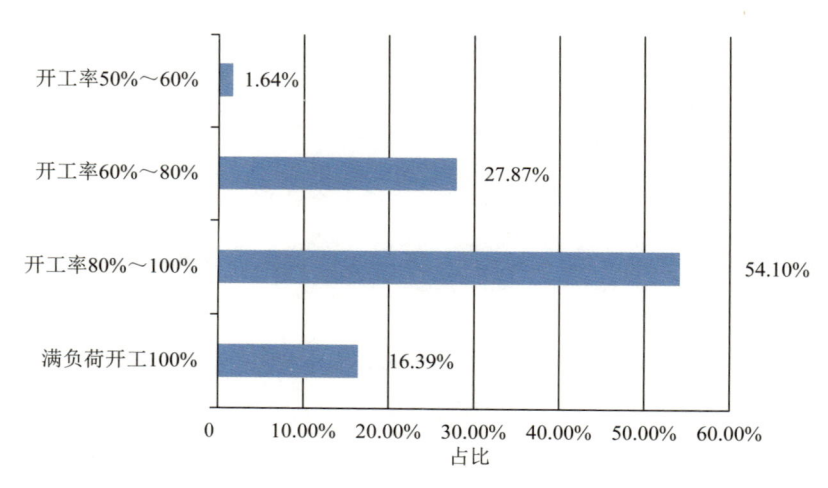

图 4　2021 年样本企业全年开工情况

2. 2021 年标签销售收入情况

2021 年，随着国内疫情的逐步缓解，食品饮料、酒、医疗和医药产品等终端行业对标签的需求回升，推动了标签市场回暖。可以看到，有 73.77% 的企业标签销售收入同比上年有了不同程度的增长，其中，13.11% 的企业同比去年实现了较大增长。此外，11.48% 的企业做到了与上年基本持平，仅有 14.76% 的企业出现了下滑趋势，但约七成"下滑"企业的下滑幅度未超过 10%，如图 5 所示。

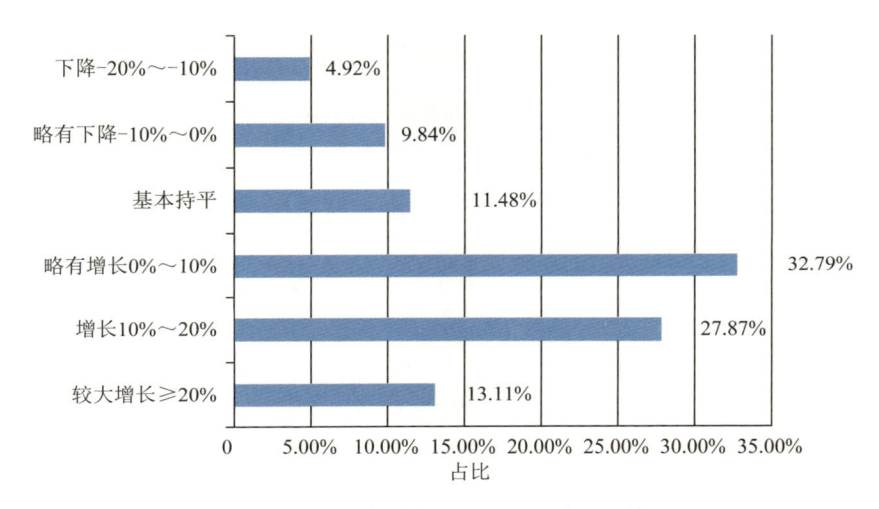

区间	占比
下降 -20%～-10%	4.92%
略有下降 -10%～0%	9.84%
基本持平	11.48%
略有增长 0%～10%	32.79%
增长 10%～20%	27.87%
较大增长 ≥20%	13.11%

图 5　2021 年样本企业标签销售收入情况

3. 2021 年标签业务利润情况

2021 年，45.90% 的企业标签利润较上年同比有了不同程度的增长，其中，6.56% 的企业较上年同比实现了较大增长。此外，26.23% 的企业做到了与上年基本持平，27.87% 的企业出现了下滑趋势，但约六成"下滑"企业的下滑幅度未超过 10%，如图 6 所示。

综合以上各项数据来看，在国内疫情逐步缓解后，标签市场表现出较强的增长态势，多数样本企业的开工水平基本恢复正常，但在标签销售收入大幅提升的同时，标签利润却没有实现同步上升。分析造成这一市场现象的原因，我们不难发现：过去的 2021 年，各行各业都经历了前所未有的原材料"涨价潮"，标签企业的原材料虽然涨幅没有像大印刷行业白卡纸那样，连续追涨，甚至突破万元大关，但即使 3%～5% 左右的涨价力度也给标签印企带来了前所未有的压力，加之下半年部分省份实施停电限产等措施，导致企业采购及生产成本增加，利润持续承压。

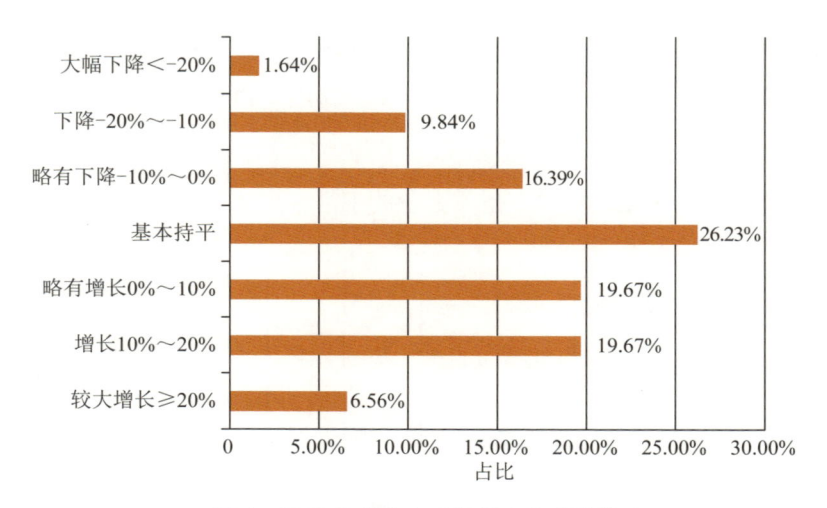

利润情况	占比
大幅下降<-20%	1.64%
下降-20%~-10%	9.84%
略有下降-10%~0%	16.39%
基本持平	26.23%
略有增长0%~10%	19.67%
增长10%~20%	19.67%
较大增长≥20%	6.56%

图 6 2021 年样本企业标签业务利润情况

（二）2022 年企业经营运行态势预测

1. 2022 全年开工情况预测

在全年开工方面，超过七成的样本企业持乐观态度，其中，有 14.75% 的企业预计 2022 年会实现全年满负荷开工；60.66% 的企业预计开工率在 80% 以上；仅有 24.59% 的企业预计开工率处于 60%～80%，如图 7 所示。

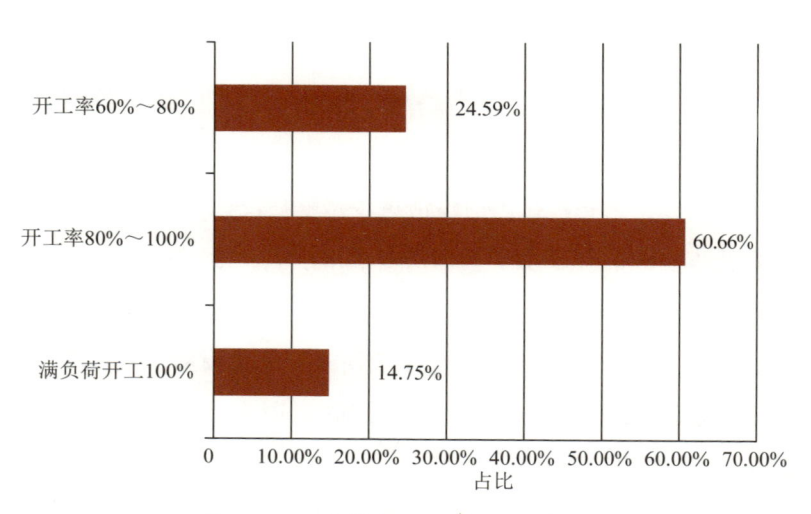

开工情况	占比
开工率60%~80%	24.59%
开工率80%~100%	60.66%
满负荷开工100%	14.75%

图 7 2022 年样本企业全年开工情况预测

2. 2022 年标签销售收入情况预测

80.33% 的企业预计 2022 年标签销售收入会实现不同程度的增长，预测比 2021 年增加近 7 个百分点；仅有 3.28% 的企业预计 2022 年会出现轻微的下滑趋势，预测比 2021 年下降近 12 个百分点，如图 8 所示。

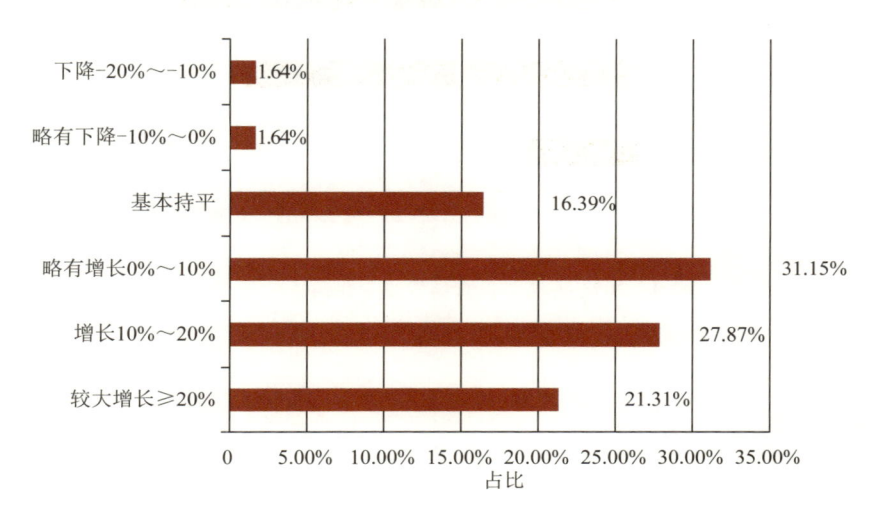

区间	占比
下降-20%～-10%	1.64%
略有下降-10%～0%	1.64%
基本持平	16.39%
略有增长0%～10%	31.15%
增长10%～20%	27.87%
较大增长≥20%	21.31%

图 8　2022 年样本企业标签销售收入情况预测

3. 2022 年标签业务利润情况预测

72.13% 的企业预计 2022 年标签利润会实现不同程度的增长，比 2021 年增加 26 个百分点；仅有 4.92% 的企业预计 2022 年会略有下降，比 2021 年下降近 23 个百分点，如图 9 所示。

以上数据可以看出，2022 年全年无论是企业开工情况，还是标签销售、盈利情况，预计同比 2021 年各项数据均有很大改善和提升，这说明企业对 2022 年经营情况相对比较看好。面对复杂多变的市场和日趋激烈的市场竞争，多数企业都在产品工艺创新上下足了"功夫"，致力实现工艺、产品差异化，这也是众多企业对未来市场持乐观态度的底气所在。

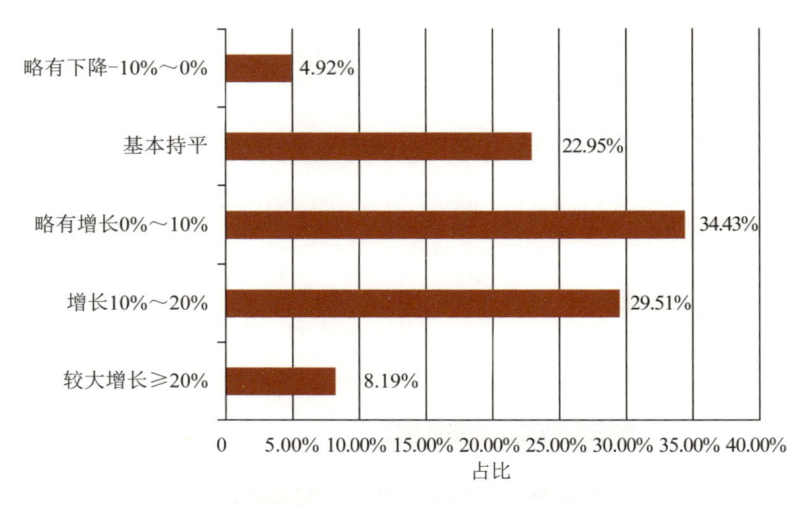

利润变化	占比
略有下降 -10%～0%	4.92%
基本持平	22.95%
略有增长 0%～10%	34.43%
增长 10%～20%	29.51%
较大增长 ≥20%	8.19%

图 9　2022 年样本企业标签业务利润情况预测

三、面临困境与挑战

（一）设备应用分析及使用痛点

从本次业情调查反馈的数据来看，柔版印刷机一举超过凸版印刷机，成为众企业生产的"主力军"，占比为 75.41%；凸版印刷机占比为 55.74%，居于次位；平版印刷机、数字印刷机分别位居第三、第四位，占比分别为 54.10% 和 49.18%，如图 10 所示。

在标签印刷领域，柔版印刷能够超过凸版印刷，成为生产"主力军"，绝非一日之功，这主要得益于：一是随着国家相关政策的相继出台，标签印刷行业绿色化发展已经成为业内共识，柔版印刷因其绿色环保越来越受行业和消费者的青睐；二是随着各种先进技术的不断发展与应用，连线多工艺组合印刷单元在柔版印刷生产线上得到了较为广泛的应用和发展，促使柔版印刷品质不断提升，市场竞争力不断增强；三是柔版印刷机在标签印刷领域呈现出百花齐放、百家争鸣的蓬勃发展态势，尤其是随着国产柔版设备制造商技术加速突破，正在缩短与国际领先设备之间的技术差距，柔版印刷拥有广阔的应用前景和发展空间。

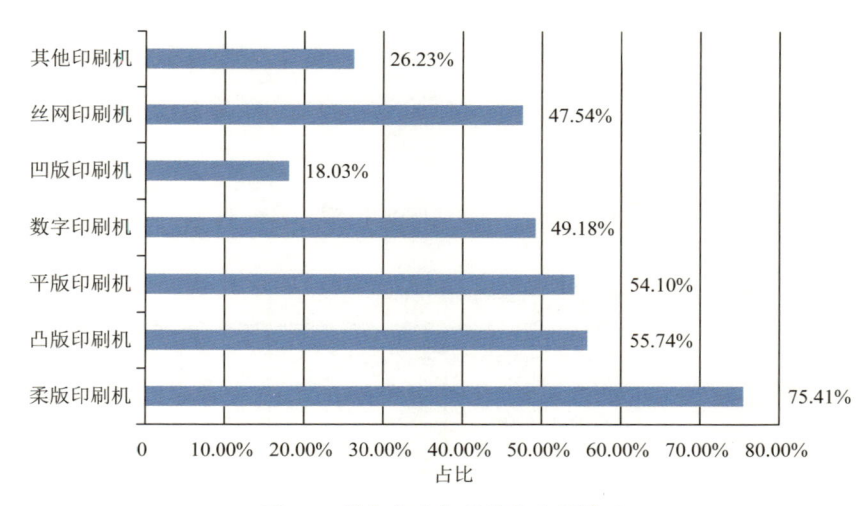

图中数据（图10 样本企业印刷设备配置情况）：
- 柔版印刷机：75.41%
- 凸版印刷机：55.74%
- 平版印刷机：54.10%
- 数字印刷机：49.18%
- 凹版印刷机：18.03%
- 丝网印刷机：47.54%
- 其他印刷机：26.23%

图 10　样本企业印刷设备配置情况

在实际生产过程中，设备使用会出现各种各样的问题，长期困扰着不少标签印刷企业。如图 11 所示，"材料浪费多"依然是困扰企业最为严重的问题，选择率达 37.70%；"开机调试时间长"位居第二，选择率为 32.79%；"生产效率低""维护成本高"紧随其后，选择率均为 29.51%。以上问题很大程度上与开机人员的操作水平有关，希望企业可以继续加强内部员工的技能培训，搭建技能型人才梯队，提升企业竞争力。

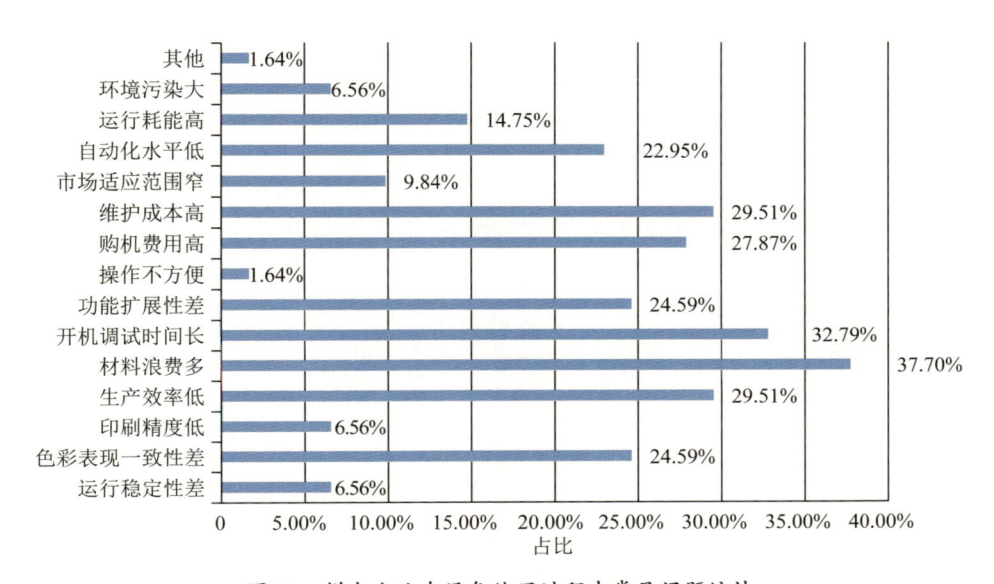

图中数据（图11 样本企业在设备使用过程中常见问题统计）：
- 运行稳定性差：6.56%
- 色彩表现一致性差：24.59%
- 印刷精度低：6.56%
- 生产效率低：29.51%
- 材料浪费多：37.70%
- 开机调试时间长：32.79%
- 功能扩展性差：24.59%
- 操作不方便：1.64%
- 购机费用高：27.87%
- 维护成本高：29.51%
- 市场适应范围窄：9.84%
- 自动化水平低：22.95%
- 运行耗能高：14.75%
- 环境污染大：6.56%
- 其他：1.64%

图 11　样本企业在设备使用过程中常见问题统计

（二）耗材使用现存痛点分析

在版材使用方面，对版材使用问题反馈最多的是"制版费用高"，有 49.18% 的企业不满于此；37.70% 的企业反馈印版的"耐印力低"；22.95% 的企业表示印版"容易堵版"和"制版操作难控制、质量不稳定"，如图 12 所示。

问题	占比
对环境污染大	9.84%
制版费用高	49.18%
容易掉版	9.84%
硬度、弹性、平整度等物理性能不稳定	11.48%
尺寸不稳定	4.92%
厚度不均匀	6.56%
容易堵版	22.95%
制版操作难控制、质量不稳定	22.95%
曝光宽容度小	6.56%
加网线数低	21.31%
耐印力低	37.70%

图 12　版材在使用过程中常见问题分析

在油墨使用方面，"价格高"在本次调查中的呼声最高，选择率达 44.26%；其次，34.43% 的企业抱怨油墨"气味大"，32.79% 的企业抱怨"附着力不够"，如图 13 所示。这两大技术问题希望可以引起油墨商的足够重视，并帮助标签印刷企业进行工艺测试和调整。

在不干胶材料使用方面，"易出现溢胶问题"是企业反馈最为集中的问题，如图 14 所示，60.66% 的企业在日常生产中都难以摆脱其困扰，紧随其后的"易出现贴标困难"则被 27.87% 的企业所诟病。其实，这两大问题一直是困扰企业多年的大难题，希望企业可以和不干胶材料商一起想出改善举措。

（三）公司发展主要制约因素

提及制约企业健康发展的因素，调查者对以下几点反响最大：人工成本高、技术人才短缺、利润率降低、原材料涨价和低价竞争，反馈数据占比分别为 55.74%、49.18%、42.62%、39.34% 和 36.07%，如图 15 所示。

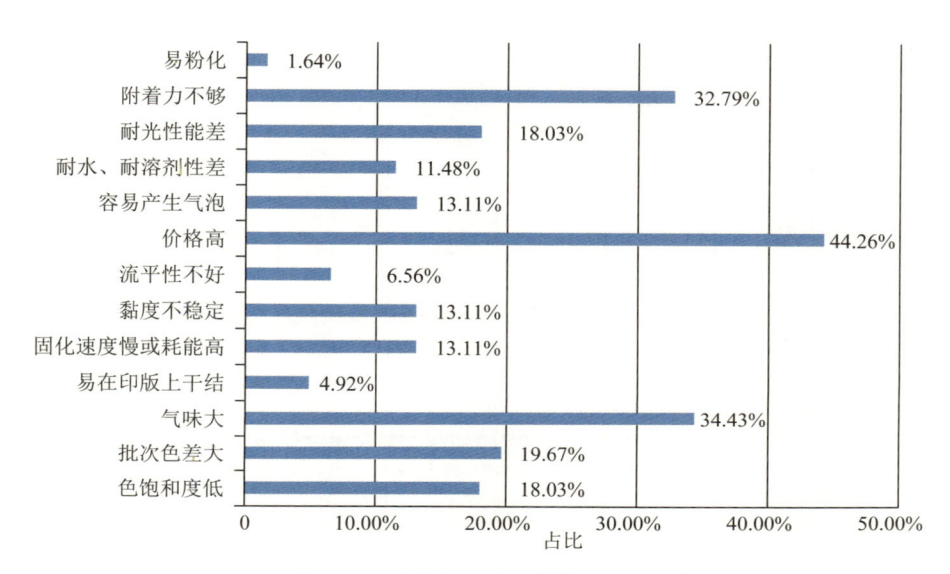

图13 油墨在使用过程中常见问题分析

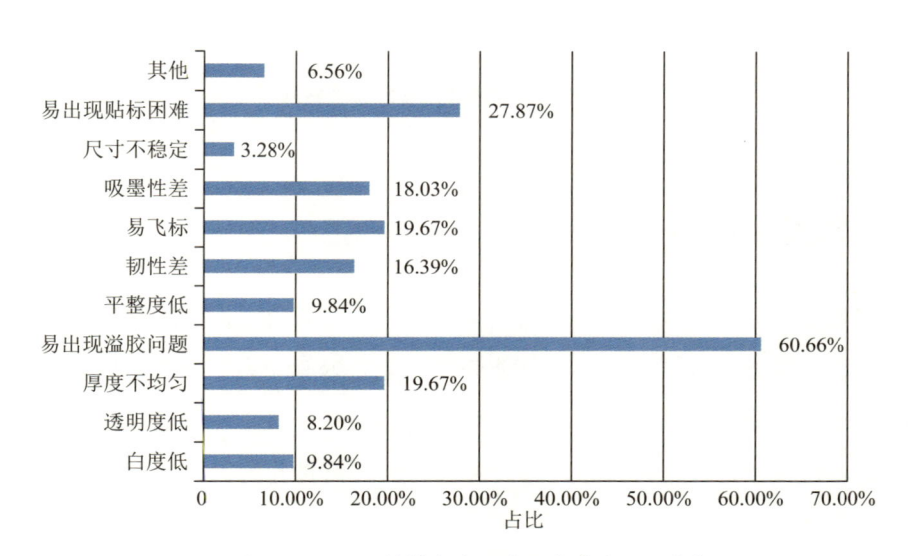

问题	占比
易粉化	1.64%
附着力不够	32.79%
耐光性能差	18.03%
耐水、耐溶剂性差	11.48%
容易产生气泡	13.11%
价格高	44.26%
流平性不好	6.56%
黏度不稳定	13.11%
固化速度慢或耗能高	13.11%
易在印版上干结	4.92%
气味大	34.43%
批次色差大	19.67%
色饱和度低	18.03%

图14 不干胶材料在使用过程中常见问题分析

问题	占比
其他	6.56%
易出现贴标困难	27.87%
尺寸不稳定	3.28%
吸墨性差	18.03%
易飞标	19.67%
韧性差	16.39%
平整度低	9.84%
易出现溢胶问题	60.66%
厚度不均匀	19.67%
透明度低	8.20%
白度低	9.84%

不可否认，如今的标签印刷行业，供求平衡已被打破，供大于求已经成为行业常态。以上制约因素充分显露出标签行业整体发展基础仍然薄弱，正所谓"打

铁还需自身硬",企业只有不断加强自身应变能力和适应能力,才能在"红海"市场中找到属于自己的一片"蓝海"。

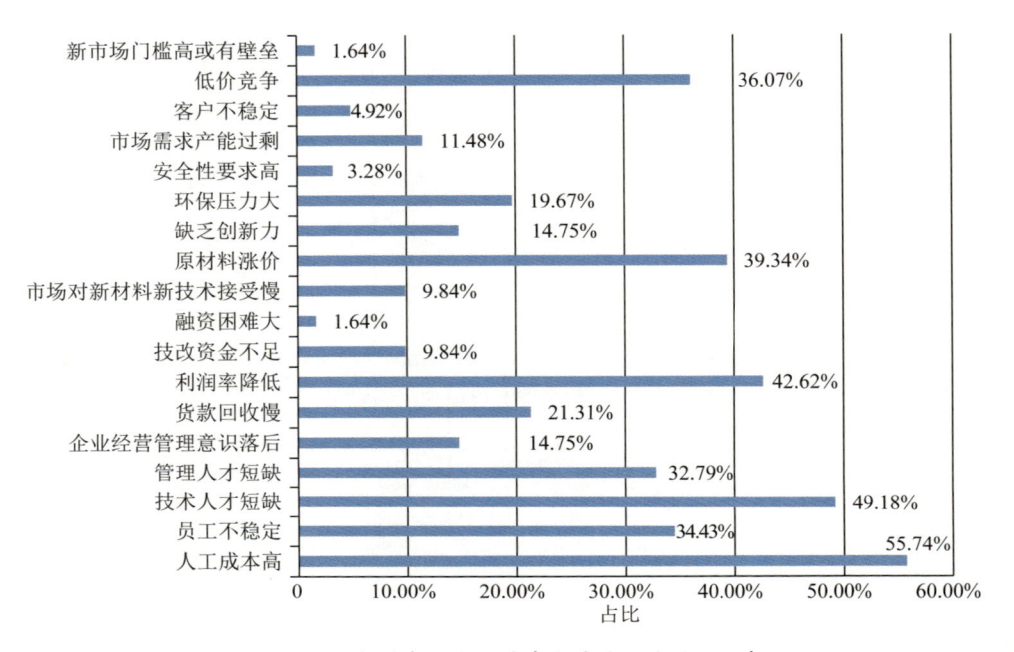

制约因素	占比
新市场门槛高或有壁垒	1.64%
低价竞争	36.07%
客户不稳定	4.92%
市场需求产能过剩	11.48%
安全性要求高	3.28%
环保压力大	19.67%
缺乏创新力	14.75%
原材料涨价	39.34%
市场对新材料新技术接受慢	9.84%
融资困难大	1.64%
技改资金不足	9.84%
利润率降低	42.62%
货款回收慢	21.31%
企业经营管理意识落后	14.75%
管理人才短缺	32.79%
技术人才短缺	49.18%
员工不稳定	34.43%
人工成本高	55.74%

图15 标签印刷企业健康发展的主要制约因素

四、创新发展举措

随着消费需求的升级换代,企业"蛮干傻干""野蛮生长"的时代已经一去不复返。以中小微企业居多的标签行业必须以创新为驱动力,不断适应市场环境和客户需求,只有这样才能在残酷的市场环境里循序渐进、稳健经营,实现可持续发展。本次调查,我们从绿色环保、精益生产、智能化提升三个维度分别对企业进行了摸底,便于了解企业创新发展的一些有效举措。

(一)绿色环保实施情况

从反馈数据来看,多数企业选择了一种及以上措施来进行绿色生产,最为突出的是，有73.77%的企业选择"采用废水处理装置"进行废物回收，50.82%的样本企业选择"只采用通过绿色环保认证的材料"等环保材料进行生产，如图16所示。

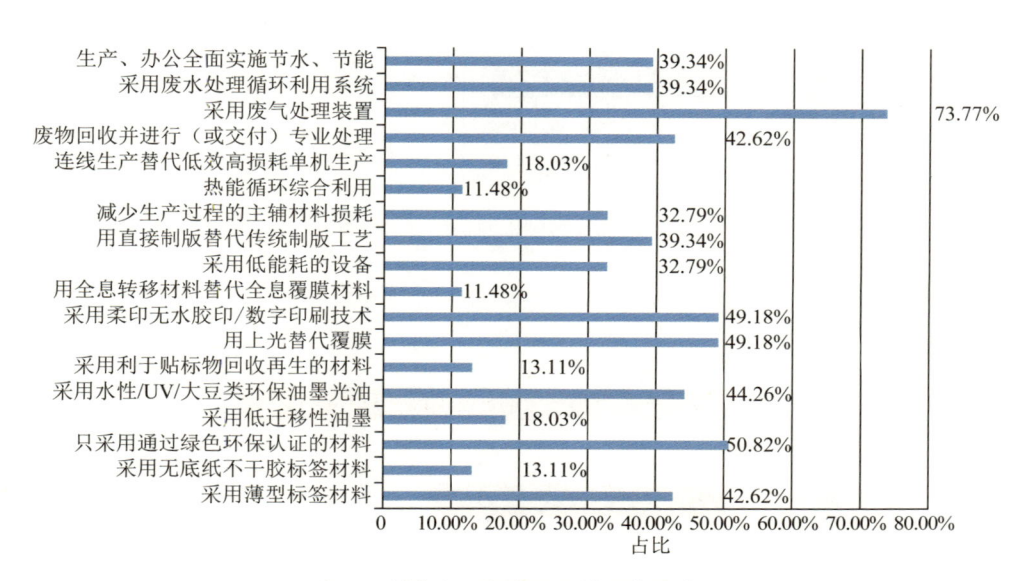

措施	占比
生产、办公全面实施节水、节能	39.34%
采用废水处理循环利用系统	39.34%
采用废气处理装置	73.77%
废物回收并进行（或交付）专业处理	42.62%
连线生产替代低效高损耗单机生产	18.03%
热能循环综合利用	11.48%
减少生产过程的主辅材料损耗	32.79%
用直接制版替代传统制版工艺	39.34%
采用低能耗的设备	32.79%
用全息转移材料替代全息覆膜材料	11.48%
采用柔印无水胶印/数字印刷技术	49.18%
用上光替代覆膜	49.18%
采用利于贴标物回收再生的材料	13.11%
采用水性/UV/大豆类环保油墨光油	44.26%
采用低迁移性油墨	18.03%
只采用通过绿色环保认证的材料	50.82%
采用无底纸不干胶标签材料	13.11%
采用薄型标签材料	42.62%

图16 样本企业绿色环保措施实施情况

（二）精益生产实施情况

在精益生产方面，我们从企业是否进行工单成本结算分析、材料库存周转周期、成品库存周转周期、设备整体效能四个维度进行了调查，反馈数据如下。

（1）工单成本结算分析。数据显示，85.25%的样本企业进行了工单成本结算分析；14.75%的样本企业未进行工单成本结算分析。

（2）材料库存周转周期。如图17所示，40.98%的企业表示材料周转周期在7天以上，仅有14.75%的企业可以控制材料周转周期在3天以内。

（3）成品库存周转周期。如图18所示，36.07%的企业表示成品周转周期在3～5天，29.51%的企业成品周转周期在7天以上，仅有16.39%的企业成品周转周期在3天以内。

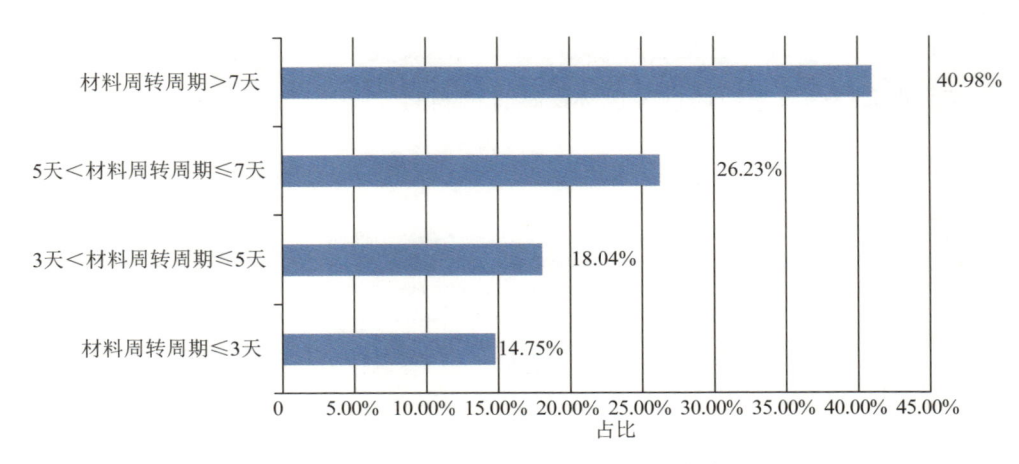

图 17　样本企业材料库存周转周期分布情况

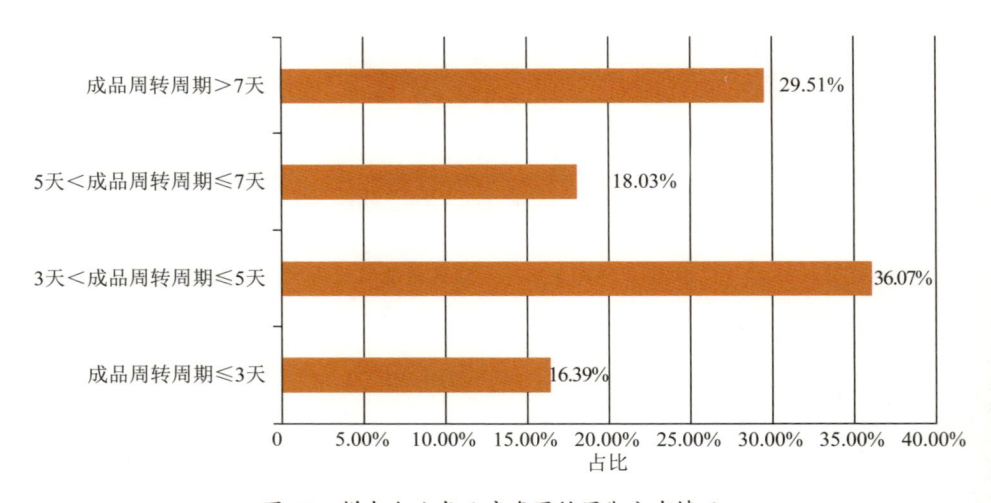

图 18　样本企业成品库存周转周期分布情况

（4）设备整体效能（时间稼动率 × 性能稼动率 × 良品率）。67.22% 的企业表示公司的设备整体效能达到了 60% 以上，如图 19 所示。

作为以生产为主的标签企业，在竞争日益激烈的今天，实施精益生产尤为重要。本次调查中，样本企业在精益生产方向上进行了多路径探索，如严抓流程瓶颈，导入 6S 管理，实行按单成本核算；企业内部生产增加 ERP、APS、MES 系统；加强人员培训，分清岗位职责；各工序运行实现数据化管理；实施 IE 工业工程管理，合理规划调整生产流程和工艺；设定标准工时，优化生产线工艺流程等。

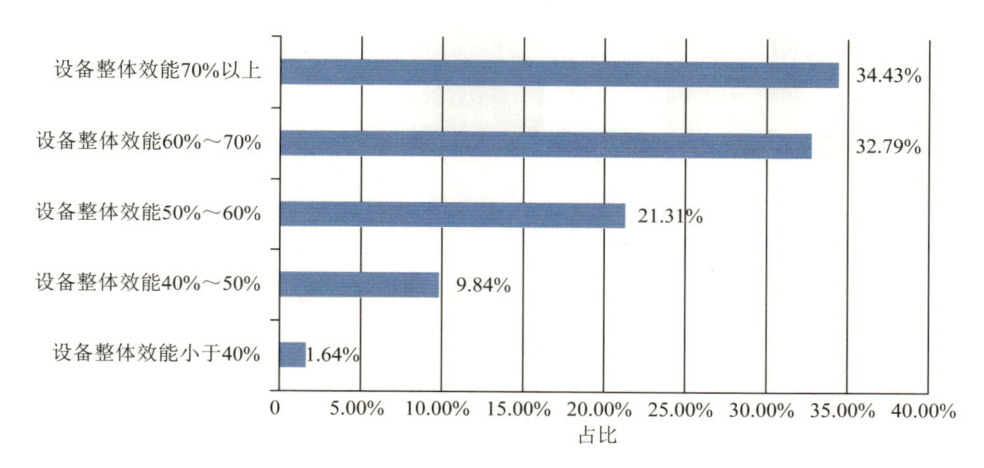

设备整体效能70%以上　34.43%
设备整体效能60%~70%　32.79%
设备整体效能50%~60%　21.31%
设备整体效能40%~50%　9.84%
设备整体效能小于40%　1.64%

图 19　样本企业设备整体效能使用情况

（三）智能化提升情况

在智能化提升方面，导入自动套位系统、导入不停机自动换卷系统、导入自动首件检查系统较受企业喜爱，占比分别为 44.26%、42.62%、36.07%，如图 20 所示。

其他措施　3.28%
导入自动检查与补张系统　16.39%
导入环境监控系统　34.43%
导入废料回收系统　14.75%
导入刀模自动管理系统　24.59%
导入自动物流配送系统　4.92%
导入自动套位系统　44.26%
导入不停机自动换卷系统　42.62%
导入自动首件检查系统　36.07%
导入现场资讯采集系统　29.51%
导入无纸化办公系统　34.43%
导入自动配色系统　22.95%

图 20　样本企业智能化提升情况

通过以上数据可以看出，标签企业在绿色环保、精益生产、智能化提升方面均做出了很大的努力，并取得了阶段性的成效，但仍然存在很大的进步空间，如何实现持续提升，是每个企业乃至整个行业的"必修课"。

五、未来展望

在问卷调查最后，我们对 2022 年企业发展调整措施和关注领域也进行了摸底。关于企业发展，如图 21 所示，有 65.57% 的企业表示 2022 年会继续加大创新投入；55.74% 的企业对加大设备投入表现出了极大的兴趣。此外，多数企业对数字印刷新技术、可降解绿色环保材料、智能化工厂建设、防伪技术应用等领域表现出浓厚兴趣，意在获得更多发展"筹码"。

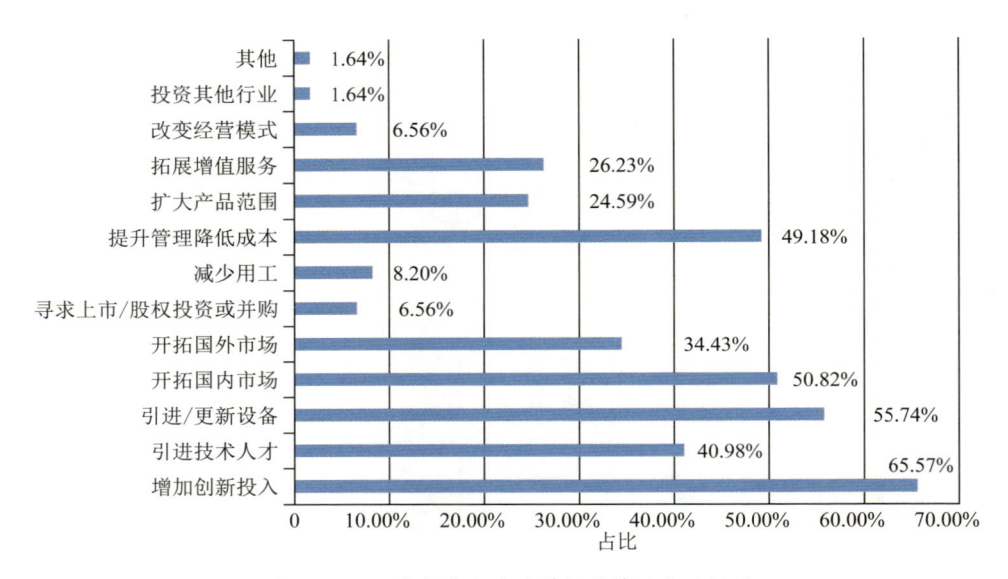

项目	占比
其他	1.64%
投资其他行业	1.64%
改变经营模式	6.56%
拓展增值服务	26.23%
扩大产品范围	24.59%
提升管理降低成本	49.18%
减少用工	8.20%
寻求上市/股权投资或并购	6.56%
开拓国外市场	34.43%
开拓国内市场	50.82%
引进/更新设备	55.74%
引进技术人才	40.98%
增加创新投入	65.57%

图 21　2022 年样本企业改善经营情况实施措施

回顾 2021 年全年，在错综复杂的经济和社会环境下，我国标签市场虽然受主客观因素影响存在很大不确定性，但整体需求回暖明显。展望 2022 年，尽管疫情反复、经济持续复苏面临一定阻力，但标签作为产品展示不可或缺的组成部分，随着消费潜力进一步释放，标签需求将有望稳中有升，标签产业的发展将进入新的阶段，迎来新机遇、新目标与新挑战。愿所有参与调查的标签企业和行业内的所有企业能够在复杂多变的竞争环境中保持创新活力，用差异化塑造品牌竞争力，赢得未来更多挑战。

国内柔版印刷设备及版材进出口数据分析报告

张建民

根据国家海关总署发布的统计数据,2021 年国内柔印设备及柔印版材进出口总值为 1.60 亿美元。其中,柔印设备进出口金额为 9547.47 万美元,柔印版材进出口金额为 6426.10 万美元。同期,国内柔印设备和柔印版材进出口贸易顺差为 3121.37 万美元。

* 文中柔印设备为海关商品编码 84431600"苯胺印刷机",其涵盖使用柔性印版的各类印刷设备,如机组式柔版印刷机、卫星式柔版印刷机以及使用柔性印版的各种标签印刷机等。

2021 年国内柔印设备和柔印版材进出口涉及全球五大洲 115 个国家/地区,其贸易额在全球各大洲的分布(及比重)为:亚洲 6970.72 万美元(44%)、欧洲 5764.25 万美元(36%)、非洲 1202.41 万美元(7%)、南美洲 1096.21 万美元(7%)、北美洲 856.08 万美元(5%)、大洋洲 83.91 万美元(1%)。

同期,柔印设备和柔印版材进出口占国内印刷装备和印刷器材进出口总值的比重为 2%。

一、2021 年国内柔印设备进出口动态

2021 年国内柔印装备进出口金额为 9547.47 万美元。其中,柔印设备进口金额为 2216.25 万美元,柔印设备出口金额为 7331.22 万美元,进出口贸易顺差为 5114.97 万美元。

（一）柔印设备进口

2021 年国内柔印设备进口金额为 2216.25 万美元，进口数量 45 台。与上年同期相比，2021 年国内柔印设备进口金额下降 46%，进口数量下降 18%。

2021 年国内柔印设备进口的主要来源国家及相关数据如下。

- 德国　进口金额 1305.35 万美元，进口数量 8 台
- 意大利　进口金额 448.61 万美元，进口数量 6 台
- 丹麦　进口金额 297.09 万美元，进口数量 2 台
- 瑞士　进口金额 52.98 万美元，进口数量 1 台
- 捷克　进口金额 42.36 万美元，进口数量 1 台
- 日本　进口金额 31.77 万美元，进口数量 1 台
- 美国　进口金额 28.51 万美元，进口数量 2 台

（二）柔印设备出口

2021 年国内柔印设备出口金额为 7331.22 万美元，出口数量 2377 台。与上年同期相比，2021 年国内柔印设备出口金额增长 15%，出口数量下降 42%。

同期，国内柔印设备出口在全球各大区域市场的分布（和比重）为：亚洲 3917.48 万美元（53%）、欧洲 1417.96 万美元（19%）、非洲 1095.28 万美元（15%）、南美洲 788.55 万美元（11%）、北美洲 110.16 万美元（2%）。

2021 年国内柔印设备主要出口目的地及相关数据如下。

- 越南　出口金额 803.67 万美元，出口数量 102 台
- 印度　出口金额 430.38 万美元，出口数量 200 台
- 俄罗斯　出口金额 416.11 万美元，出口数量 51 台
- 土耳其　出口金额 403.63 万美元，出口数量 1063 台
- 埃及　出口金额 320.295 万美元，出口数量 74 台
- 韩国　出口金额 274.75 万美元，出口数量 14 台
- 西班牙　出口金额 268.68 万美元，出口数量 14 台

二、2021年国内柔印版材进出口动态

2021年国内柔印版材进出口金额为6426.10万美元。其中，柔印版材进口金额为3973.53万美元，柔印版材出口金额为2452.57万美元，进出口贸易逆差1520.96万美元。

（一）柔印版材进口

2021年国内柔印版材进口金额为3973.53万美元，进口数量为75.67万平方米。与上年同期相比，2021年国内柔印版材进口金额增长24%，进口数量增长32%。

按照版材进口金额排序，2021年国内柔印版材主要进口来源国及相关数据如下。

- 德国　进口金额1454.55万美元，进口数量25.70万平方米
- 日本　进口金额1366.92万美元，进口数量27.14万平方米
- 美国　进口金额693.75万美元，进口数量15.91万平方米

（二）柔印版材出口

2021年国内柔印版材出口金额为2452.57万美元，出口数量为54.47万平方米。与上年同期相比，2021年国内柔印版材出口金额增长18%，出口数量增长10%。

同期，国内柔印版材出口在全球各大区域市场的分布（和比重）为：亚洲1389.17万美元（57%）、欧洲542.83万美元（22%）、南美洲307.66万美元（13%）、非洲107.13万美元（4%）、大洋洲82.11万美元（3%）、北美洲23.66万美元（1%）。

按照出口金额排序，2021年国内柔印版材主要出口目的地及相关数据如下。

- 比利时　出口金额309.76万美元，出口数量7.77万平方米
- 越南　出口金额219.22万美元，出口数量4.54万平方米
- 新加坡　出口金额193.01万美元，出口数量3.93万平方米
- 土耳其　出口金额176.35万美元，出口数量5.00万平方米
- 俄罗斯　出口金额119.42万美元，出口数量2.96万平方米
- 印度　出口金额116.71万美元，出口数量3.09万平方米

三、观察与思考

（一）柔印设备进口规模不断萎缩，其商品结构趋于高端化

2021 年国内柔印设备进口金额同比下降 46%，进口数量下降 18%。如此大的下降幅度与 2020 年柔印设备进口的超常增长有关。2020 年国内柔印设备进口金额为 4077.06 万美元，比 2019 年同期增长 48%，创过去 4 年柔印设备进口之最，也构成了 2021 年柔印设备进口难以超越的数值高峰。

事实上，这些年国内柔印设备进口呈现出持续下降的态势（见图 1）。2017—2021 年，国内柔印设备进口规模除 2020 年外其余 3 年都是在不断萎缩，进口总金额从 4168.30 万美元下降到 2216.25 万美元，年平均下降速度达 15%。与此同时，国内柔印设备的进口结构也在悄然发生改变。按进口来源国设备平均进口单价划分，2017 年平均进口单价超过 100 万美元的设备进口金额占柔印设备当年进口总金额的比重为 62%，到 2021 年该比重提升到 72%；而平均进口单价低于 50 万美元的设备进口金额占柔印设备当年进口总金额的比重则从 2017 年的 14% 下降到 2021 年的 5%。国内柔印进口设备高端化的趋势十分明显。

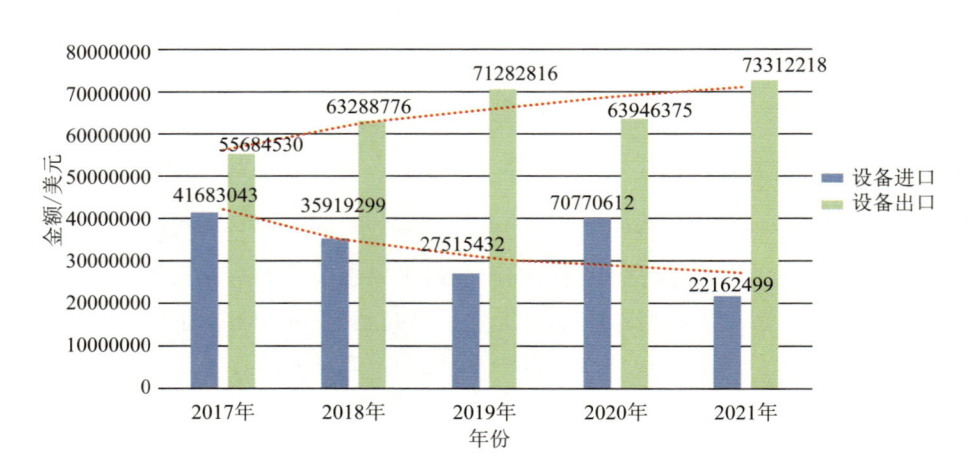

图 1　2017—2021 年国内柔印设备进出口变化趋势

以高端柔印设备为主体的进口设备的增长受限于国内市场的容量和来自本土

柔印设备制造商的竞争，是导致国内柔印设备进口规模不断萎缩的主要因素。

（二）柔印设备出口规模不断扩大，商品结构优化仍需努力

2021 年国内柔印设备出口金额同比增长 15%。这同样与 2020 年的基数较低有关。但与柔印设备进口总量下降情形不同的是，同时期国内柔印设备的出口规模则处于持续扩大的态势（见图 1）。

2017—2021 年，国内柔印设备出口规模从 5568.45 万美元提升到 7331.22 万美元，年平均增长率达 6%。按设备平均出口单价划分，该时期国内出口柔印设备平均单价几乎不超过 50 万美元。而平均单价 10 万～50 万美元的出口柔印设备占当年柔印设备出口总金额的比重 2017 年为 35%，2018 年为 27%，2019 年为 28%，2020 年为 27%，2021 年为 28%。换个角度说，这些年尽管国内柔印设备出口规模以年平均增长率 6% 的速度扩大，但出口设备的主体是平均单价低于 10 万美元的品类。柔印设备出口结构改善任重道远。

（三）国内柔印版材进口、出口同步增长，国内外柔印市场仍有增长潜力

2021 年国内柔印版材进口同比增长 24%，出口同比增长 18%。有趣的是，柔印版材如此高的进口、出口增长速度并不是因为 2020 年疫情影响总量萎缩导致的低基数。与其他印刷设备、印刷器材进出口大幅下降情形不同，2020 年国内柔印版材的进口总量和出口总量与疫情前的 2019 年进口水平和出口水平几乎持平。

观察 2017—2021 年国内柔印版材的进出口数据发现，国内柔印版材进口和出口呈现出持续的增长态势（见图 2）。其间，国内柔印版材进口从 2903.77 万美元（48.05 万平方米）提高到 3973.53 万美元（75.67 万平方米），年平均增长率达 7%（进口数量年平均增长率为 11%）；而国内柔印版材出口也从 2097.28 万美元（44.11 万平方米）增加到 2452.57 万美元（54.47 万平方米），年平均增长率为 3%（出口数量年平均增长率为 5%）。

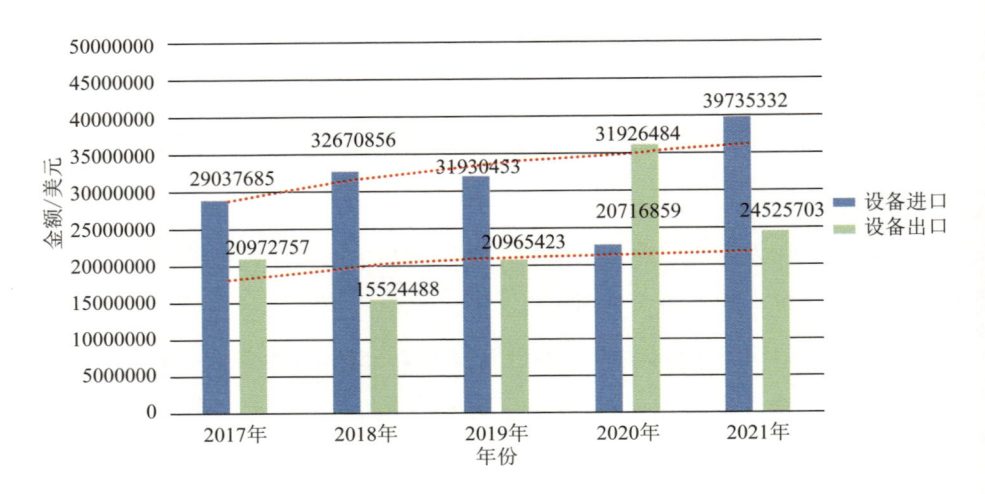

图 2 2017—2021 年国内柔印版材进出口变化趋势

国内外包装印刷市场的持续增长是推动国内柔印版材进口和出口同步增长的直接原因，而国内柔印版材出口的增长也从另外一个侧面反映出本土柔印版材制造能力的提升。

（四）国内柔印设备和柔印版材最大的出口市场在亚洲，其在欧洲市场的知名度也在不断提升

2021 年国内出口到亚洲地区各国的柔印设备金额达 3917.48 万美元（同比增长 5%），柔印版材金额为 1389.17 万美元（同比增长 38%），两者占国内柔印设备出口总金额和柔印版材出口总金额的比重分别为 53% 和 57%。亚洲是国内柔印设备和柔印版材最大的出口市场，是支撑国内柔印设备和柔印版材出口增长的主要贡献者。

欧洲是国内柔印设备和柔印版材商品出口的第二大区域。2021 年国内柔印设备出口欧洲 1417.96 万美元（同比增长 48%），柔印版材出口欧洲 542.83 万美元（同比增长 3%），其占国内柔印设备和柔印版材出口总值的比重分别为 19% 和 22%。国内柔印设备和柔印版材出口增长的事实表明，相关商品在欧洲市场的知名度在不断提升。

根据史密斯瑟最新市场研究报告《全球印刷市场展望 2026》(*The outlook for global print through to 2026*) 提供的观点，未来五年全球印刷市场销售收入将以每年 1.9% 的速度增长，到 2026 年全球印刷市场规模将达到 8343 亿美元。推动全球印刷市场增长的主要因素是全球包装和标签印刷领域。而柔印设备是唯一的未来五年市场销售继续保持增长的传统印刷设备。

在新冠肺炎疫情尚未消失、国际形势复杂的大背景下，国内柔印设备和柔印版材进出口会如何表现？我们将拭目以待！

第三部分
标准索引与技术发展篇

本部分聚焦目前柔性版印刷行业企业所关注的环保政策、技术发展等内容，汇编收录了近一年多来各领域专家对制版标准化和光源标准化的控制、PE薄膜印刷中版材应用技巧、食品用纸的胶转柔工艺、印刷测试文件的内容含义、基于色差的数字水印技术、复合软包装材料工艺技术升级、印刷智能工厂参考模型标准实施中的关键要素，以及从第十二届"石梅杯"获奖产品探索国内柔印发展趋势等方面的技术文章，供读者学习交流。

自《2021中国柔性版印刷发展报告》蓝皮书正式出版发行后，我国政府新发布了《废弃资源综合利用业环境绩效评价导则》《绿色印刷转移接装纸印制过程控制要求》《包装印刷业有机废气治理工程技术规范》《涂料油墨工业污染防治可行技术指南》《水性油墨废水的处理处置方法》《印刷智能工厂构建规范》《卷筒料机组式柔版印刷机维护保养技术规程》等一系列国家、地方和行业标准。这些标准的发布对企业根据自身经营特点制定应对思路和解决方案提供了具体可行的指导。

本部分遴选的技术文章分别从柔性版制版标准化参数控制、印刷环境光源、测试文件、印刷车间智能化、胶转柔质量控制、基于色差的数字水印技术、薄膜印刷的版材应用技巧、复合软包装材料工艺技术升级等方面为企业的技术转型和工艺提升提供了实用的方法、技巧和经验。同时，在本部分首次尝试收录柔印获奖产品的质量点评，希望能给柔印企业进一步提高印刷质量提供参考和借鉴。

受限于编者水平和本书篇幅要求，"标准索引和技术发展"部分汇编收录了9篇文章，仅代表作者的一些观点和体会，未能一一涵盖柔性版印刷行业的最新发展和关注热点，还请读者见谅。

2021 年起发布或实施的印刷及环保类相关标准索引

1. GB/T 39966—2021《废弃资源综合利用业环境绩效评价导则》，国家市场监督管理总局、中国国家标准化管理委员会，2021 年 3 月 9 日发布，2021 年 10 月 1 日起实施。

2. GB/T 17934.1—2021《印刷技术 网目调分色版、样张和生产印刷品的加工过程控制 第 1 部分：参数与测量方法》，全国印刷标准化技术委员会，2021 年 5 月 21 日发布，2021 年 12 月 1 日起实施。

3. CY/T 250—2021《绿色印刷 转移接装纸印制过程控制要求》，国家新闻出版署，2020 年 9 月 22 日发布，2021 年 11 月 1 日起实施。

4. CY/T 245—2021《印刷产品智能设计与仿真指南》，国家新闻出版署，2021 年 9 月 22 日发布，2021 年 11 月 1 日起实施。

5. CY/T 244—2021《印刷智能工厂 制造执行系统（MES）功能体系结构》，2021 年 9 月 22 日发布，2021 年 11 月 1 日起实施。

6. CY/T 243—2021《印刷智能工厂构建规范》，国家新闻出版署，2021 年 9 月 22 日发布，2021 年 11 月 1 日起实施。

7. CY/T 242—2021《印刷智能工厂参考模型》，国家新闻出版署，2021 年 9 月 22 日发布，2021 年 11 月 1 日起实施。

8. CY/T 241—2021《印刷智能制造术语》，国家新闻出版署，2021 年 9 月 22 日发布，2021 年 11 月 1 日起实施。

9. HJ 1240—2021《固定污染源废气 气态污染物（SO_2、NO、NO_2、CO、CO_2）的测定 便携式傅立叶变换红外光谱法》，生态环境部，2021 年 12 月 30 日发布，2022 年 6 月 1 日起实施。

10. HJ 653—2021《环境空气颗粒物（PM 10 和 PM 2.5）连续自动监测系统技术要求及检测方法》，生态环境部，2021 年 12 月 30 日发布，2022 年 6 月 1 日起实施。

11. HJ 1179—2021《涂料油墨工业污染防治可行技术指南》，生态环境部，2021 年 5 月 21 日发布，2021 年 5 月 21 日起实施。

12. HJ 1163—2021《包装印刷业有机废气治理工程技术规范》，生态环境部，2021 年 4 月 30 日发布，2021 年 4 月 30 日起实施。

13. HG/T 5969—2021《水性油墨废水的处理处置方法》，全国废弃化学品处置标准化技术委员会，工业和信息化部，2021 年 8 月 21 日发布，2022 年 2 月 1 日起实施。

14. DB 61/T 1456—2021《卷筒料机组式柔版印刷机维护保养技术规程》，陕西省印刷机械标准化技术委员会、陕西省市场监督管理局，2021 年 4 月 30 日发布，2021 年 5 月 30 日起实施。

柔性版制版标准化参数的控制[①]

杜景敏

柔性版印刷以环保、承印物宽泛、印刷速度快和稳定性好的特点,越来越受到国内广大包装印刷企业的青睐。其标准化控制也越发为企业所重视,然而大多数企业重点关注印刷过程中的标准化,而对制版环节的标准化参数控制则较少谈及,因此笔者将根据自己的工作经验,对制版环节的参数控制进行了重点分析,与读者进行分享。

图 1 为柔性版制版工艺流程示意图,对于印前制版的操作者而言,应当对该图所示的作业流程非常了解,所以本文将不再对流程步骤进行说明。

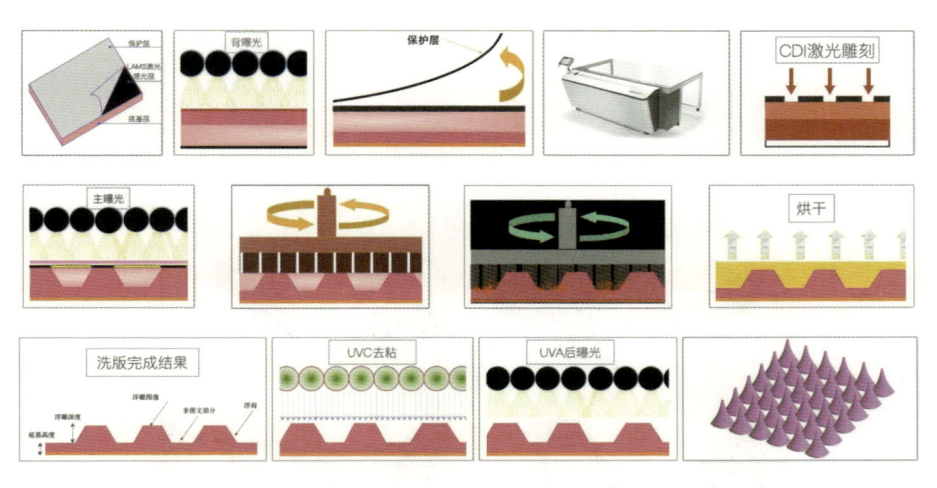

图 1 柔版制版工艺流程

根据图 1 的制版工艺流程,笔者对柔性版制版标准化参数的控制要点进行了

---
① 原载于 2021 年 6 月 *CI FLEXO TECH*,有改动。

总结（见图2），主要从测量仪器、CDI状态控制、曝光机状态控制、洗版机状态控制、RIP加网和制版曲线制作、印刷验证、印刷曲线制作、印前完稿修图和修色八个方面入手，对其中涉及的控制参数按顺序进行说明和分析。

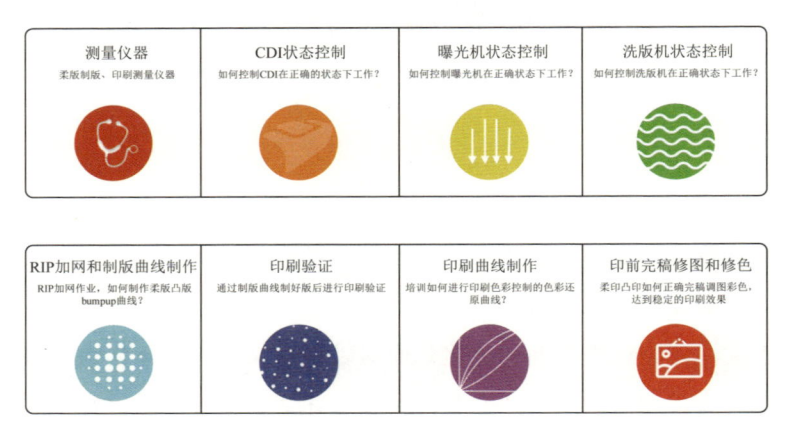

图2 柔版制版标准化参数控制要点

一、测量仪器的配置

图3中所涉及的测量仪器为进行制版标准化参数控制时所有需要的仪器，其中除了印版测量仪（三维）不是必需品外，其余仪器缺一不可。

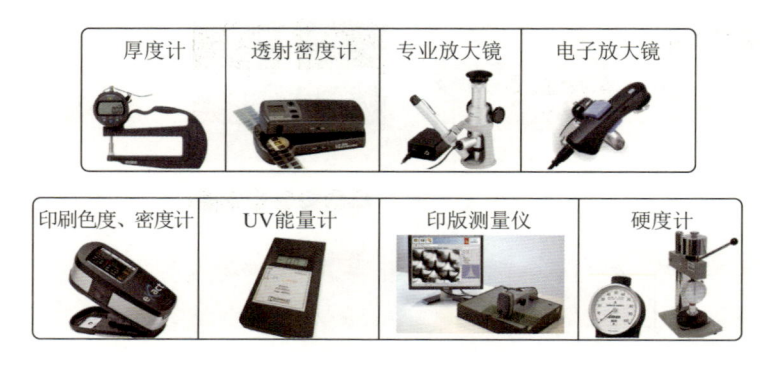

图3 主要涉及的测量仪器

UV能量计建议使用图3所示的这一款，主要原因是不同品牌的UV能量计测量结果差别很大，完全不可控，而市面上比较主流的曝光机都是采用这款仪器的测量光强作为标准。为了在日后的管理中避免出现不同仪器测量带来的数据争议，强烈建议采用此同款设备。

放大镜的放大倍数至少需要 100 倍，并带数字刻度；务必不要为了贪小便宜而购买各类"山寨"货。笔者测试过很多品牌的放大镜，其所带的数字刻度不合格的比例很高。

二、激光雕刻机参数的控制

柔性版激光雕刻机主要是保证把网点 1∶1 还原出来，而市场上主流的激光雕版机主要控制两个参数：焦距和激光能量。

1. 焦距

焦距是指雕版时镜头与版材的距离，这个距离的大小直接决定雕刻图案的清晰程度。如果焦距不对，则有可能导致线条和网点发虚，由于柔性版有不同厚度的版材，不像胶印印版只有一种厚度，所以激光雕刻机必须能自动根据版材厚度改变焦距成像，同时也要保证同一块版上不同厚度的误差变化能精准自动可变对焦并雕刻。

正常情况下，主要是日常在正式版上检查焦距，并不需要天天去更改。一般情况下只有外部环境发生较大变化（比如地震，温湿度变化大，生产环境日常震动比较大，移机等）时，才会进行校准动作，同时如果发现图像线条网点变粗或变细了，也需要进行校准验证。

图 4 是以使用 Esko 系统的激光雕刻机为例对焦距的控制进行分析。Esko 系统会要求操作者输入焦距步进的大小和线条粗细，自动让激光依不同焦距雕刻同一根线，通过放大镜查看哪条线最佳，在系统中输入最佳线条是第几根（如图 4 所示为第 9 根），激光雕刻机会自动把正确焦距设定在最佳位置。不管有多少种厚度的版材，只需要做一次就可以，因为系统会根据版材的厚度自动计算其焦距位置。

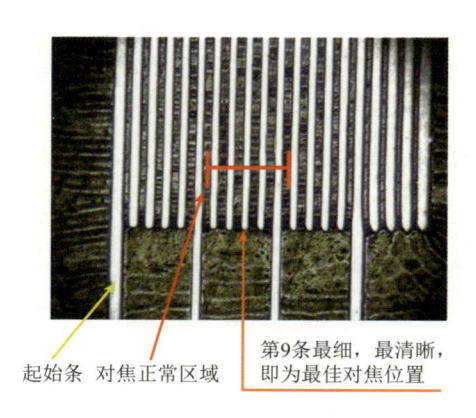

图 4 Esko 系统的激光雕刻机对焦校准调试示意

2. 激光能量

因为每一种版材的黑膜厚度和材质是不一样的，所以在雕刻时需要对每一种版材进行激光能量测试，找到最佳网点再现时对应的能量值，以确保正常生产时图案呈现最佳效果。最佳激光能量值的确定主要有两种方法：目视法和仪器测量管控法。

（1）目视法

目视法其实相当简单。操作者可以制作一个方形网 50% 的加网，雕版后用眼睛查看黑膜（不要洗版），并参考如图 5 所示的说明来确认能量值是否正确。这主要是因为方形网 50% 刚好是每一个网点四角相接，如雕刻完毕大部分网点四角相接，则表示此刻的能量值为最佳；如果不合格，可修改能量值再雕，循环进行直至找到最佳能量值。

图 5 雕版能量网点示意

（2）仪器测量管控法

图 6 为 Esko 系统激光雕刻机雕版能量标准示意图，雕刻后的印版通过透射密度计测量密度，达到图中数值即为合格，即 100% 处密度小于等于 0.07，50% 处密度 0.30±0.02。注意不能使用反射密度计，且 50% 处密度为相对密度，不是绝对密度。

图 6　Esko 系统激光雕刻机雕版能量标准示意

确认好激光雕版机的最佳焦距和激光能量后，应该做一张 CDI 的参数控制表并进行日常验证控制，见表 1 和表 2，以确保雕版的生产稳定性。

表 1　日常标准化管控表（建议每周做一次雕刻检查）

日期	第几根（焦距位移）	雕刻图像
××××年××月××日	××根（8.9毫米）	
××××年××月××日		

表 2　激光雕刻能量验证

版材名称	分辨率	全部版材雕刻			局部版材雕刻		
		J/cm²	100%(D)	50%(D)	J/cm²	100%(D)	50%(D)
F××××××	4000dpi	3.4	0.04	0.30	/	/	/

三、曝光机参数的控制

曝光机在柔版制版过程中的重要性仅次于激光雕刻机，而其控制的主要参数是 UV 能量值和 UV 能量均匀性。在进行曝光机参数测试时，须注意打开曝光机先进行预热。

1. UV 能量值

UV 能量值主要依靠 UV 能量计来进行测试，所以 UV 能量计的选择如前文所说就很重要了，不是随便一款仪器都可以的，一定要选择与版材商和设备商一致的仪器，因为不同品牌的仪器差别巨大，否则出现问题就无法在数据上进行沟通处理。

为了得到更好的网点和线条，一般来说 UV 能量值经验值为 $16mW/cm^2$ 及以上，但也不可过高，如果要做高光 HD 网点最少要 $18mW/cm^2$ 以上。不要迷信 UV 总量这个说法，这只是说多少的总量可以曝光这款版材，并不能保证出来多少网点和线条。此外有些曝光机能量经常出现反常现象，就是打开曝光机曝光后，开始时是能量慢慢变大，几分钟后反而大幅下降，如果出现这种情况基本可以判定此设备不适合生产。

2. UV 能量均匀性

表 3 为曝光机能量均匀性要求，从中可以发现对于柔性版和凸版而言，无论是正常网点还是 HD 网点，其曝光时 UV 能量均匀性的误差均要求控制在 $1mW/cm^2$ 及以下。

表 3　UV 曝光机能量均匀性要求

柔版：正常网点 ≥ $16mW/cm^2$	HD ≥ $18mW/cm^2$	误差 ≤ $1mW/cm^2$
凸版：正常网点 ≥ $8mW/cm^2$		

对 UV 能量均匀性也需要进行测试，我们可以把曝光机的整个曝光台分为几个区域，分为多少区域主要看曝光台面积大小，预热后对每一个区域进行测量，在达到前文所要的能量值后，确保区间误差为 $1mW/cm^2$ 以下即为合格。图 7 是

在 UV 能量均匀性检测中将曝光台分为 9 个区域后的检测位置示意图。

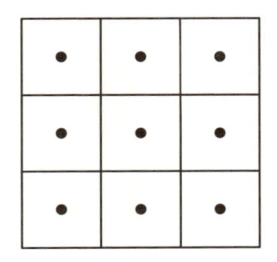

图 7　UV 能量均匀性检测位置

四、背曝光时间的控制

背曝光时间的控制在制版过程中相当重要，它决定了印版的底基厚度，底基的作用是用来支撑浮雕图文。一旦底基厚度确定，基本上印版的品质就确定了一半。

合适的背曝光时间是需要进行测试的。曝光机预热完毕，取一长条生版，预设定背曝光不同时长，小间隔设定为 1～3 秒，大间隔可设定为 5～10 秒。遮盖不同位置进行多次背曝，如图 8 所示，把不曝光的版用纸板遮挡，以免多次曝光。

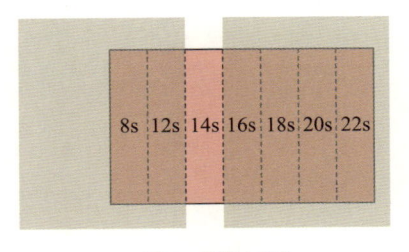

图 8　背曝测试

曝光完毕进行洗版和后处理，再通过厚度计测量厚度，如图 9 所示，取生版原厚度的 60%，即为最佳底基厚度，而这个厚度所需的曝光时间即为最佳背曝光时间。

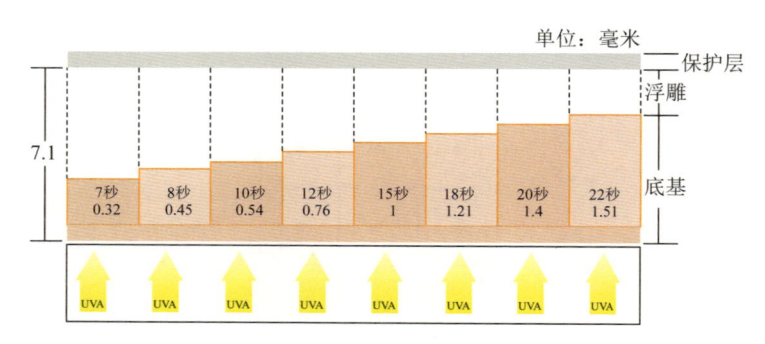

图 9　背曝光不同时间后对应版材不同厚度

五、主曝光时间的控制

版材背曝光后，应去除黑膜进行主曝光，主曝光时间的长短决定了网点的结构、肩部角度以及间隙深度，好的网点结构及网点间隙深度必须兼顾。为了确定最佳主曝光时间，必须进行主曝光测试，其时间主要取决于版材的类型、感光性能、版材背曝光时间、曝光设备等。

雕刻渐变百分比图案 6 个，选用相同间隔的时间进行主曝光，如果加长时间进行曝光，最小高光百分比不再变化，则此时的时间即标准主曝光时间。如图 10 所示，主曝光 7 分钟后没有出现更小的高光百分比，则标准主曝光时间为 7～8 分钟。

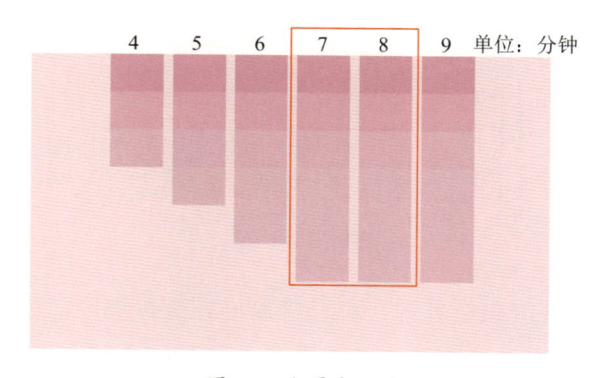

图 10　主曝光测试

最佳主曝光时间要求最短时间内使网点线条完整，时间不足会导致网点结合不牢，洗版时网点丢失或者网点倾斜；时间也不宜过长，不然网点线条易脆。通常以达到版材商要求的硬度（Shore A）为最佳主曝光时间，确定后建议在最佳值基础上加 10% 时间来稳定曝光结果。

此外，柔性版不能以时间来补偿能量，时间长了网点易脆，凸版则可以通过时间加大硬度。

六、洗版和去粘时间的控制

1. 洗版时间

洗版是为了将未见光发生聚合的树脂清洗掉，其时间的长短是由印版的厚度和图文的面积来确定的，也是需要进行时间测试的。

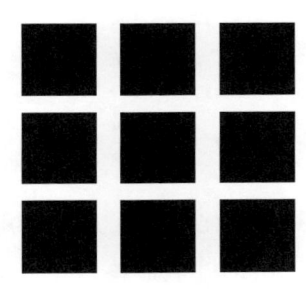

图 11　洗版状态评估

洗版时间的测试方法为：取一块生版，划分成九宫格状态，如图 11 所示，以供应商提供的大略时间为基准，进行等分差别洗版，洗完后进行烘干和后处理，然后测量版材的底基厚度，如厚度等于所需厚度，则对应的洗版时间为标准洗版时间，并可与背曝光确定结果进行验证。

正常作业生产时，在此时间上加 10%～20%，可以确保网点部分清洗干净。FAST 等热敏洗版机不适用此方法验证，需根据现场条件进行验证。

在进行洗版时间的测试时需考虑烘干时间，通常是将洗好的印版放入烘箱 30 分钟之后开始间隔时间测量印版厚度。参考原始厚度，以厚度不再下降为准，然后在此基础上溶剂版加 20～30 分钟，水洗版加 1 分钟。

烘干后的版材厚度误差容许如表 4 所示。

表 4　版材烘干厚度变化要求

版材	1.14 毫米柔版	1.70 毫米柔版	1.70 毫米以上柔版	0.95 毫米凸版
误差	0.02 毫米	0.05 毫米	0.10 毫米	0.02 毫米

此外，在测量版材底基厚度时还需检查洗版的平整度，以获得版材的厚度误差值。

2. 去粘时间

去粘时间的确定主要是凭操作者的感觉，即按不同时间取出正在去粘操作的版，进行粘连测试，如果二块版粘连后即弹开，则此刻对应的去粘时间为标准去粘时间。

七、BumpUp 曲线制作

制版过程中，印版高光部分的网点会因各种原因而丢失，所以需要对高光部分进行优化处理，以增大相应的网点面积。

通过以上步骤得到优化后的制版参数，制作 BumpUp 曲线制作测试版（如图 12 所示）。该测试版包含渐变、极限细字细线测试版，我们需要查找出安全的能洗出的印刷百分比作为最小的制版网点百分比。同时需要辅以观察印版中的极限细字细线，极限阳字阳线需要完整洗出，并且不歪斜，极限阴字阴线要能看得见。

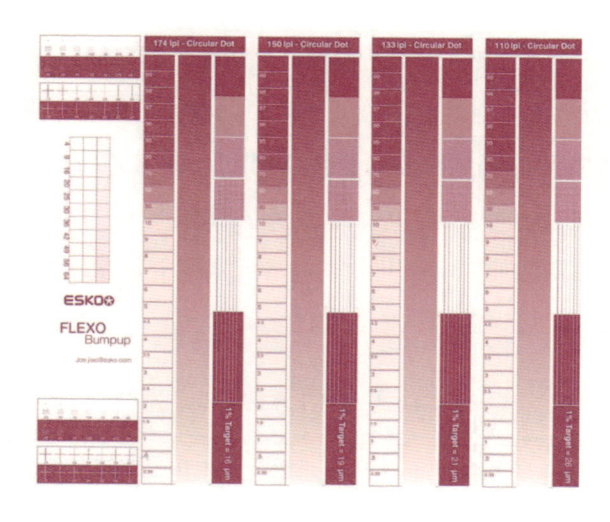

图 12　BumpUp 曲线制作测试

一般来说，会把最小能洗出并安全印刷的网点百分比预设为 RIP 前的 1%，比如 3% 被正常洗出无残缺，可安全印刷，则在曲线工具中确保 1% 的网点 RIP 后为 3.5%。

如图 13 所示，1% 的高光网点激光雕刻后进行制版，发现网点丢失；同样 1% 的高光网点通过 BumpUp 曲线（图 14 左图所示）优化后，上调 5% 后雕刻结果如图 14 右图所示；然后经过洗版，1% 的高光网点可以稳定地保留，如图 15 右图所示。

1%激光雕刻后的结果　　　　洗版后的结果

图 13　洗版后高光网点丢失

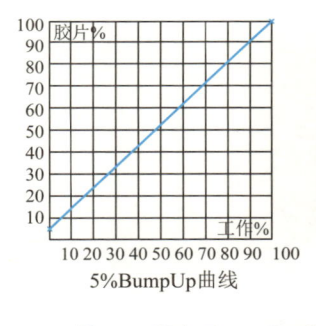

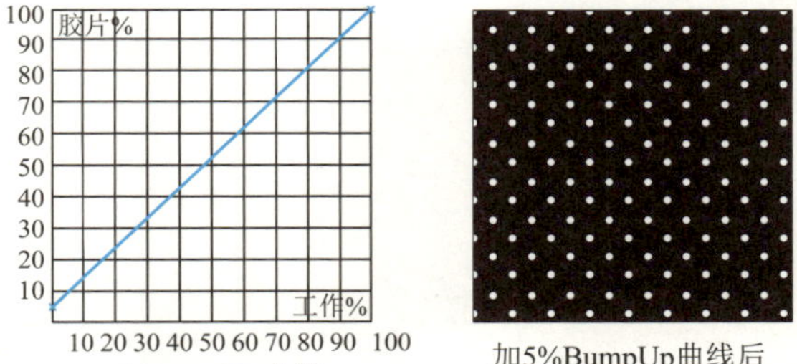

5%BumpUp 曲线　　　　加5%BumpUp曲线后雕刻结果

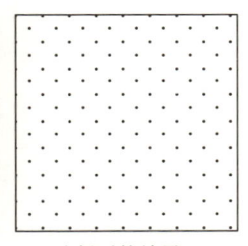

图 14　添加 BumpUp 曲线后的雕刻效果

加5%BumpUp曲线后雕刻结果　　　　洗版后的结果，洗版可稳定保留

图 15　添加 BumpUp 曲线雕刻、洗版后效果

BumpUp 曲线的制作有两个步骤。

（1）不加载任何曲线 RIP 加网，在标准稳定状态下制版，测试图如图 16 所示。

图 16　稳定状态下不加载曲线测试

（2）由版材输出结果观察，得出 1%～3% 网点丢失及残缺，4% 网点可正常洗出，故选择 5% 作为安全值最小网点，由此得出此版材的 BumpUp 曲线。图 17 左侧的上下图所示即 BumpUp 曲线（图 17 右图）加载前后印版状态差异。

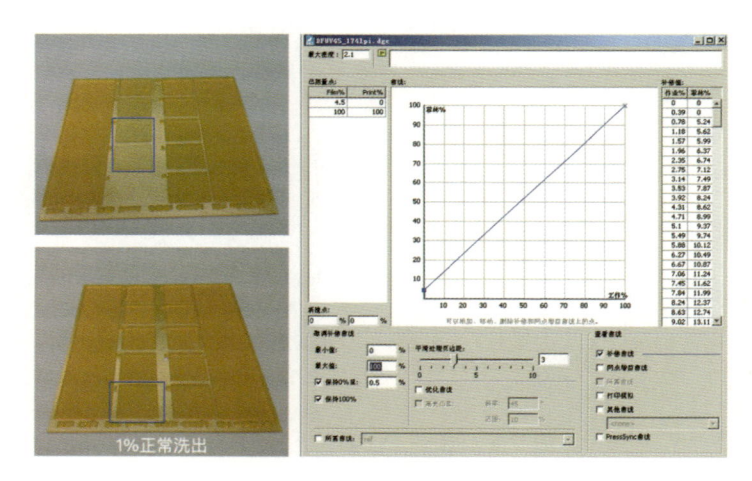

图 17　BumpUp 曲线加载前后印版状态

八、印刷曲线制作

印刷过程中，由于压力及其他原因，如图 18 所示，不可避免地产生网点增大，所以印刷曲线一般呈抛物线状。

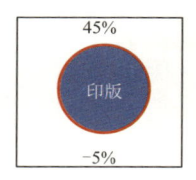

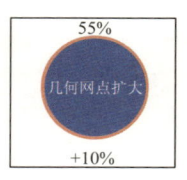

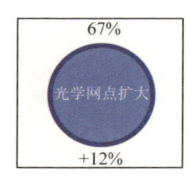

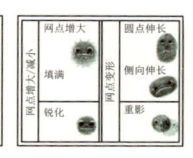

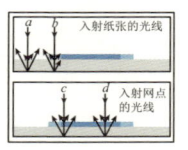

图 18 网点增大现象

制作目标印刷曲线时，在曲线输入中有 ISO 标准曲线、客户样品的网点增大、测试样张的网点增大、数码打样样张的网点增大作为参考标准，目标曲线确定下来后，一般不允许变动。

（1）确定目标曲线。

目标曲线，即你想要的网点增大状态，如图 19 所示。

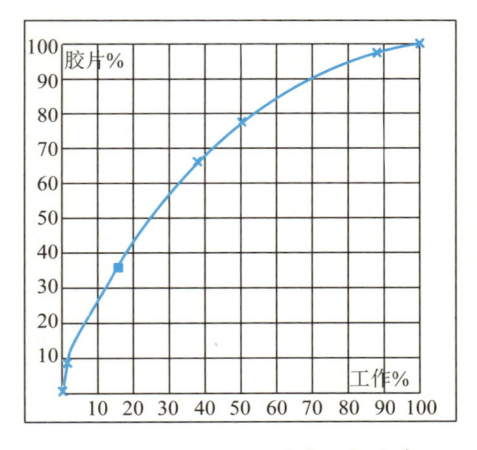

文件	目标
100%	100
95%	100
90%	96
80%	94
70%	88
60%	82
50%	75
40%	68
30%	57
20%	42
10%	25
5%	19
4%	17
3%	15
2%	10
1%	6

图 19 确定目标曲线

（2）测量当前样张的网点增大数据，如图 20 所示。

（3）补偿曲线的生成。

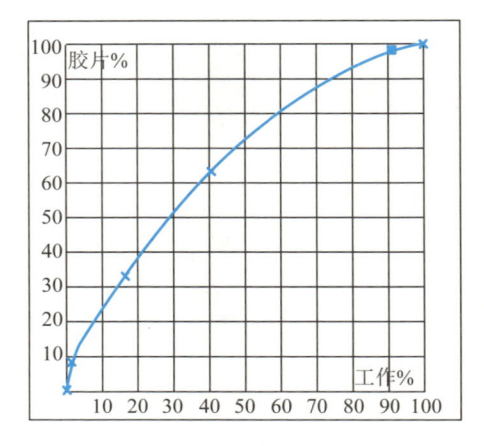

图 20 实际印刷网点增大

目标曲线和当前曲线进行合并计算，生成补偿曲线；应用于 RIP 加网中，自动计算出制版时应该调整的百分比，即 RIP 时加载的曲线，如图 21 所示的红色补偿曲线。

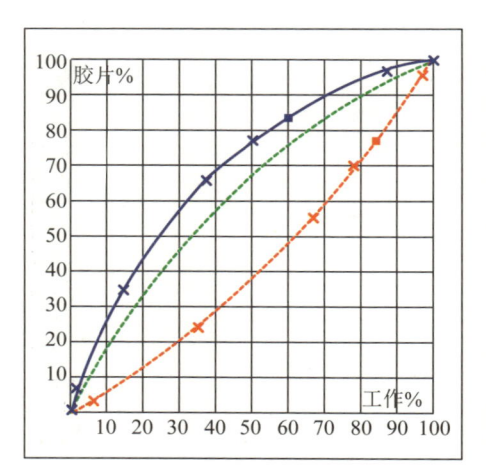

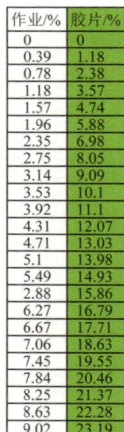

图 21 软件自动计算补偿曲线

九、修图补网

一般来说，由于柔性版印刷的特点，设计公司提供的印前文件是需要按照相关要求进行修图处理，这样才能让高光不绝网，实现柔印的完美渐变，如表5所示。

HD 网点修图重点在高光的处理、多色叠色优化、多色叠色的让色处理、曲线的加载。

表5 HD 网点修图要求

项目	高光	叠印要求	点型组合	线数/lpi	精度/dpi
最佳	1% 以下延长	1 色	大小组合 大中小组合	175 200	4000
操作方法	PS&AI 调整 制版曲线调整	每色内缩	量产测试	局部加网	—
最低条件	杂点清理	不超过 3 色叠印	—	133	4000

在实际印前作业中，HD 网点的使用不能一概而论，绝大部分情况下需要通过局部加网功能，如图 22 所示，阴影和花朵分别使用了 HD 网点和传统网点。

图 22　局部加网

根据这一需求，使用如图 23 所示的不同制版曲线，在相应软件中制作色彩策略曲线包，如图 24 所示，以用于该图文的柔版制版。

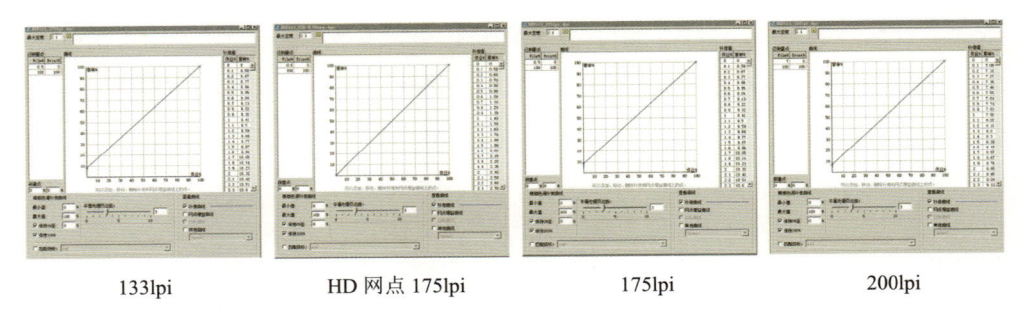

133lpi　　　　　HD 网点 175lpi　　　　　175lpi　　　　　200lpi

图 23 局部 HD 加网时使用不同的制版曲线

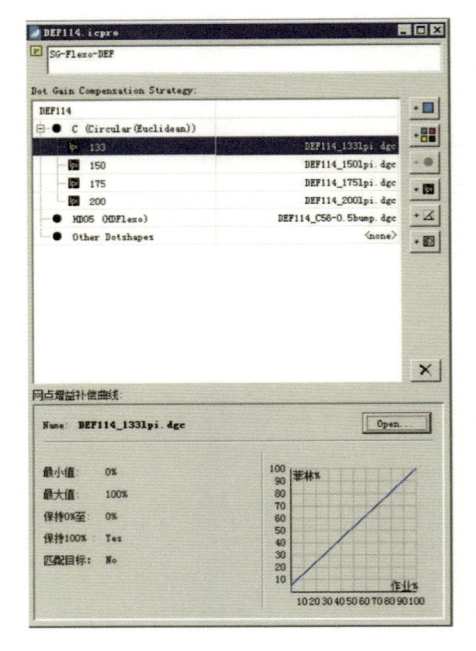

图 24 局部 HD 加网曲线策略包的应用

综上所述，在硬件设备上，我们需要控制好激光雕刻机的焦距和激光能量以及曝光机的 UV 能量值及均匀性，同时把握好背曝光和主曝光时间以及洗版和去粘时间，从而确保硬件条件的优良及稳定。在软件方面，还需要根据印刷机状态、客户的目标要求，借助 BumpUp 曲线及印刷曲线，同时根据文件内容，辅以修图补网，通过软硬件结合以期实现柔性版的完美制作。

只有正确地制定各个工序的检核标准和方法，严格履行管控措施及日常检核，正确设置和选择各种参数，保证设备的稳定运行，才能保证制版的输出质量，实现柔性版制版的标准化控制。

印刷环境光源的标准化 [①]

靳鹏　胡山川　陈勇波

本文详细介绍 ISO3664 对印刷环境光源的要求，并提出印刷环境照明标准化仅达到 ISO3664 标准要求是不够的，而是需要一个更小容差范围的达标，同时结合 CommuniColor® 标准化光智能照明系统，对涉及的相关概念进行了详细解释。

一、概述

随着印刷标准化的推进，人们越来越关注环境光对颜色的影响。一个高质量的光源可以使视觉感知与分光测量的色度保持高度的一致性，实现真正意义上的所见即所得；而并非传统分光色度测量模式下的所测即所得。大多数的印刷追色难的根本原因之一是使用的光源标准度不够。

印刷属于减色法混色原理，色彩是光的属性，物体只有吸收和反射的属性，物体在光的照射下吸收一部分光色，把不吸收的光色反射给人眼。既然是减法，我们做个等式想象一下，假设标准的光源是 5，油墨纸张是 3，那么看到的颜色是 5-3=2，但如果在一个光源是 6 的环境中同样要使看到的颜色等于 2，那么油墨纸张就等于 4 了，所以油墨纸张的颜色跟错了，而在工作环境中看到的还是正确的，只是到了交货的环节才会被客户投诉。

传统的分光色度测量，仪器内部的光源形成光斑照射在被测物上，仪器内部的光感原件可以测出可见光波长范围内的各间隔波长（仪器不同，采样间隔不同）的光谱反射率，根据反射率与标准观察者加权（人眼视觉特性 2°角或 10°角等）

[①] 原载于 2021 年 2 月 *CI FLEXO TECH*，有改动。

和所需模拟光源（比如这个物体是在 D50 下看，还是在 D65 下看，或者荧光灯下看，等等）的乘积累加计算出三刺激值，通过三刺激值到不同色彩空间的公式，转换成为 L*a*b*、L*c*m* 等各行业不同的色度值。

由于分光仪测量的是反射率即比例，通过该比例与不同照明体的乘积，就能计算出该反射率在不同照明体下的光谱，因此具有很高的精度，但由于某些印刷技术的匀墨系统原理的先天缺陷，会导致印张纵向出现深浅不一的情况，一个印张的分光色度测量数据并不足以体现整个印刷品的效果，分光测量只能测量控制条的色靶，而色靶的测量值只能代表色靶是合格的，并不能代表整个印刷品是合格的，最终印刷品的效果还是要在视觉下予以评判。

可以说分光色度的测量体现的是印刷所使用的耗材合格与否、印刷机的状态是否稳定、使用的光源是否达标，比如分光色度可以告诉我们纸张、油墨、色阶等技术参数是什么样子，分光密度可以告诉我们在整个印刷过程中网点增大率、叠印率等参数的波动是否正常。

二、相关常识

1. 标准照明体

标准照明体在色度学中的定义为光谱能量的分布，并不发光，其实是个表格或曲线图，如表 1 所示，它告诉我们多少纳米的波长的光应该具有多少能量。

表 1　CE 标准照明体光谱功率分布

波长/纳米	标准照明体 A	标准照明体 D65	照明体 C	照明体 D50	照明体 D55	照明体 D75	照明体 ID65	照明体 ID50
350	4.74238	44.9117	7.00	21.010	27.817	62.740	24.24	11.34
400	14.7080	82.7549	63.30	49.308	60.949	101.929	81.45	48.53
450	33.0859	117.008	124.00	87.247	97.993	133.010	115.49	86.12
500	59.8611	109.354	112.10	95.724	100.680	116.589	109.82	96.13

续表

波长/纳米	标准照明体 A	标准照明体 D65	照明体 C	照明体 D50	照明体 D55	照明体 D75	照明体 ID65	照明体 ID50
550	92.9120	104.046	105.20	102.317	102.968	104.904	104.29	102.56
600	129.043	90.0062	89.70	97.688	94.419	87.227	88.27	95.80
650	165.028	80.0268	88.20	95.667	88.854	74.801	75.97	90.82
700	198.261	71.6091	76.30	91.604	82.840	65.076	65.62	83.94
750	227.000	63.5927	59.20	78.230	71.880	58.629	55.83	68.69
780	241.675	63.3828	59.10	78.274	71.818	58.324	54.30	67.06

注：表格摘自 CIE015 技术手册 2018 最新版。

2. 形成色彩的三要素

形成色彩的三个要素是光源、物体和观察者，这三者缺少任何一个，都无法形成色彩。

（1）光源

光源，在色度学中的定义为实现标准照明体的发光体。光是自然界中的电磁波（如图 1 所示），其中 400～700 毫微米左右属于可见光（低于 400 毫微米的为紫外光，高于 700 毫微米的为红外光），不同的波长代表不同的颜色，代表不同颜色的各波长的电磁波基于标准照明体的相对光谱分布混合，就成了标准光源。

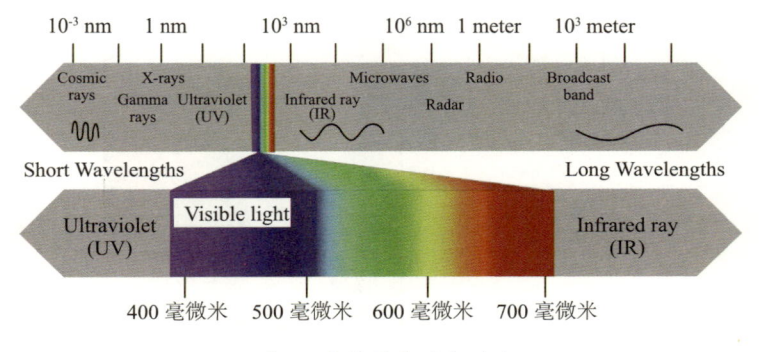

图 1　自然界中的电磁波

（2）物体

物体对代表不同颜色纳米波长的光谱具有吸收性，不吸收的代表不同颜色的光谱被反射给观察者。如图 2 所示为印刷常用 CMY 油墨的光谱吸收与反射，其中绿色线代表照明体 D50 的光谱分布，黑色线代表人工 D50 光源的光谱分布。

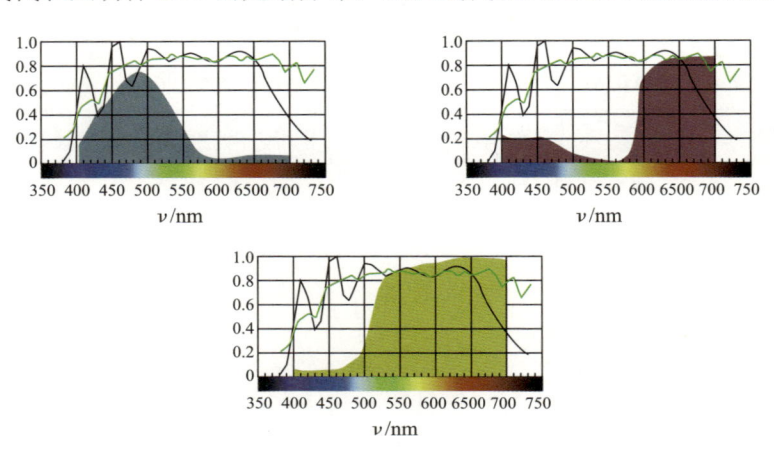

图 2　常用 CMY 油墨的光谱吸收与反射

（3）观察者

观察者即人眼，基于人眼特性的光谱计算三刺激值计算公式和过程如图 3 所示。三刺激值是换算不同色彩空间值的基础，即三刺激值 = 各波长反射率 × 光谱 × 标准观察者加权的累加。

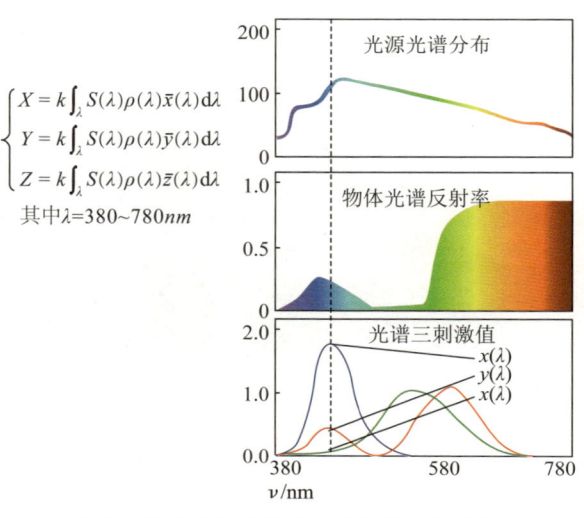

$$\begin{cases} X = k\int_\lambda S(\lambda)\rho(\lambda)\bar{x}(\lambda)d\lambda \\ Y = k\int_\lambda S(\lambda)\rho(\lambda)\bar{y}(\lambda)d\lambda \\ Z = k\int_\lambda S(\lambda)\rho(\lambda)\bar{z}(\lambda)d\lambda \end{cases}$$

其中 $\lambda=380\sim780nm$

图 3　基于人眼特性的光谱计算三刺激值

CIE 通过视觉色彩匹配实验定义了一系列代表人眼特性的标准观察者函数，CIE1931 定义了 2°视角的标准观察者，CIE1964 定义了 10°视角的标准观察者，CIE2015 定义了基于视锥细胞的 2°、10°视角的标准观察者。

通过上述形成色彩的三个要素描述，可以说色彩是这样形成的：含有代表不同颜色能量的光照射到物体上，物体吸收部分颜色后把不吸收的颜色反射给人眼，就有了色彩。那么可以看出三个要素中唯一不稳定的就是光源，因此光源成为色彩的重中之重，光——代表颜色的波长混合，源——代表颜色的根源。

3. 观色环境为何用照明体 D

标准照明体分为 A、B、C、D、E（如表 1 所示，B、C 被降级了）。

在图 4 中可以看出 A 照明体相对光谱分布能量趋于线性分布，图中可以看出代表红色的波长范围能量最高，代表绿色波长范围的能量居中，代表蓝色波长范围的能量最低。CIE 推荐充气钨丝灯作为其代表光源，红与绿的光色混合会发出黄色的光，所以 A 光源看上去是偏黄的，不适合视觉比色，但其特性非常适合分光测量。B、C 照明体分别是近似 5000K 色温与 6500K 色温的分布。CIE 推荐 A 光源加滤色镜作为其代表光源，由于其不包含紫外能量、滤色镜使用不便等问题，2004 年第三版色度学 CIE15 技术手册取消了其标准照明体地位。

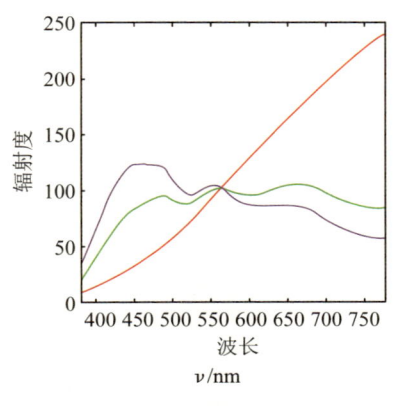

图 4 A 照明体相对光谱分布

E 照明体是等能白光，是人为指定的色彩空间内，红绿蓝能量相等的白光，该白光可以是任何光谱组成的，只要光色正确即可，因此也无法应用于比色。

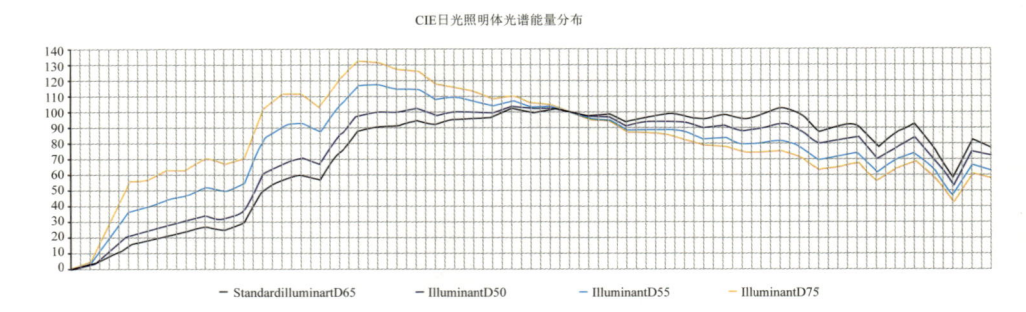

图 5　日光照明体光谱分布

标准照明体 D 是代表了日光（daylight），物体在日光照射下显示的颜色才是其本来的颜色，如图 5 所示为日光照明体的光谱分布图，因此视觉比色需要 D 照明体光源。

通过上述知识，我们可以肯定地说：当光源与标准照明体的光谱能量分布一致的光源，就是我们需要的光源；当然不可能做到完全的一致，人眼的特性下光谱接近即可。

三、印刷环境光源的依据——ISO 3664:2009

ISO 3664 的主要内容如表 2 所示，从左至右来进行讲解。

1. 观测条件

印刷品的观测条件有两个标准即 P1 和 P2，两个观测条件唯一区别在照度（亮度），P1 代表 2000 勒克斯照度、P2 代表 500 勒克斯照度，P1 和 P2 条件都具有相同的照明光谱特征（D50）。在印刷工业中，主要的观察应用是比较，应用 P1 观测条件。因为传统的日光灯无法调节照度，导致印刷过程中只能始终使用 P1 照度，这就造成了大家似乎只知道 P1 的照度，而忽视了 P2 的存在。在 P1 下看稿会造成部分阶调效果的丢失；当然，低照度水平下的阶调效果观测也非常重要，在这种情况下，建议用 P2 条件或期望的实际观察条件补充 P1 的不足。

表 2 ISO 3664 的主要内容

观测条件	参考照明体		亮度		显色指数		同色异谱指数		照度均匀性		周围场环境
	照明体	色坐标容差	照度/lx	发光亮度/坎德拉/米²	一般显指	特殊显指	可见光	紫外光	≤1m×1m	>1m×1m	
用于印刷严格比对的 P1	CIE 照明体 D50	0.005	2000+500（建议±250）	—	≥ 90	≥ 80	C 或更好（建议 B 或更好）	<1.5（建议 <1）	≥ 0.75	≥ 0.60	<60%（粗面中性灰）
用于透射片直接观测的 T1	CIE 照明体 D50	0.005	—	1270±320（建议 1270±160）	≥ 90	≥ 80	C 或更好（建议 B 或更好）	—	≥ 0.75		5%～10% 亮度等级（中性色，每边向外扩展至少 50 毫米）
用于印刷实际比对的 P2	CIE 照明体 D50	0.005	500±125	—	≥ 90	≥ 80	C 或更好（建议 B 或更好）	<1.5（建议 <1）	≥ 0.75		<60%（粗面中性灰）
用于透射片的投影观测的 T2	CIE 照明体 D50	0.005	—	1270±320（建议 1270±160）	≥ 90	≥ 80	C 或更好（建议 B 或更好）	—	≥ 0.75		5%～10% 亮度等级（中性色，每边向外扩展到 50 毫米）
显示器	CIE 照明体 D65	0.025	—	>80（建议 >160）	不适合	不适合	不适合	不适合	不适合	不适合	中性灰深灰或黑

光照度，可简称照度，其计量单位的名称为"勒克斯"，简称"勒"，单位符号为"lx"，表示被摄主体表面单位面积上收到的光通量。1 勒克斯等于 1 流明 / 米 ^{2}，即被摄主体每平方米的面积上，受距离一米、发光强度为 1 坎德垃的光源，垂直照射的光通量。（摘自百度百科）

关于 D50 照明体，ISO 标准中规定使用 D50 即相关色温 5000K 左右的日光，实际应用中可根据客户要求配置，与客户约定验收印刷品的光源可有效避免客诉，但必须是照明体 D，如 D50～D75 即相关色温范围 5000～7500K 的任意日光光源。

2. 印刷需要的光源

我们使用彩艺创新旗下 CommuniColor® 标准化光智能照明系统，配合 BabelColor 检测光源的软件测量界面截图（如图 6 所示），结合 ISO 3664 讲解什么是印刷需要的光源。

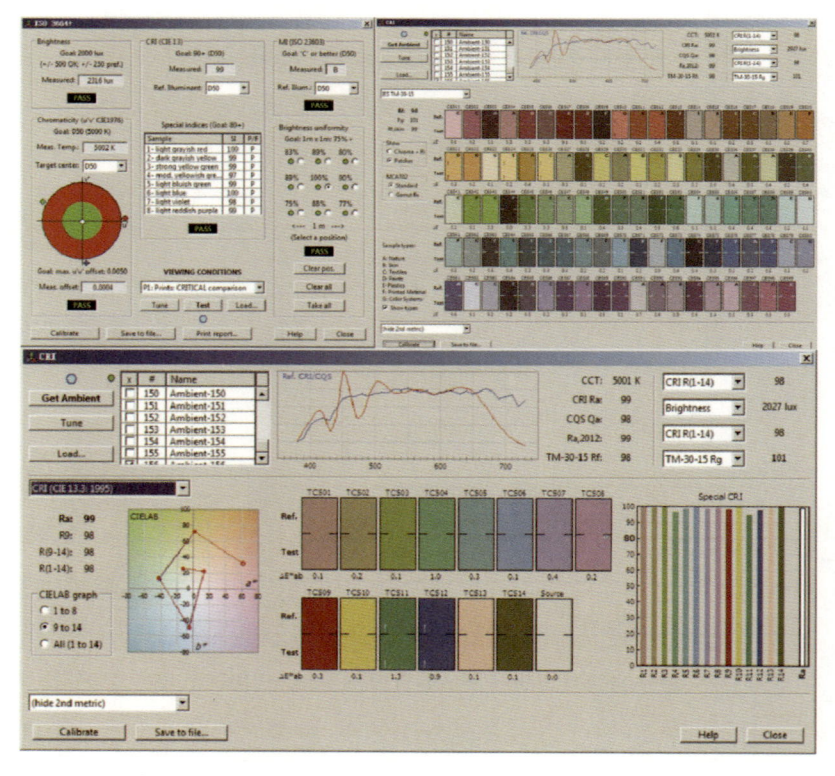

图 6　CommuniColor® 标准化光智能照明系统 D50 性能

（1）光源的色坐标及相关色温

如图 7 右下角小图所示，光源的色品坐标是指发出的光的颜色是否偏色。小图中红绿圆中的十字靶心为 D50 标准光源的色品坐标，十字靶绿色区域为色坐标差 0.005 以内表示合格，红色区域表示不合格；白色圆点表示被测量光源的坐标，当白色原点落于绿色之内表示指标合格；围绕着红色外圈可以看到红、绿、蓝三个标记，分别表示该光源的光色是偏绿、偏蓝还是偏红。

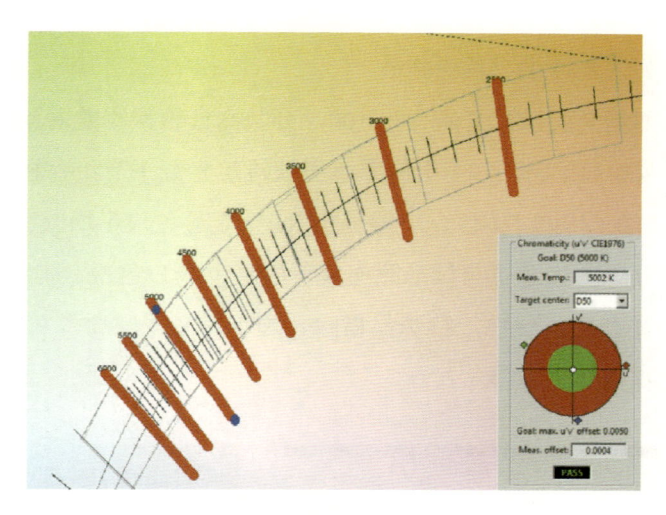

图 7　光源的色坐标及相关色温

印刷行业从业者都知道纸白对印刷色彩的影响，纸白是纸张反射光源体现出来的颜色，如果光源偏色，那么纸张的白色看上去就会偏向光的颜色，同理印在纸张上的颜色也会偏色。好的光源应该具有贴近靶心的色品坐标（色坐标），图 7 中红线标注的是色温等温线，相同的色坐标有着相同的色温，而相同的色温未必有相同的光色，比如 5000K 线上的两个蓝色点，一个非常绿，另一个非常红，但这两个光都是 5000K，这也是 ISO 3664 中没有关于相关色温容差的原因。

色温是表示光线中包含颜色成分的一个计量单位。从理论上说，黑体温度指绝对黑体从绝对零度（-273℃）开始加温后所呈现的颜色。黑体在受热后，逐渐由黑变红，转黄，发白，最后发出蓝色光。当加热到一定的温度时，黑体发出的光所含的光谱成分就称为这一温度下的色温，计量单位为"K"（开尔文）。如果某一光源发出的光,与某一温度下黑体发出的光所含的光谱成分相同,就称为某 K 色温。如 100W 灯泡发出的光的颜色,与绝对黑体在 2527℃时的颜色相同,那么这只灯泡发出的光的色温就是:(2527+273)K=2800K。

(2)显色性

光源对物体颜色呈现的程度称为显色性,也就是颜色的逼真程度。显色性高的光源对颜色的再现较好,我们所看到的颜色也就较接近自然原色;显色性低的光源对颜色的再现较差,我们所看到的颜色偏差也较大。有多种常用评判指数,这里介绍两个列入 ISO 的显色性指数。

CRI 指数如图 8 所示,其满分为 100,分数高低直接影响看到颜色的色差,其公式为 100-4.6△E(基于 14 个标准色在被检验光源下与绝对标准光源下的色差,根据 CIE13.3:1995 获取),一般显指 R1～8 号色块平均取整数,每个色块下面的数字就是当前光源下与标准照明体下的看色 △E 色差,饱和红 R9 单独列出用于评判饱和红色显色性,特殊显指除普通 1～8 外增加了 9～14 取整,但 ISO 3664 只考核前 8 个。

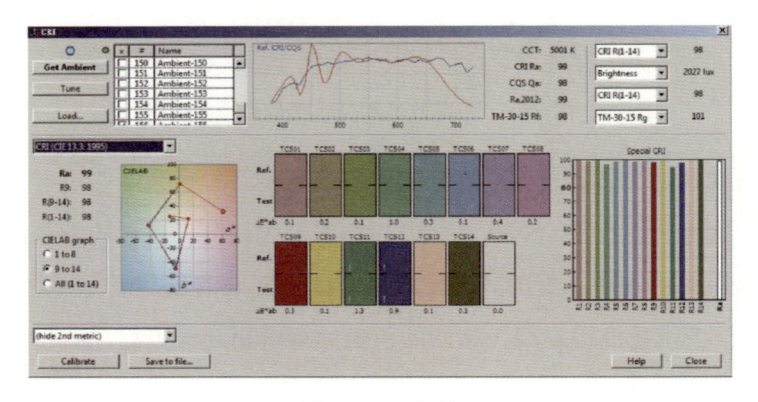

图 8　CRI 指数

CRI 指数一直被 CIE 沿用至 2018 年,但由于其标准色块比较少,不足以体现光源真实的性能,IES 推出了 TM30 指数,如图 9 所示。与 CRI 仅有 14 个标准色相比,新的体系采用 99 个标准色。这 99 个标准色不再只是孟塞尔色卡,而是从 105000 个物体的颜色中仔细选取的,它们代表了生活中能看到的常见各种颜色（从饱和到不饱和，从亮到暗），并且这99个标准色对于各波长的敏感度相同。

图9中色块下的数字代表当前光源下与标准照明体下的色差，当光源下的色差小于分光色度仪的仪器间差时，才能使视觉与测量保持高度的一致性。

可以说TM30指数更完整地体现了光源性能，CIE于2018年下半年更新了色度学CIE15技术报告，将TM30的Rf指数（色彩艳丽指数）纳入其中，预计下一版ISO3664会把这个Rf指数纳入标准。

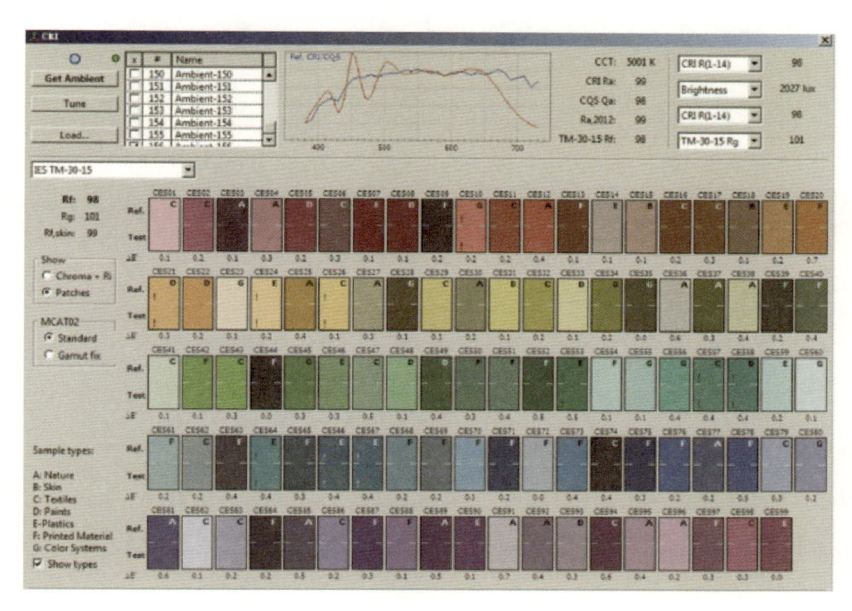

图 9　TM30 指数

（3）同色异谱指数

同色异谱现象简单来说就是颜色相同，而光谱组成不同。一种颜色的再现与观察颜色的光源特性有一定的关系，某两种物质在一种光源下呈现相同的颜色，但在另一种光源下，却呈现不同的颜色，这种现象就叫同色异谱现象。（摘自百度百科）

同色异谱指数简单地说就是光源的光谱分布与标准照明体的近似程度，代表各颜色的光谱不全或是能量分布不均，都会造成反射后颜色的缺失。根据表3同色异谱指数分为A、B、C、D、E等级，右侧数字代表基于同色异谱测试色块，在该光源下与标准照明体下的色差，ISO3664 中同色异谱的推荐为 B 级，C 级属于不被推荐的最低等级，是因为几乎没有日光灯能够达到 B 级，即便是 CIE 照明委员会成员的标准光源业界巨头 Just、GTI 的专业产品也只是达到了 C 级。好的光源应该达到 CommuniColor® 照明系统那样 B 等级以上的同色异谱指数。

表 3　同色异谱指数分级

质量等级	同色异谱指数
A	≤ 0.25
B	>0.25 ～ 0.50
C	>0.50 ～ 1.00
D	>1.00 ～ 2.00
E	>2.00

（4）照度及照度均匀性

这个参数与光源本身并无太多关联，照度即光照度，可以通过增加反射板、遮光板、灯管数量使之达到标准。

好的照明环境需要均匀的照度。照度可以被测量，很多仪器甚至带有光强传感器的手机都可以测量，印刷行业最常用的是 Xrite i1。

（5）周围场

光源周围的环境会影响光源照射的效果，应使用中性灰色（对各波段光谱反射率基本一致的物体是中性灰，具备这种反射率的物体 Lab 的 ab 值接近 0）进行围挡。因为光源照射在周围场，会被周围场吸收部分光谱，导致观色环境偏色，使用中性灰是因为其对各波长光谱吸收率基本一致。

四、CommuniColor® 标准化光智能照明系统特性

ISO 国际标准化组织，其定立的标准基于当前科技水平、生产厂商的容差控制水平的平均值。但并非所有通过 ISO3664 标准的照明系统，就是适合印刷的视

第三部分　标准索引与技术发展篇

觉观色。

1. 色品坐标偏差

现行标准中，如表 4 所示色品坐标偏差都是合格的，可以看到的光色本身就已经达到了 4.x 的色差，换言之看到的纸张是白色就已经超过 4 的色差了，这样的纸张色差在印刷上已经是不及格了，更何况在这样光源下看到的印刷版面上的其他颜色。CommuniColor® 建议将此容差控制在 0.0016 以内（如图 10 所示）。

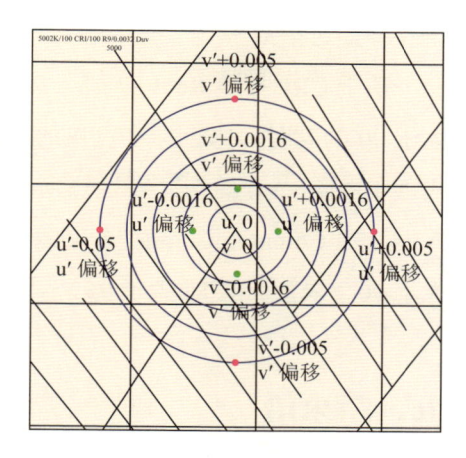

图 10　容差控制

表 4　坐标偏差比较

	坐标偏差	L*	a*	b*	光色间色差
D50 色坐标转换的 Lab	u'0v'0	100.0000	2.4209	17.6578	0.0000
容差范围 ISO 3664	u'−0.005	100.0000	−1.6141	17.0934	4.0743
	u'+0.005	100.0000	6.3922	18.2257	4.0117
	v'−0.005	100.0000	4.1483	13.3194	4.6696
	v'+0.005	100.0000	0.7170	22.1183	4.7749
CommuniColor@ 容差范围	u'−0.0016	100.0000	1.1368	17.4768	1.2968
	u'+0.0016	100.0000	3.6986	17.8391	1.2905
	v'−0.0016	100.0000	2.9711	16.2569	1.5051
	v'+0.0016	100.0000	1.8732	19.0711	1.5157

2. 同色异谱指数

ISO3664 中明确指出现行日光灯能达到的 C 级别是不被推荐的，但在没有 B 级别的光源时勉强使用。CommuniColor® 最低执行标准就是 ISO3664 中的 B 级别。

125

3. 显色指数

基于 CRI 指数 Ra（1～8）Ri（1～8），只考虑前 8 个标准色块的平均值大于 90 的同时，每个标准色块的值大于 80，在极端的条件下 80 的显色指数下代入 100-4.6△E 的话，在这样所谓达标的光源下其实看到的色差已经达到了△E4.35。CommuniColor® 建议最低达到 Ra（1～14）大于 95、Ri（1～14）大于 90、未来标准 Rf 大于 95。

五、结束语

通过以上介绍，读者应该可以了解印刷环境照明标准化仅达到 ISO3664 标准要求是不够的，而是需要一个更小容差范围的达标。比如 CommuniColor® 标准化光智能照明系统，至少符合 B 级同色异谱指数、具有很高显色性能、比标准要求更小的色品坐标偏差、可调节色温（调节色品坐标）和照度，这样的照明系统才是真正的印刷环境标准化，即便在没有分光仪的指引下也可以安心追色。

柔性版印刷测试文件包含的内容及其含义[①]

Martin Dreher

李玉山 译

当今在柔性版印刷中经常使用的印刷测试文件有许多不同的名称和用途，比如测试文件、Fingerprint、特性文件等。无论哪一种文件，通常都包括很多相似的测试内容，通过印刷测试可以获得此印刷条件下的相关性能。本文旨在介绍测试文件包含的这些内容，解释其文件内容设计目的，印刷评估方法以及信息所表达的含义。

德国柔印技术协会（DFTA）技术中心目前使用不同的柔性版印刷测试文件，从单色印刷到 5 色印刷均有，涵盖了包装印刷的整个范围。印刷测试文件包含各种测试要素，明确侧重于印刷结果的各个细节，能够独立于其他细节进行独立的评估。下面将以 DFTA 的 4 色柔性版印刷测试文件为例，如图 1 所示，对其中最重要的内容进行说明，进而了解其在质量评估和应用方面的意义。

一、常用的测试元素

通常印刷测试文件中常用的测试元素是：实地区域和灰梯尺。如果测试文件不包含实地区域和灰梯尺，印刷测试则会变得毫无意义。印刷者需要通过实地来评估印刷油墨密度及油墨覆盖性能，就像喷一些东西在材料上，不平整的材料会导致针孔出现（针孔即白色的区域，没有任何颜色覆盖），但是通常只能通过放大镜才能看到它们。测试文件有几个不同的实地方块和实地条，其中一些主要用

[①] 原载于 2021 年第 3 期《印刷杂志》，有改动。

于对印刷重影的研究，如果印刷重影发生，在下一幅印品上会很容易发现。

当然，每个灰梯尺均从顶部的实地块开始，其油墨密度为计算网目调区域的油墨覆盖率提供参考，如图2所示，有以下三点需要注意。

图1　DFTA印刷测试文件

图2　灰梯尺

第一，灰梯尺通常包括两份。眼睛对颜色的敏感性稍有不同，青色和品红色要用于更进一步的评估，而黄色和黑色通常仅在视觉上进行评估即可。两份灰梯尺可以同时检查两个不同的网目调网线，还可以是特定筛选的两个不同的加网线数或字体，或者是相同加网线数但是两种不同的加网系统。当需要优化印刷整体流程时，它可以帮助操作人员作出合理的决定，这也是许多其他类似测试文件已多次证明的。

第二，在几何形状上，灰梯尺非常长，尤其是下端的刻度标注非常精细。它包含了数字图像处理中最小的色调级别增量，即大约 0.4%（实际上，1% 是不可能不存在的）。之所以这样设计文件，是因为借助灰梯尺的逐渐变淡，可以更好地了解印刷渐变的断口，特别是可能出现的网点更小但印刷增大率却更大的现象，有助于更好地了解其位置和相应百分比。网线高光部分的印刷情况有助于了解整体印刷流程的情况，包括印刷机、印刷油墨、网纹辊、印刷版材、承印材料等的组合。

第三，测量所谓的印刷特性数值，即从 0% 到 100% 的网目调值，现在已不再使用反射密度计的区域覆盖功能来衡量（其中相对密度是根据 Murray-Davies 公式转换为网目调区域覆盖率），而是根据新的 ISO 20654 标准中的 SCTV 公式。与 Murray-Davies 公式相比，SCTV 公式提供了更线性化的响应，就像图像中的对角线一样，可以直接用于创建补偿曲线并描述印刷特性的客观最优值。此外，SCTV 公式还适用于专色的网目调值测量。而对于 Murray-Davies 公式来说，这些值不是很客观。印刷特性以及颜色特性是印刷测试文件中最重要的内容，它们描述了可能偏离理想状态的波动（尤其是在使用 SCTV 公式时），为印刷生产提供了急需的补偿曲线。没有这些补偿曲线，色彩特性文件将无法良好稳定地工作。

除了灰梯尺，图像也是测试文件的重要部分，尽管在技术上很难评估它们。然而，印刷图像是适合反映印刷整体流程的指标之一，并且允许熟练的操作员工在视觉上评估叠印颜色，而在灰梯尺中印刷的单色并不支持这样做。测试文件中的图像一方面按区域放置，另一方面被重复多次。一般情况下，同一图像严禁使用不同的分色方案，即使按区域放置图像更容易被识别和比较。

图 3 左侧和右侧的垂直文本显示了此处比较的是两种不同类型的分色方案。左侧上方的图像是根据胶印印刷标准所设置的，这些图像通常由代理商提供，尽

管从技术上讲，原始 RGB 格式的图像会更好。如果这一半的图像在柔性版印刷中仍然看起来很有吸引力，在实际生产中通常也是这种情况，说明柔性版印刷的质量还是值得期待的。这些图像被重复多次，是因为左右两个图像采用不同的加网线数。但是，在某些情况下，也会测试不同的分色方案，如 GCR 黑色代替最大值和 GCR 无黑色代替。Repro 专家可以根据印刷结果估算出哪种分色方法更适合当前的印刷条件，只有在极端情况下，不同的分色方案才需要测试。在测试文件中，图像被 Digimarc 条形码水印覆盖，帮助向用户展示图像在印刷时如何变化。Digimarc 条形码始终被以不同的"强度变化"植入测试文件，以便客户用肉眼和使用智能手机等专业仪器来检查这种差异。

图 3　图像测试文件

二、灰平衡

即使很普通，灰平衡仍然是衡量印刷是否偏色的重要标准之一。尽管可以通过相关的颜色特性文件来调节灰平衡，但这正是"先有鸡还是先有蛋"的存在原因。如果将灰平衡完全留给色彩管理来处理，在理想的情况下，灰平衡完全可以顺利获得原色之间的相互平衡，但是必要的色彩特性文件却是基于不平衡的印刷条件获得的，那么色彩管理充其量也只是这种不完善印刷条件的修补方式。而且正常情况下，印刷不同的设计图案可能存在相当大的波动：有时打样与印样非常吻合，有时根本不吻合。为了顺利获得灰平衡或所谓的灰梯尺，DFTA 专家构思并开发了由七格组成的六边形，如图 4 所示。现在，它已在全球范围内被广泛使用，但很少有用户真正知道如何使用它。

图 4　六边形测试

为了更好地进行评估，需要一张相应的计算表，该表可以对 CIELab 颜色空间中的六个颜色矢量执行矩阵计算，这样用户才能获得精确的颜色信息。通过中性灰中各种印刷色（如青色、品红色、黄色）的比例信息，可以建立相应的色调曲线，一些有经验的用户可以用它来判断印刷是不是在"平衡"的条件下进行的。如果其中一种印刷油墨在颜色强度或网点增大方面与其他印刷油墨严重偏离，则至少可以将其解释为报警信号，并在必要时采取相应对策。总体而言，了解灰平衡的魅力在于，如果两方面均满足灰平衡的要求，则可以将印刷图案尽可能轻松地从一种印刷过程转换为另一种印刷过程。自然地，颜色特性文件在这里也可以有所帮助，尽量保持灰平衡处于中立的情况，这样它们才会更有效地工作。

三、最大油墨覆盖率（TAC）

当然，多色印刷中需要足够的油墨总量，而在 Repro 中，几种印刷油墨会在同一处相互叠印。一旦叠印中的油墨达到一定量，基材就不再接受更多的油墨，否则可能引起印刷干燥或卷筒纸导向单元上的问题。业界一直在寻找最大的油墨总量，以在当前的印刷条件下达到最佳的密度或足够的黑度。通过不同印刷油墨在 X 方向和 Y 方向上的分级变化，组成如图 5 所示的测试文件，使用密度计测量所有的 25 个区域，选择产生最高密度的区域。如果存在人眼通常无法分辨的几种类似的高密度，则选择油墨总覆盖率最低的区域，这就是所谓的油墨总覆盖率（TAC）。

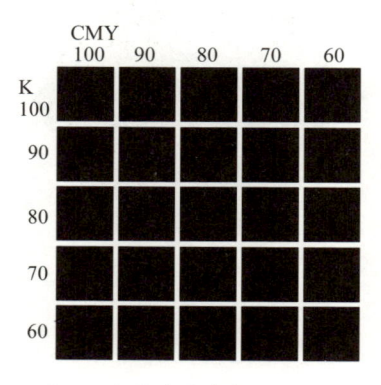

图 5　油墨总覆盖率测试文件

DFTA 技术中心使用颜色测量中的 L^* 值作为参照标准。L^* 值刚好与密度成反比，通过搜索 25 个区域中最低的亮度值来确定总油墨密度。经验表明，这与最高密度相符合。使用 L^* 值的唯一优点是，如果在实验室中使用 Lab 模式，则在实际生产中也使用此模式，无须更改设备模式。此外，与使用分光光度仪相比，L^* 值是一个与设备无关的绝对值，更容易取得客户的信任。在与客户交流并建立规范时，它会显得更重要。

四、精简版色彩管理

如今，颜色管理也属于 Fingerprint 的涵盖范围。相应的印刷测试文件还必须包含一个可以产生颜色特性文件的元素。目前有四个不同的组件可供选择。

图 6 为 ColorLogic 公司的 Mini Target 版本，但在下半部分，还有两个不同的提案来自 GMG 公司，在测试文件的最右边，有个测试区域来自 DFTA 的推荐，

也称为"斑马条纹"。

通过这四个组件之一，借助特定软件的帮助，用户可以生成该印刷条件下的颜色特性文件。DFTA 推荐其在 2000 年初提出的从有限的一组色块中推断颜色特性文件的方法，认为这非常接近于原色印刷（就数字印刷技术的发展而言，可能不得不使用此方法），尤其是当它涉及 CMYK 标准原色以外的颜色时，必须容纳带有超过 1500 个色块的色彩管理文件，此测试文件面积太大，占用太多印刷空间。

应使用分光光度计测量和评估此类色彩管理测试元素，最好使用拥有全光谱数据的分光光度仪。正因为这一点，读者应该能更好地理解为什么它如此重要，通过分光光度法来评估灰梯尺等印刷测试元素，原因之一是不必不断更改设备的测量模式，更科学的原因是可以通过分光光度法获得更准确的数据。

图 6　颜色特性测试文件

五、动态套准、莫尔条纹和色彩差异

当然，精准的套准是多色印刷取得良好印刷质量的基本要求之一。除了主要用于设定印刷机的常规套准标记和微点之外，DFTA 一直在努力研究以获取有关印刷动态套准行为的知识。当然，这主要是印刷机制造商的责任，也可能是承印基材或印刷版材供应商的责任。为了对套印情况进一步进行分析，测试文件中也设置了相应的测试元素。

圆形的莫尔纹时钟，如图 7 所示，能显示出非常有特色的干涉图案，会不成比例地做出反应以记录套印情况，其形状、强响应性和大小均适合于研究生产中的动态套准行为。连续的莫尔纹时钟印刷图像展示了在设置套准情况下，印刷机和印刷材料的组合如何可重复地工作。通过连续的套准控制，可以预计印刷准确性和生产速度。

133

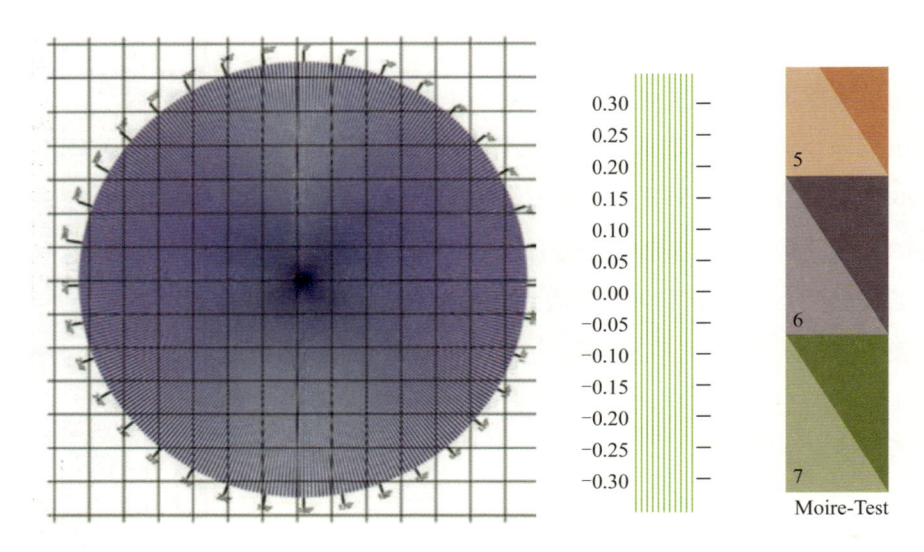

图 7　圆形莫尔纹时钟测试文件

图 8　游标套准测试文件

更小的游标套准元素，如图 8 所示，也可以通过干扰效应起作用。两种油墨印刷极细，但有些斜的线条。干涉图案在刻度尺上的位置可提供有关套准设置的精确信息，帮助用户在设置过程中控制得更加精确，而不必依靠放大镜来辅助测量。与之前由莫尔纹时钟评估的动态套准相反，游标套准元素可以支持基本套准设置，可以称为静态套准或系统套准。

通常先用肉眼读取莫尔纹时钟和游标这两个元素。仅当出于某种原因需要精确测量时，才需要放大镜来帮助检测。假设操作工拥有一定的经验，也充分了解印刷的套准行为，可能会估计到有两种现象会出现：多色调幅网线印刷中出现的莫尔条纹和随后可能发生的色彩偏差。如果是这样，可以用莫尔测试组合对此进行进一步的检查。视觉上，25% 与 50% 的色调值很容易被区分，通过不同的中性灰色调值也能够知道其混合成中性灰的印刷原色成分。为了便于观察，将每个三角形再次分为两半，然后为它们提供不同的网目调网屏角度组合。例如，其中一半是以

30°或 15°旋转的标准网屏角度，而在另一半中将所有油墨以相同的网线角度排列，生成的印刷图像会非常清楚地显示出与套准相关的莫尔条纹和颜色差异对最终颜色将产生何种影响。此外，套印行为对以下方面变得越来越重要。

六、原色印刷中的线条和文本

当原色印刷时，一般内容都是由现有的 4 原色到 7 原色构成的，在理想情况下，可以避免印刷专色。但是，对于较小文字或较细线条的印刷，套印还是非常重要的，通过它还可以评估套印质量。在测试文件中有一些测试元素很难对它们进行描述。通常也不需对它们进行精准的测量，就像多色印刷较小文字和线条时，套印不准会立即显示，因此有时也可直接比较两个不同的网目调加网。例如，较细的圆线印刷得非常好，但网线印刷表达得更敏感，与调幅网目调加网相比，调频网目调加网通常表现出更高的响应度和更密闭性。

七、Digimarc 条码

在包装印刷领域，Digimarc 条码一直是热门话题。为了获得更多的经验，DFTA 将代码制作成水印集成到测试文件中的多个位置，它们分别具备不同的特性。因此，通过印刷测试文件，用户可以了解生产中是否可以使用水印条码。

在图 9 中可以看到 8 张几乎一样的照片，中间配有肉的图像。上面 4 张照片采用一种加网方案，下面 4 张照片采用另一种加网方案。

图 9　Digimarc 条码测试文件

在水平方向上，不同对之间的比较更有意义。它们叠加有不同强度的Digimarc条码，表示数字水印如何改变照片已知的印刷效果。这4张照片非常适合印刷测试，可以尝试使用智能手机进行跟踪测量。DFTA Planoflex第2版工艺提供Digimarc条码植入。这种方法原本只是一个想法，但却大大简化了工作流程。

八、其他测试元素

当然，设计文件也包含DFTA开发的其他测试元素，有利于控制印刷机的主要设置。例如，即使印刷机滚筒设置为彼此平行，仍需使用网纹辊测试元素（RWBK，见图10）进行例行检查。按照这种方式，测试文件中还有更多这样的测试元素。根据类型的不同，它们还会显示印刷版材与印刷基材之间的压力、印刷版材与网纹辊之间的关系（如网纹辊上墨量和刮墨角度）、放卷时表面相对速度是否合适等。这种测试元素都是纯信息性的，通常无法测量，但熟练的操作工可对它们进行查看和目视判断，然后相应地改进印刷设置。

图10 其他测试文件

印刷测试文件用来全面测试印刷整体，并在必要时对其进行优化，最后形成特性文件来定性整个印刷。DFTA技术中心提供的四色测试文件非常全面，本文仅示例说明常用的测试元素。

注：本文原文版权属于德国柔印技术协会（DFTA），受中国印刷技术协会柔印分会委托，笔者所在公司经授权翻译后发表。

PE 薄膜柔性版印刷中版材的应用技巧[①]

补超

在 PE 薄膜的批量柔性版印刷中，笔者发现不同版材都有各自的优缺点，暂未找到一种版材能够满足各类图文印刷质量的要求。因此在基于实际工作经验的基础上，笔者对常用 1.14 毫米厚度版材在印刷生产过程中的应用技巧进行分析，希望能抛砖引玉，引起大家更多的思考。

一、制版线数

在对于 PE 薄膜印刷质量精美度要求不高的前提下，版材的制版线数可以适当放低，这样适合批量生产复制，能防止出现品质过剩，并有益于提高印刷机的连续生产能力。此时对版材和工艺的选择比较宽泛，企业在考虑成本的前提下，选择一般的普通激光版即可，也可以考虑国产版材。

当客户对图像质量要求较高时，比如对图像细腻程度、高光部位亮度等有特定的要求，那么可供选择的版材范围就会缩小。通常可以从经过系统测试、经常使用的进口版材中进行筛选，并适当地搭配一些特殊的加网工艺使用，就能获得更好的印刷效果。

二、实地图案

实地图案进行印刷，看似简单，多数人认为版材可以随意使用，实则不然。

---

① 原载于 2021 年 6 月 *CI FLEXO TECH*，有改动。

在印刷实地图案，我们需要关注是否容易出现发虚（见图1）、针孔（见图2）、边口发白（见图3）等常见质量问题。

图 1　发虚

图 2　针孔

此时偏硬的版材不太适合印刷大面积实地。因为版材硬度高，对应的双面胶硬度也就要提高，可以减少如图 2 左图所示的印刷针孔现象，但带来的坏处是加剧了印刷色组及版辊的跳动，更容易发生"横轴发虚"现象。这个时候，大家会习惯性地增大印刷压力来减缓跳动，这就进入了一个怪圈，会出现压力越重跳动越明显的现象，同时伴随图 4 所示的墨杠问题加剧的现象。

图 3　边口发白　　　　　　图 4　墨杠

这时，或许有操作者会说："可以在偏硬版材制版时采用微穴工艺，来降低双面胶带硬度。"可以肯定的是，该处理方法治标不治本。比如印版添加了 WSI

工艺的实地加网后，所改变的仅仅是版材表面的硬度和表面积，得到了短时间的实地印刷平服；但是该印版使用几次（4次上机，或者40万转，甚至更低）以后，随着微网穴的磨损，印版硬度偏高的缺点还是会暴露出来。

表1是笔者对不同版材在实际生产中瞬时硬度与持续硬度的测试结果。从表中可以看到，当版材瞬时硬度和持续硬度之间差距在2.5以内时，该版材很适合长单；大于该范围，长单印刷时则容易出现印版疲劳，导致出现印品发虚、发白的现象。

表1 瞬时硬度与持续硬度比较

版材型号	瞬时硬度	持续硬度（1min）	结论
A版材	78	76	瞬时和持续硬度高且相差少，适合印刷网线，实地也兼容；但需搭配更高硬度的胶带
B版材	74.5	72	瞬时和持续硬度偏低，且相差少，适合印刷实地，耐印力高
C版材	77.5	73	瞬时硬度高，持续硬度低，且差值较大；适合印刷网点、小字、细线，印刷实地不理想，耐印力低

注：在玻璃平台上进行测量，测试未上机的新印版；硬度测量值为10个点的平均值。

注1：使用硬度计测量硬度时，手持硬度计平压于印版实地区域表面，当硬度计底面与试样完全接触时立即读数，这时指针所显示刻度即印版的硬度值。由于硬度测量要求样品厚度超过6毫米，不足时可上下叠放，但不得超过3层，对于1.14毫米厚度的印版来说，无法满足这样的测量要求，所以此时测得的硬度，我们称之为"瞬时硬度"。

注2：当瞬时硬度测量完毕后，不移开硬度计，显示的硬度数值会持续变小，1分钟后的读数，我们称之为"持续硬度"。

注3：使用肖氏A型硬度计测量1.14毫米厚度的印版成品版实地区域硬度，≥76归类为硬版，74～76归类为中等硬版，<74归类为略低硬度版。

因此，在印刷大面积实地时，应该选择持续硬度为（72±2）的略低硬度版材（注3），它不但印刷平服同时可以减少跳动，耐印力也较高；硬度再低，则会增加边缘效应（如文字边缘在压力偏大时出现的边框），极不美观。

那么，选择了略低硬度版材，是否还需要搭配微穴加网工艺呢？对于 PE 膜印刷来说，答案是肯定的，它起到了锦上添花的作用，这时的贴版胶带可以选择更软的双面胶带，色组振动更小，印刷更稳定。

以目前常用的 P+ 实地加网工艺为例，不同印版所选择的微穴加网工艺，不可以千篇一律，应针对各色印版使用的网纹辊上墨量多少，选择不同的 P+ 工艺，如图 5 所示。

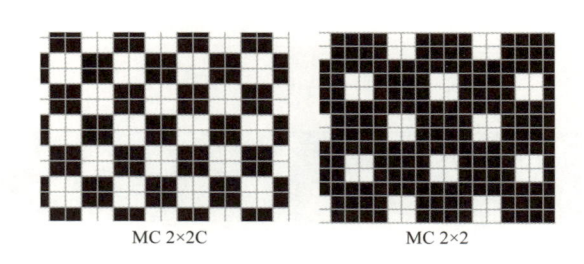

MC 2×2C   MC 2×2

图 5　不同的 P+ 工艺

三、网点图案

虽然取决于应用场景，平顶网点印版的印刷效果不一定优于普通的圆顶数码版，但对于笔者而言，精细网点图案优选使用天然平顶版材。

对于精细网点产品而言，其质量要求是高光部分要亮，暗调部分要颜色深，这个时候我们通常会选择磨砂版（或称之为表面纹理版，需要注意，不同厂家的磨砂版印刷性能差异较大），或者光面平顶版材添加微穴工艺。硬度偏高的版材对网点的复制很合适，但实际生产中网点和实地共存的图案很多，既要保证网点清晰，又要兼顾实地平服，这个时候就要综合评估选择硬度适中的版材或 P+ 工艺。

不管是批量使用不同厂商的磨砂版，还是不同硬度的版材，或者不同的 P+ 工艺，都必须经过系统的测试，对制版和印刷的稳定性进行评估后再逐步扩大使用范围。

以下以 150lpi 测试版为例，来分析网点图像的制版和印刷稳定性评估的要素。

1. 制版稳定性

（1）网点成型

观察 150lpi 测试版上 17μm 的网点在制版时是否能完全洗出，要求不能出现碎点。可通过显微镜观察印版判断，也可通过印刷样判断，即使用略大墨量的网纹辊（600lpi 左右）印刷，观察平网的印刷效果，以排除由于燥版而带来的干扰。

（2）网点牢度

使用毛刷蘸溶剂（本厂常规印刷混合溶剂）对 150lpi 测试版上 17μm 的网点持续刷版 5 分钟后，进行观察，要求不能出现掉点现象。

2. 印刷稳定性

（1）网点支撑

观察 150lpi 测试版边缘网点直径 22μm 左右的网点，在排除设备和人员操作等因素后，观察印刷时不出现"倒塌"现象，如图 6 所示。图 6 的左图中边缘网点形状与中间部位一致，而右图中边缘网点倒塌，网点明显拉长，变成了椭圆形。

图 6　网线版边缘网点比较

（2）燥版

使用高线数网纹辊（如 800lpi 或以上）按照正常印刷条件进行印刷，观察印版上直径 22μm 左右网点的燥版情况，如果使用慢干稀释剂进行调节，能够处理燥版问题，则该版材可用、制版工艺可行，否则不适合批量生产。

（3）脏版与发虚

使用 4.6cm³/m² 左右墨量的网纹辊，搭配中性贴版胶带（如 3M1020），按照正常印刷条件。观察印刷品中间调的层次，如果出现明显脏版现象，这个版材和加网工艺不可选，否则会导致无法持续生产；观察暗调部分100%实地，如果出现发虚（压印不实），则证明该版材和工艺不理想。

请记住，按照印刷机配置、印刷条件和印刷车间的环境情况，确定印刷最小网点直径，该制版指令非常重要。本厂最小网点直径30μm（以实际测量印版为准），能实现批量稳定印刷，再小的网点直径对于生产而言保持稳定生产难度极高。

四、细小阴阳字

整体偏软的版材不适合细小的阴阳字印刷，阳字会变粗，阴字会变细，总体来说容易糊；较硬的版材则能比较完美地体现文字轮廓，这和印刷网点选择结论一致。

图7 P+微穴加网的印版和"裸版"的印刷效果

图7是同一种版材使用P+微穴加网制版工艺和没有使用这种加网工艺（俗称"裸版"）得到的两块印版，在印刷条件为500lpi网纹辊、中硬胶带、油墨黏度22秒时所得到的印刷效果。图7下半部分的图像为"裸版"的印刷效果，我们会发现细小阴字印刷效果更佳，因为添加微穴会导致文字边缘呈锯齿状（通过软件功能排除该现象例外），印版表面变得"毛糙"后，承受压力更容易出现"文字表层边缘形变"所致。这说明印刷细小阴阳字尽量不使用微穴工艺，但在实际生产中的最终选择还是要按图案分布综合评估进行取舍。

当阴阳文字存在于大的实地版面中时，就要考量墨量和版材特征的关系，这会在第六部分进行解释。

五、白墨和光油

在印刷时如果第一色是印刷白墨，操作者要考虑墨层应厚实、快干且不会被反粘，此时需要经过测试，来选择同时满足所有需求的版材和工艺，因为不同版材和工艺会带来不同的效果。在印刷时如果最后一色是印刷白墨，操作者则需要考虑墨层是否厚实且不咬前面颜色。

在印刷时如果最后一色是印刷光油，操作者则要考虑光油层是否平服且不咬前面颜色。光油墨层的针孔越少，越趋于镜面，亮度越会提高，理论上对于油墨的保护（比如耐磨性等指标）也会提升，这也是光油版选择的一个重要指标。笔者的观点，在印刷光油时选择软版更佳。

六、其他

由于 PE 薄膜印刷时有三类版材：传统光面版材、磨砂版材和中硬的光面天然平顶版材。因此在印刷时如果希望实地图案平服且边缘不发白，或者实地图案中间阴字无边缘发白（如图 8 所示）等现象，在选择版材和制版工艺时，应综合考量墨量、版材和工艺的关系。

图 8　阴字边缘发白

1. 传统光面版材

印刷时如采用传统光面版材，如墨量越大则搭配的胶带越硬，图 8 的改善效果越好。

2. 磨砂版材

部分磨砂版对低墨量（4.6cm³/m² 以下）实地和网线都能得到很好的展现；但是对大于 6cm³/m² 墨量时，效果就略差一些，特别是印刷过几次以后的旧版更容易出现图 8 的情况，此时可通过添加 P+ 工艺来暂时改善印刷效果。

3. 中硬的光面天然平顶版材

使用中硬的光面天然平顶版材进行印刷，可以添加 P+ 工艺能够改善，但要选择合适的工艺，如 WSI 就不适合大墨量，却是小墨量的优选。MG25、MG34 等很多工艺适合大墨量，具体选用要视自己公司的测试结果而论。此时需注意：选择各种 P+ 工艺都需要对应合适的曝光参数，它同样和印刷品发白密切相关。

七、总结

总的来说，在进行 PE 薄膜的柔性版印刷时最重要的一点就是要关注版材的整体硬度（本文中的持续硬度），而不仅仅是版材的表面硬度（本文中的瞬时硬度），当你认清这一点的时候，就能较好地选择合适的版材和工艺；另外，承印材料表面软硬度和表面能不同也会导致搭配的不同。

印厂前端服务能够提供"批量复制"的印前和制版工艺，才能让印刷设备持续运转，这才是生产的本质——"提质提量降损耗"，所以前端的工作至关重要。各品牌的版材和不同的制版工艺都有各自的优缺点，选择适合自己的才是关键。

本文很多观点讲得比较粗放，因各工厂条件不同，所以我司具体方案不一定适应大众，这里提供的只是一个关注方向，供大家参考。

食品用纸的胶转柔印刷质量控制要点探析[①]

王德吉

随着柔性版印刷制版、设备和配套技术的发展，以及国家对环保问题的重视，越来越多的胶印或凹印产品转向柔性版印刷方式，也促使其应用领域越发广泛，如高档纸箱的预印，无菌包装、标签、卫生用品、食品包装、书籍、无纺布等产品的印刷。由于平版胶印、凹版印刷的印刷机理与柔性版印刷差异很大，因此在转换时对印刷质量控制的要点也存在不同。

本文在结合笔者工作经验的基础上，以食品用纸为例，对此类材料实施胶转柔时柔印印版的硬度和制版网点的选择、纸张和油墨的印刷适性、设备的选择与要求等质量控制要点进行了分析，希望对从事该领域工作的技术人员有所帮助。

一、食品包装采用柔性版印刷的优势

1. 更加节省承印材料

平版胶印在印刷食品包装时大都使用单张纸，在印刷过程中纸张的叼口和拖梢部位需要预留 15 毫米左右的尺寸，这些都是材料的无谓浪费，而柔性版印刷是使用卷筒纸，拼版时不需要预留叼口和拖梢。笔者做过详细计算，对于相同尺寸的产品，分别按照平版胶印和柔性版印刷的方式进行拼版，后一种印刷方式可以节约 9% 以上的原材料。

2. 生产效率更高

正常情况下，平版胶印机的开机速度为最高 12000 张/时，以对开纸张为例，

[①] 原载于 2021 年 4 月 *CI FLEXO TECH*，有改动。

换算为米数后印刷速度约为 120 米 / 分，而柔性版印刷机的生产速度最高可达 400 米 / 分，生产效率最大约为平版胶印机的 3 倍。

3. 使用水性油墨更加安全环保

目前，在国家各类安全、环保法规的约束下，印刷企业的生产要做到合规，而使用水性油墨进行生产的企业，只需要对废气和废水进行相关处理，处理设施的投入相对要少一些，处理设施的运行成本也较低。加之国家对食品包装印刷用墨有明确要求，企业使用符合环保标准的水性油墨进行生产，产品更加安全和环保。

二、食品用纸和油墨印刷适性的主要要求

1. 食品用纸的分类

柔性版印刷的食品用纸，根据定量可分为三种类型：定量在 50 克 / 米^2 以下的薄型纸，主要用于汉堡包纸、餐垫纸、鸡翅袋、薯条袋等即食性质的包装；定量在 60 ~ 190 克 / 米^2 的中厚纸，主要用于打包袋、手提袋、面粉包装袋等要求具备一定承重能力的包装；定量在 200 克 / 米^2 及以上的厚纸，主要用于汉堡盒、蛋糕盒、沙拉盒、外卖餐盒、礼品精裱盒等要求具备一定的挺度、能够很好地保护食品不受挤压变形影响的产品包装。

2. 食品用纸适性的主要要求

不同定量、不同用途的食品用纸在厚度、白度、平滑度、吸水性等方面有较大差距，在实施胶转柔过程中对纸张的适性有特定的要求，主要体现在纸张的色度、密度和平滑度。

在胶转柔的印刷过程中，追色是非常重要的一步，因此在选择纸张时应优先考虑其色度值，确保胶印用纸和柔印用纸色彩的相对一致性，最好能参考行业标准选择与胶印相同的纸张。

此外，在进行薄型纸印刷时，需要特别关注纸张密度和表面平滑度，否则会因为纸张厚度较低，在水汽透过力较强时，会导致油墨透过纸张转移到压印辊上，

在印刷过程中极易出现透墨的情况，最终影响印刷质量。

3. 水性油墨适性的主要要求

食品纸包装使用的水性柔印油墨，务必采用高色强、低黏度、复溶性好的品种。

通常情况下，高色强油墨的遮盖效果会更好，在达到相同的目标颜色的前提下，高色强油墨的上墨量可以更低一些，可以有效地规避因油墨色浓度低需要加大上墨量的情况出现，从而能够最大限度地规避印刷品上出现鱼鳞纹的情况发生，如图1所示。此外，由于上墨量降低，可以有效改善油墨的干燥效果，并减少由于纸张吸收过多水分而造成的纸张变形。

图 1 印刷鱼鳞纹

油墨低黏度的好处是油墨流动性更好，在印刷时能够更好地转移，不容易出现堵版，特别是网点版的印刷，并且能够减轻甚至解决油墨不干的问题。而复溶性好的油墨，能够有效地降低停机擦版次数，而且能够降低印刷时的擦版难度。

三、柔性印版厚度和网点结构的确定

1. 印版的厚度

在食品包装的柔性版印刷中，印版厚度的选择是很重要的一环。由于纸张在印刷过程中受印刷压力的影响会发生变形，比如350克/米^{2}的卡纸厚度会达到0.6毫米的形变，再加上食品级卡纸基本都是高松、轻涂布纸张，所以印刷时印刷压力相对会增大，导致印版和承印物都会产生变形，这样的变形容易将原本不需要印刷处的印版底基印出来。

目前，食品包装印刷推荐的版材厚度是 1.7 毫米，因为 1.7 毫米印版的浮雕高度可以做到 0.8 毫米，而 1.14 毫米的印版浮雕高度一般在 0.55 ～ 0.6 毫米，印刷施压后，容易出现印出底基的风险。

2. 网点的结构

近年来，随着制版水平的不断提高，平顶网点技术逐渐被越来越多的企业使用。相比于圆顶网点，平顶网点在印刷过程中受压时顶部的变形更小，如图 2 所示，网点增大得到有效控制；小网点的稳固性更好，能保证制版线数的有效提高，产品的印刷效果越来越精美，这恰好是柔性版印刷追胶印产品的效果时所必须要求的目标。

圆顶网点　　　　　平顶网点

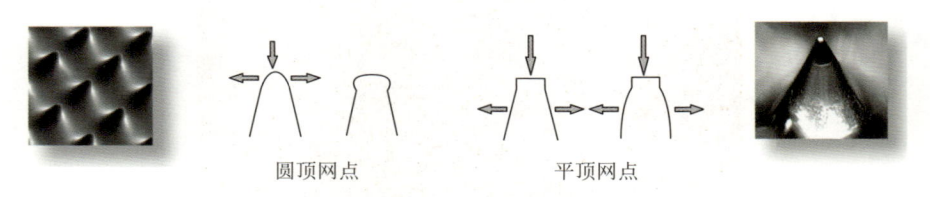

图 2　圆顶网点与平顶网点印版的差异

此外，平顶网点有较好的耐磨性。在印刷过程中，纸张的粗糙表面会加快印版的磨损速度，而采用平顶网点可以让印版的磨损得到有效的缓解。图 3 是某产品印刷首样与 14000 米后的网点效果对比图，观察左右两图，可以发现 14000 米以后的网点效果基本与首印时保持一致。

印刷首样　　　　　14000米后印样

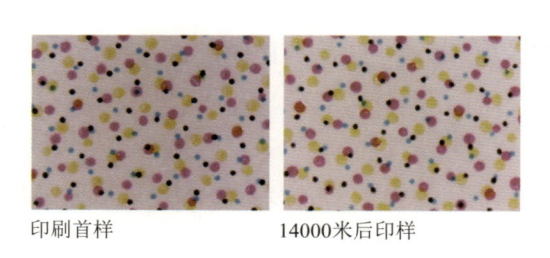

图 3　印刷首样与 14000 米后印样的网点效果

使用平顶网点还可以有效地增加上墨量，能够改善在印刷中出现发虚或颜色浅时需要加压的问题，这样能够有效地保证印刷效果的一致性，对缓解印刷振动、减轻墨杠也有一定效果。

四、柔性版印刷设备的要求

不同定量纸张在进行胶转柔印刷设备的选择时可根据产品质量要求进行选择。

厚纸印刷时，建议选择卫星式或机组式柔性版印刷机。如果需要印刷高精度的印刷品，最好是选择卫星式机型。相较机组式机型，卫星式柔性版印刷机有着占地面积小、印刷变形率小、换单速度快等好处，对胶转柔的产品印刷有很大的帮助。

薄纸印刷时，建议选择层叠式或卫星式柔性版印刷机。如果是印刷图文相对简单的产品，可使用层叠式机型，因为层叠式机型相对比较便宜，占地面积和卫星式差不多；如果是印刷图文要求比较高的产品，则还是选择卫星式柔性版印刷机更适合。

但无论选择哪种类型的印刷机，都应该关注设备的导纸辊、张力控制、换卷装置和冷却装置的特定需求。

1. 导纸辊的要求

定量超过 200 克/米^2 的食品级卡纸大部分都是高松厚度纸张，因此在印刷时要特别关注印刷机上导纸辊的过纸角度，又称为包角，如图 4 所示，一般不要超过 65°；如果过纸角度超过 65° 时，导纸辊直径最好能控制在 18 厘米以上，否则容易出现纸张分层、变形的状况，会严重影响印后工序的成型效果。

2. 张力控制的要求

定量在 50 克/米^2 的薄型纸在印刷时对张力控制有很高的要求，因为薄型纸很容易出现褶皱的情况。究其原因，首先是造纸过程中纸张两端的厚度或松紧不一致，已出现荷叶边的情况，这样在进入第一印刷单元之前的走纸过程中就已经出现褶皱；其次是在印刷过程中由于印刷图案分布不平均，导致着墨量大的纸张部位变形严重，从而在收卷时出现严重褶皱的现象。

因此在印刷薄型纸时，正常情况下需要 3 个及以上的张力控制区，即放卷区的张力控制，可使用伺服电机控制；印刷区的张力控制，可使用气动控制；收卷区的张力控制，可使用伺服电机控制。这样能够很好地控制纸张在整个印刷过程中，不会发生严重褶皱的现象。因为如果运行时出现轻微褶皱，可以通过调整张力或在展平辊上贴胶带的方式来进行材料展平，但如果出现严重褶皱则无法改善。图 5 是纸张轻微褶皱和严重褶皱对比图。

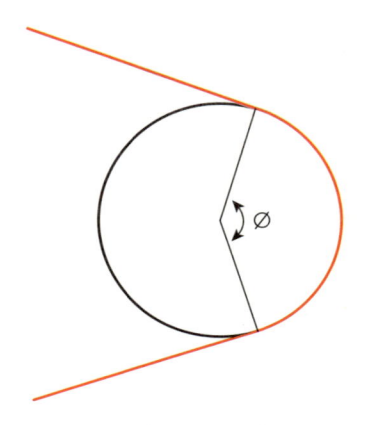

图 4　导纸辊过纸角度

图 5　纸张轻微褶皱和严重褶皱

3. 换卷装置的要求

在印刷过程中如采用停机换卷的方式，不但停机时浪费工时，而且换卷前后的减速、加速过程需要重新调整套准，可能还需要在停机时进行擦版操作，这都会造成大量的纸张浪费。相同卷径的一卷纸，纸张的定量越大，每卷纸张的米数会越小，如表 1 所示，所以在配置柔性版印刷机时，建议采用不停机收放卷装置，尤其是对于印刷厚纸的设备，这样可以节约大量的停机时间，减少停机损耗和擦版次数。

通过表 1 数据对比可以看出，相同卷径、不同定量的纸张每卷米数差距极大。如按照订单米数 10 万米计算，40 克 / 米^2 纸张只需要 4 卷就可以完成订单，若是采用停机换卷的方式，按照每次换卷（包括降速、升速过程）及重新调整套色，需要 10 分钟时间并产生 50 米损耗计算，该订单停机 40 分钟及浪费 200 米原料（按幅宽 1.5 米计算约 12 千克）。若是使用 230 克 / 米 ^{2} 纸张，同样是 10 万米订单需要 40 卷，换卷次数会有 40 次之多；该订单则停机 400 分钟并浪费 2000 米材料（按幅宽 1.5 米计算约 690 千克）。通过对比可以看出，厚纸（卡纸）类产品的印刷机是非常有必要采用不停机换卷装置的。

表 1　纸张克重与每卷米数的对照表

克重 /(g/m²)	卷径 /mm	每卷米数 /m	300 米 / 分，印刷时间 /min
40	1300	26000	86.7
50	1300	22000	73.3
65	1300	13000	43.3
80	1300	12000	40.0
100	1300	11000	36.7
120	1300	9000	30.0
200	1300	3000	10.0
230	1300	2500	8.3

4. 冷却装置的要求

因为柔性版印刷和平版胶印的印刷方式、干燥方式存在差异，对于厚纸（卡纸）的柔性版印刷设备一定要使用冷却装置，薄纸印刷由于后道成型相对简单可以不使用。

经过多次对比测试，笔者发现柔性版印刷机印刷时如果不使用冷却装置，自然冷却后印刷品的收缩率是平版胶印产品的近 3 倍。导致这一现象发生的主要原因是油墨转移至纸张时由于纸张的吸水性大，将油墨吸收到纸张的内部，导致纸张纤维吸水变形，再通过高温烘干后纸张内部水分流失，如不能尽快冷却并将纸张定型，纸张就会从空气中吸收水分从而导致纸张收缩。

当纸张收缩后，后道各个加工工序的损耗会非常高，生产效率降低，严重时甚至可能出现根本无法进行生产的情况。

五、总结

随着国家政策的调整，以及人们环保意识的提高，食品包装印刷会越来越多地使用柔性版印刷方式，也就意味着越来越多的产品会实施胶转柔或凹转柔，笔者有理由相信，通过业内专业人员的不断努力，柔性版印刷产品的质量会不断得以改善和提高。

柔性版印刷复合软包装材料工艺技术升级探讨[①]

胡鸿波

柔性版印刷复合软包装材料的生产技术经过多年的发展和进步,得到不断升级,市场和品牌商认可度逐步提高,但是所占市场份额与欧美发达国家相比仍差距较大。究其原因,国内品牌商采用的软包装材料多年一直采用凹版印刷方式,在凹转柔的过程中受柔性版印刷产业链的整体规模、供应链稳定、技术保障能力等影响,尤其是柔性版印刷的复合软包装产品在耐印力、网点增大变化、油墨复合强度、耐杀菌蒸煮性能等方面较凹版印刷产品质量仍有一定的差距,致使难以形成规模效应。

此外,薄膜材料多层复合的加工工艺主要有涂覆层压法(干式复合法)、挤出层压法(挤出复合法)、无溶剂复合法等,除薄膜共挤技术之外,挤出复合、无溶剂复合这两项复合技术均属于低(无)VOCs排放、低能耗,可以满足行业倡导的绿色环保需求。

本文将围绕柔性版印刷复合软包装材料在工艺技术的瓶颈和升级方向,满足挤出复合、无溶剂复合工艺要求的关键工艺和技术升级展开分析和探讨。

一、柔性版印刷工艺技术升级要点

以某知名品牌的食品包装复合材料为例,同样大小版面、同样图案设计,采用凹版印刷和柔性版印刷工艺及耐印力对比如表1所示。

[①] 原载于 2022 年 2 月 CI FLEXO TECH,有改动。

表 1　凹版和柔版耐印力对比

对比内容		凹版印刷		柔版印刷	
制版工艺描述	黑色	激光雕刻版	≥36 万米	光面版（XPS 实现平顶，采用 P+ 工艺）	连续印刷 30 万米，但是二次印刷效果较差
	蓝色	激光雕刻版	≥36 万米		
	红色	激光雕刻版	≥36 万米		
	橙色	激光雕刻版	≥50 万米	自带纹理表面印版	网增变化较大，耐印力≥30 万米
	黄色	激光雕刻版	≥90 万米		
	底色	激光雕刻版	≥36 万米		
油墨类型		聚氨酯凹版里印复合油墨		柔版里印复合油墨	
结论		凹版印刷耐印率明显高出柔印很多			

从表 1 的数据对比可见，复合薄膜的柔性版印刷需要解决的工艺升级点有三点。

1. 版材生产技术

在柔性版印刷批量生产中，普遍出现了光面版（使用 XPS 曝光，采用 P+ 工艺）的网点增大稳定，但是耐印力低，网点容易断开，实地部分色密度因加网磨损后色浓度下降情况如图 1 所示。而自带纹理表面印版实地色密度稳定，但是网点增大变化大，如图 2 所示。

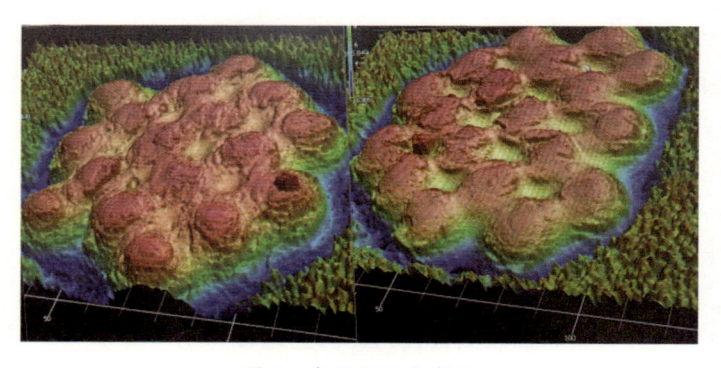

图 1　光面版网点磨损

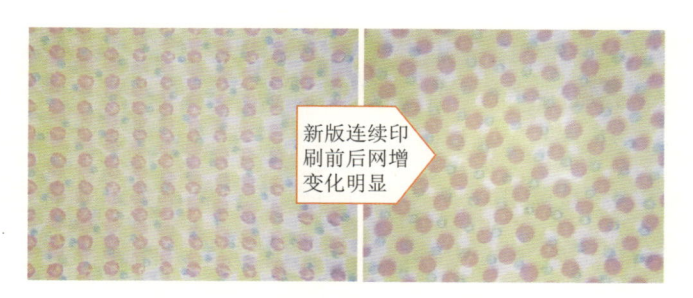

图 2　自带纹理表面印版网点增大变化大

由此可见目前市场上的版材普遍都有类似现象，所以供应商要在版材配方设计、硬度、厚薄均匀度、表面处理等方面进行升级，尽快满足实地和网点耐印力性能均衡。

2. 里印油墨配方

为了让柔性版印刷的薄膜使用无溶剂复合工艺，需要对里印油墨的适性进行大量测试。在测试过程中最容易出现胶黏剂致使油墨发花，以及油墨附着力低下、印刷鬼影、印刷脏版（见图3）、油墨转移率稳定性差等问题。

图 3　印刷中脏版时的印版表面状况

这些问题与印刷过程中使用的里印油墨配方有关。一方面，为了保障使用无溶剂复合工艺时的复合强度，一般会采用硝化棉＋聚酰胺＋少量聚氨酯树脂混合。另一方面，实施高清柔印、低上墨量条件下的高实地色密度，并需兼顾实地与浅网高光部分的印刷质量，油墨配方中颜料的含量要高于凹版印刷油墨的颜料含量，在 12%～25%。溶剂则一般采用醇类溶剂为主，辅以酯类、醚类溶剂来调整油墨的干燥速度，这对印版的溶胀、加网角度、加网方式以及网纹辊的选择都提出了挑战。此外，卫星式柔性版印刷机的印刷速度一般在 300 米 / 分以上，网纹辊线数 1000lpi 左右，所以如何降低油墨中的酯类溶剂、选择好慢干溶剂的比例都非常关键。

3. 印刷过程的控制技术

柔性版印刷过程的控制有三要素：印刷压力控制、油墨黏度控制和印刷基材关键指标控制。

其中，印刷压力控制是重中之重，合适的轻压力非常有利于印版耐印力的提升。因此首先要做好贴版胶带、版材的标准化，同时重视印版压力、网纹辊压力、封闭墨腔压力的设置，做好每次印刷数据的记录和统计，通过大数据跟踪设计最佳压力值。此外，也可以通过印刷机配置的静止画面装置观察网点变形，来设计最佳压力值。

油墨黏度控制和印刷基材选择，需要根据不同复合工艺进行并多次验证。

二、复合工艺技术的升级要点

1. 无溶剂复合技术

无溶剂复合对比干式复合而言，具有能耗低、无毒无排放、卫生安全等优点，在复合软包装材料上被快速、广泛地使用。然而，在柔性版印刷的复合薄膜软包装生产领域，无溶剂复合方式还是应用较少。针对柔性版印刷中里印油墨墨层薄、墨层硬度高的特点，还需要对胶黏剂选型和复合工艺两个方面进行系统的测试和验证，来实现与凹印复合塑料软包装同等的复合强度、外观和摩擦系数，最终获得成本优化、质量优异的柔性版印刷产品。

（1）胶黏剂树脂类型的选型

选择胶黏剂时，要充分考虑胶黏剂的树脂类型，含醚类和聚氨酯类无溶剂复合胶黏剂，复合时初黏力一般非常低，因此胶黏剂容易蠕动，导致柔性版印刷的里印油墨经常被溶解，造成起花等问题。

所以胶黏剂选型时，在充分了解无溶剂复合胶黏剂设计原理、无溶剂胶黏剂黏合原理的基础上，进行大量实验，重点解决无溶剂复合过程经常出现的涂布效果差、气泡、复合强度稳定性差、白斑、刀线、胶黏剂固化不良等问题。

（2）各种基材对应胶黏剂选型

可在无溶剂复合生产中进行大胆的尝试，通过放卷张力锥度曲线的摸索、张力参数的设定、基材收卷纸芯管平整度等方面的控制，一方面解决柔性版印刷进行 MDO-PE 薄膜、BOPET、CPP 等材料里印时上胶量均匀度、贴合麻点等问题，另一方面在印刷复合镀铝结构产品时有效地避免因胶黏剂初黏力低而引起的起皱、隧道、铝层转移等普遍存在的问题。

2. 挤出复合技术

挤出复合技术与目前普遍使用的干式复合相比，可大大降低能耗和化学品的使用量，非常经济环保。

柔性版印刷的里印软包装材料也可以采用挤出复合工艺进行复合，特别是针对镀铝膜产品时，挤出涂覆聚乙烯对镀铝层、印刷油墨层均可以进行非常有效的保护，复合软包装材料的阻隔性能可以稳定提高，阻氧（阻湿）达到 3cc（g）/m^2.24hr 以下，大大保障了膨化类、干果类等休闲食品的口感和保质期。其技术关键点在于挤出复合 AC 锚涂剂的选型、涂布网纹辊的选型、挤出涂覆树脂配方设计等，需根据不同设备需要进行详细的测试。

三、结论

针对国内复合软包装市场的需求，柔性版印刷复合软包装材料在制造过程中仍然有许多地方需要完善，需要全产业链的深入研究和攻关，只有解决以下问题才能既满足双碳目标实现，又能在成本、效率、效果上满足品牌客户的迫切需求，共同努力实现 2025 行业战略目标。

1. 柔性版印刷版材的兼容性研究

要充分利用自带纹理表面印版实地密度稳定的优势，版材配方设计时要考虑兼顾网点的坚固耐磨，找到平衡点，满足卫星式柔印压力偏大的印刷需求。

2. 柔性版印刷里印油墨的技术升级

重点升级油墨的稳定转移性能，并减少酯类、醚类溶剂用量，最终实现高色浓度低黏度印刷，减少印刷过程中化学品的使用量，这是目前亟待解决的技术升级点。

3. 印刷过程控制能力的升级

在实际生产中细化印刷过程控制，特别是印刷压力数据化、印刷压力控制标准化。

4. 复合技术的升级

复合工序要高速高效，降低复合过程中的化学品使用量，甚至不使用化学品，需要进一步开发胶黏剂和其他配套材料。

综上所述，柔性版印刷复合软包装材料近些年虽然取得了一些成绩，但是还有诸多瓶颈问题未得到验证和解决，工艺技术升级道路任重而道远，需要全产业链的共同努力。

基于色差的数字水印技术比较[①]

Alice Ish

赵嵩 译

译者注： 数字水印是指将特定的信息嵌入音频、图片或视频等数字信号中。若要拷贝有数字水印的信号，所嵌入的信息也会一并被拷贝。数字水印可分为浮现式和隐藏式两种，前者是可见的水印，所包含的信息可在观看图片或视频时被看见。一般来说，浮现式的水印通常包含著作权拥有者的名称或标志。

包装数字水印条码技术是指将特定的条码信息嵌入印刷图文中，这些信息可以被扫描设备读取，实现防伪、快速结算、快速分类等功能。数字水印条码可以不占用单独的包装区域，并以肉眼几乎不可见的方式铺展于包装外。但在实际应用时，为了提升扫描的识读率，有时也需要提升这些数字水印信息的可见度，这会导致印刷色差过大。本文作者为了实现包装垃圾的快速分类，使用柔印技术，采用不同的数字水印分色工艺，试图在最佳识读率和色差中获得平衡。

美国产生的垃圾数量巨大，是严重的环境问题，因此应用环保科技是柔印企业和品牌商需要关注的重点。品牌商采用多层次的方法来提高可持续性，包括包装材料轻量化、寻找替代的可堆肥材料以及改善现有材料的回收利用率等。

为了应对当前的废品量，需要一个更有效的回收系统，以便回收、分类和重复使用更多的材料。宝洁公司创立并主导了 HolyGrail 2.0 项目，该项目旨在使用新的包装自动回收识别系统对不同类型的塑料包装进行高效快速分类。

目前美国的柔印行业生产了绝大多数的一次性塑料包装产品，占据很大的市

[①] 原载于 2021 年第 6 期《印刷杂志》，有改动。

场份额，柔印行业需要具有前瞻性，跟上当前和未来的环保技术发展步伐。

柔印行业有很多改变一次性塑料生命周期的机会。HolyGrail 2.0 项目旨在展示如何使用柔印和最适合处理专色的工艺技术来实现包装的自动识别。此项目通过使用 Digimarc 数字水印技术对标签、薄膜等包装和容器进行编码，来识别核心材料及其产品使用领域，使其可被机器读取并对包装进行分类，优化回收过程。

使用 Digimarc 数字水印技术时，品牌商要尽量减少品牌专色的色差（CIE△E_{2000}）。本项目特别研究了这类问题，通过探索不同水印条码实施技术对常见专色色差的影响，展示如何将这些技术更好地应用于现有的工作流程中。

一、历史与可靠性

关于如何有效创建 Digimarc 条码或数字水印，已经发表了一系列研究文章。一篇题为《使用水印可视测量选择用于二进制水印的优化专色组合》的文章探讨了如何选择互补色在另一种专色内印刷，以优化扫描。

这种选择很重要，因为互补色在视距内不易被察觉，但可以通过便利店中的 POS 机扫描。POS 机通常使用波长为 670 毫微米的红色光。当使用这些颜色为某些专色创建数字水印时，数字水印就会变得比较明显，容易被人眼察觉。这项研究找到了解决方法：当基色在 670 毫微米的反射率较低时，可以为二进制数字水印选择互补色，当然这取决于专色在 670 毫微米处的反射率是否足够低，使它不会干扰数字水印信号。

另一篇涉及 Digimarc 条码技术的研究文章名为《为稀疏水印选择最佳油墨颜色》。这项研究还涉及油墨颜色的选择，以创建更可靠的数字水印。具体而言，这项研究着眼于单一颜色的二进制水印，研究的结果表明，对于设计在白色区域的二进制数字水印是可以准确预测不同颜色使用效果的。

虽然在便利店中使用的 POS 扫描机都使用红光扫描，但为废品回收而开发的新型扫描仪不只限于 670 毫微米。回收扫描仪通常为白光扫描仪。上面提到的研究指出了白光扫描和 POS 机红光扫描之间的差异，以及如何根据品牌专色情况创建好用的数字水印。白光扫描仪在三种独特的波长下具有三种频闪的光——红色、蓝色和绿色，这意味着本次研究创建的条码需要有效配合这类扫描仪。

稳定性是衡量条码识读程度的指标，根据线性网格强度和信息强度来进行计算。

线性网格强度是条码的识别和缩放方式，信息强度是条码的有效信息载荷量。虽然色差是要分析的主要数据，但还要检查每个测试元素的稳定性，以了解这些条码是否满足回收系统的需求。回收系统要求数字水印条码足够可靠，可以高速读取甚至能从损坏的包装中读取。

二、实验设计

本次研究选择了6种油墨来代表常见的品牌专色。然后根据每种专色的特性，选择了多种数字水印工艺技术。这些技术是在与Digimarc色彩专家咨询后选择的，期望找到色差变化最小的工艺。这些颜色包括彩通123、彩通185、彩通286和彩通橙色，分别采用黑色叠印、Spot Direct技术和阳图二进制叠印技术进行测试，而彩通绿和彩通黑则通过Spot Direct和阴图二进制叠印技术测试。这种技术上的差异是由于浅绿色和黑色反射率不同。

每种工艺的工作方式不同，但印刷区域都能被扫描仪识别。第一，使用Spot Direct技术调制文件中的像素，不添加任何额外的颜色。该技术能够生成肉眼几乎无法察觉但可以被白光扫描仪检测到的变化。这种方法不需要在印刷机上使用额外的油墨，但它需要特别的文件处理，并且受限于使用的颜色，并不总是能产生可靠的水印。

第二，使用黑色叠印技术时需要增加额外颜色，水印条码由不同深浅的网点印刷在专色上形成。这需要在印刷时增加一块额外的黑版。

第三，阳图二进制技术是在专色之上印刷额外的非黑色油墨。在这项研究中，使用了彩通9520和彩通9120油墨，这很像需要使用额外分色和油墨的黑色叠印工艺。

第四，选择的方法是阴图二进制技术。它与阳图二进制技术类似，需要额外的油墨颜色，但这种油墨将作为专色后面的叠色铺展开来。扫描时，数字水印的反白小孔因此可以透出来。用于此的额外油墨是彩通 2747 和彩通 7467。

评估所用的增强技术前，提出了以下四个假设。

假设一：所有测试内容的色差都在 3 以内；

假设二：Spot Direct 工艺下的色差将比阳图二进制和阴图二进制工艺更低；

假设三：黑色叠印工艺将产生比阳图二进制和阴图二进制工艺更低的色差；

假设四：使用所有方法印刷的条码稳定性得分都大于 60。

首先，设计一个测试文件。测试文件包括 25%、50%、75% 的色块、实地、两侧压力条和各种工艺技术所需的测量元素，包括图标、图像和矢量文件。这些测试元素用来测量不同密度下的色差，用于评估几种工艺技术的性能以及展示数字水印在不同工艺情况下的表现。

完成这些测试文件后，制作 11 张不同测试印版。使用 133lpi、厚度为 1.7 mm 的印版，所有测试都在白色聚丙烯基材上进行。每次测试文件由 3 ～ 4 种水印编码工艺技术组成，共有 8 个测试文件用于评估测试结果。每个测试文件还包括一个标准色块，用作测量色差的对比样。以 6 种专色印刷一组样品，另外两组使用不同的网纹辊印刷黑色，由此能够看到黑色油墨密度的变化如何影响阴图二进制技术的色差。

三、实验结论分析

印刷所有样品后，测量每个样品的色差。色差值是使用分光密度计进行测量。针对每个专色，分别测量文件中每种工艺技术下的色差，分别获取 4 个数据。读数取自 100%、75%、50% 和 25% 的色块，与测试文件上对应的标准色块进行比较。通过比较色差如何随着网点百分比降低而变化，来确定每种工艺技术的有效性。

测试样张也被发送到 Digimarc 进行稳定性分析。每种工艺技术下的每个专色都有一个稳定性得分。稳定性使用 Digimarc 专有方法计算，同时包含线性网格强度和信息强度指标。

根据收集的结果可以看到，从色差角度来分析，一些方法比其他方法更有效。至于稳定性，在将这些数字水印技术应用于实际回收扫描之前，所有方法都有改进的空间。

1. 假设一的分析

首先，假设一不成立，并非所有色差值都在 3 以内。之所以设定这个理想值，是因为这个色差是品牌商普遍可以接受的。从图 1 中可以看出，Spot Direct 和阳图二进制技术的结果在可接受范围内，黑色叠印和阴图二值技术是超标的。

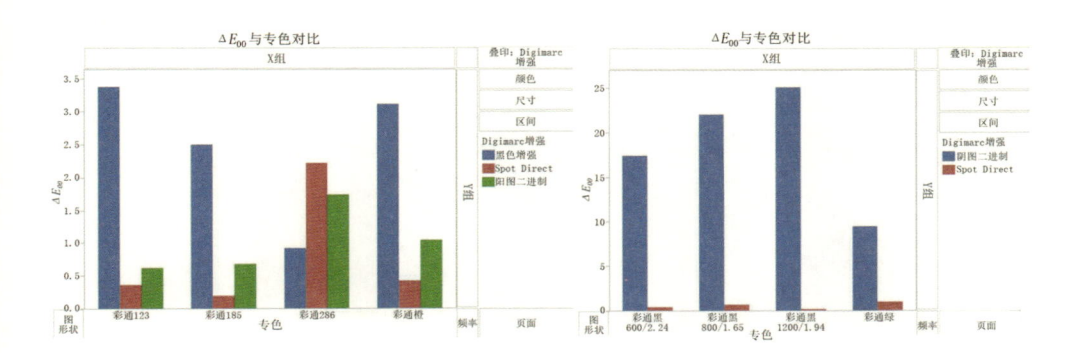

图 1 ΔE_{2000} 测量 100% 实地块

除未加入数字水印处理的黑色和绿色外，采用黑色叠印技术的专色色差值范围为 1.4～3.31。这个范围有一部分落在可接受的范围内，很可能随着网点大小和油墨密度的变化，色差变化到可以接受的程度。但当这种技术使用在专色网点上的时候，从视觉上看是比较明显的。

这一趋势可以从图 2～图 4 看到：色差在实地色块上是接近或落在目标范围，但当网点达到 25% 时，色差就会超出可接受的范围。从图 4 可以看出采用黑色叠印技术时，深色网点百分比的降低是如何影响色差的。

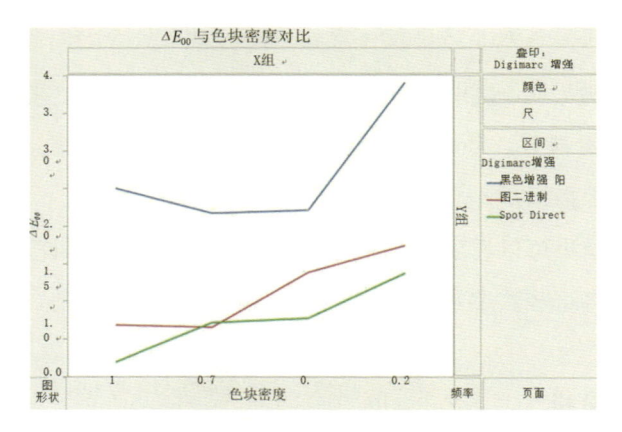

图 2　彩通 185 色差测量结果和颜色密度的关系

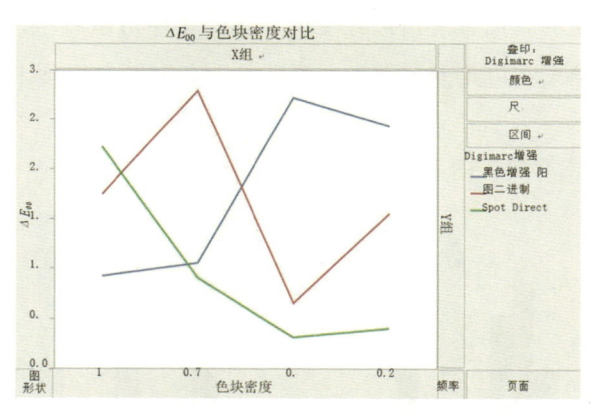

图 3　彩通 123 色差测量结果和颜色密度的关系

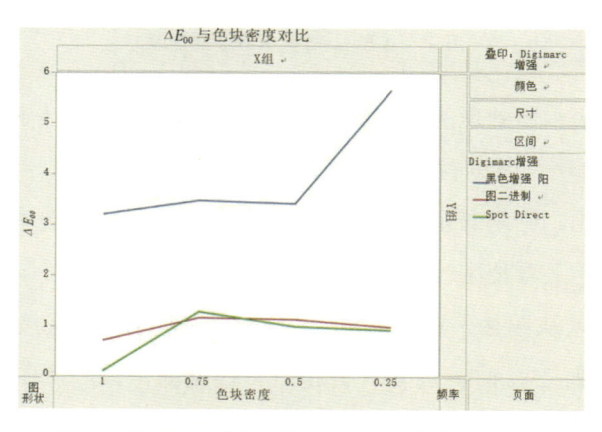

图 4　彩通 286 色差测量结果和颜色密度的关系

164

阴图二进制技术是最不成功的方法。色差范围为 8.51～25.72，远未达到可接受的范围，因此这种技术实用价值不大。

2. 假设二的分析

使用 Spot Direct 技术，色差比阳图和阴图二进制技术更低的实验假设成立。采用 Spot Direct 技术的实地部分的色彩范围是 0.1～1.93，平均值为 0.60，这个表现完全可以接受。阳图二进制增强技术的色差值范围为 0.62～0.9，平均值为 0.76。这些数据表明，Spot Direct 技术下的平均值更低，二者范围差异很小，两种技术的表现相差无几。

如前所述，阴图二进制技术的结果较差，不在可接受范围内。当查看图 2～图 4 中的 Spot Direct 技术和阳图二进制技术的色差变化时，可以看到二者在 4 个颜色密度上的色差都在研究要求的色差范围内。对于最暗的颜色彩通 286，随着颜色密度下降，色差有下降趋势，这意味着专色用小网点淡色调印刷时，它造成的颜色差异较小。

3. 假设三的分析

黑色叠印技术将产生比阳图和阴图二进制技术更低的色差的实验假设不成立。黑色叠印技术的色差低于阴图二进制技术，但高于阳图二进制技术。黑色叠印技术在实地部分的平均色差为 3.31，阳图二进制的色差只有 0.76。彩通 9120 和彩通 9520 油墨的透明性对色差的影响比黑墨点压印在专色上面的影响要小得多。

需要注意的是，黑色叠印技术和阳图二进制技术并不适用于更深的颜色，如本次实验中使用的彩通黑和彩通绿。最后，图 2～图 4 显示阳图二进制技术除了在彩通 286 油墨上色差波动较大外，4 个色块的色差始终低于黑色叠印技术。

4. 假设四的分析

所有方法的稳定性得分都会大于 60 的实验假设不成立。通过检查数据可以得出结论，这些工艺技术大多需要提高稳定性，特别是 Spot Direct 和阳图二进制技术。

表现最好的是黑色叠印技术，稳定性得分在 79～85。这个分数使得黑色叠印技术成为唯一具有足够稳定性，可以马上用于回收分类使用的技术。但是，该技术的问题是水印条码视觉上会比较明显，并且色差也比较高。其他技术的平均稳定性得分如下：阳图二进制技术 37.5，Spot Direct 技术 39.9，阴图二进制技术 52.75。图 5～图 7 显示了对于彩通 185 条码扫描仪能够识别的程度，条码的识别率越高，图形的蓝色就越深。可以发现：相比之下，使用黑色叠印技术可以扫上的要多得多。

图 5　验证彩通 185 阳图二进制工艺技术

图 6　验证彩通 185 黑色叠印增强技术　　　　图 7　验证彩通 185 Spot Direct 增强技术

四、总结与未来展望

对于未来的研究，需要改进 Spot Direct 和阳图二进制工艺技术的稳定性。本次测试中阳图二进制技术选择的墨色可能太淡了。研究的下一步是在彩通 2747 和彩通 7467 油墨中增加更多的颜料，以提升对比度，因为从色差看，阳图二进制技术在色差不超过 3.0 的前提下，还有足够的空间提高对比度。

总体而言，仅查看本研究期间的色差值，Spot Direct 技术在所有专色和中间调网点的测试中结果最好。这种技术的另一个好处是能够在所有专色上使用，并且不需要额外的油墨和印版，因此最容易集成到现有的品牌商工作流中。阳图二进制技术也表现良好，视觉上对专色的影响比较小，但其需要额外的油墨，不适合用于暗色，如彩通黑色和彩通绿色。如果这些技术仅根据稳定性进行评估，最有效的技术则是黑色叠印增强技术。

未来再次进行该类研究的侧重点应该在于数字水印回收过程中的稳定性，同时降低由于添加数字水印产生的色差。作为最稳定的技术，为了获得更低的色差，黑色叠印技术应进一步改进。为了看起来不那么明显，可以通过黑色叠印降低油墨浓度实现。阳图二进制技术的色差低，但不够稳定，无法用于包装回收，可以通过提高油墨浓度来改善。此类研究未来的挑战是提高数字水印的稳定性，同时把色差控制在可以接受的范围内。

《印刷智能工厂参考模型》标准实施中关键要素分析

刘琳琳　谢怡雪　朱庆珍　王国琴　王鑫

制造技术正在由标准化向数字化、网络化、智能化的方向发展，各行业都加速探索符合行业特性的智能化建设发展之路。国家新闻出版署发布的《中国印刷业智能化发展报告》，对我国推进印刷业智能化发展做出指导引领和专题系统规划，提出了我国推进印刷业智能化发展的总体要求、建设思路及内容、重点任务和保障措施。

在全国印刷标准化技术委员会的发起下，由杭州科雷机电有限公司和西安理工大学作为主要起草单位，东莞金杯、深圳裕同、鹤山雅图仕、河北虎彩等企业，杭州电子科技大学、北京印刷学院、深圳职业技术学院等高校专家积极参与下，制定CY242—2021《印刷智能工厂参考模型》行业标准，于2021年9月正式发布，并自2021年11月1日起实施。

一、智能工厂参考模型标准概述

印刷智能工厂参考模型提出印刷智能工厂的通用模型，提供智能印刷工厂构建、开发、集成和运行的框架，可用于企业的智能化诊断评估、统计分析以及改进提升，供印刷生产企业、产业主管部门、解决方案提供商、第三方机构四类主体使用，有利于印刷企业认识和理解智能工厂的概念、内涵，使每一个企业都可以在参考模型中找到自己的定位，并且明确企业以后的智能化发展方向。

智能印刷工厂参考模型如图1所示，将"生产集成+管控集成"两个核心维度，印刷工厂内部的控制层、执行层、管理层、决策层构成面向印刷工厂的管控集成维度，印刷品的设计、印刷、储运、服务构成面向印刷品全生命周期的生产集成维度。分为8个类，进一步细化分为22个要素域，每个域对应"智能集成"维度的4个等级，共同构成多维度智能等级矩阵。智能等级矩阵是印刷智能工厂参考模型组成部件的展现，涵盖了参考模型所涉及的核心内容，模型架构与矩阵的关系如图2所示。

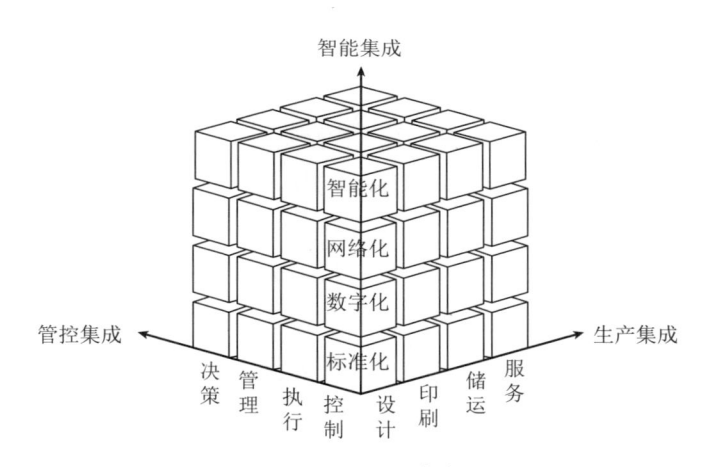

图 1　印刷智能工厂参考模型

"生产集成+管控集成"两个维度是论述印刷智能工厂参考模型的起点，代表了对智能制造本质的理解。类和域是印刷智能工厂关注的核心要素，代表了智能制造核心能力要素的分解。本模型中类和域是"生产集成+管控集成"两个核心维度的展开和深度诠释。其中，域是对类的进一步分解。等级是第三个维度"智能集成"的具体形式，也是类、域在不同维度下的具体表现。印刷智能工厂参考模型对最小级单位的域从标准化、数字化、网络化、智能化四个等级进行场景化描述。

印刷企业整体的标准化、数字化、网络化、智能化构成了印刷企业智能集成维度。

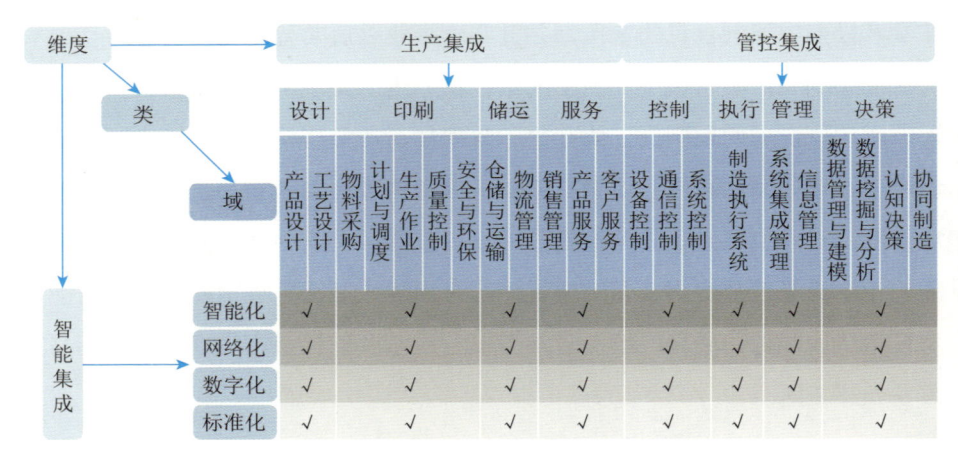

图 2　印刷智能工厂模型架构

二、智能工厂参考模型标准的应用

中国印刷企业的智能化建设是在标准化的实施下，数字化的强化下，网络化的覆盖下，逐步开展智能化建设，进行生产效率和效益的提升。

从目前所调研的企业现状来看，国内达到真正意义上智能工厂的企业少之又少。智能化等级较高的大型企业在实践中摸索出一套适合企业发展的决策管控解决方案或者运营管理信息化解决方案；转型不够理想的印刷企业在软件和硬件方面都依赖进口或方案提供商，同时应用水平参差不齐，各行其道，集成度有待加强。部分企业对智能工厂建设的理解存在误区，过分注重高端生产装备，视无人车间为智能工厂，将自动化等同于智能化，忽视精益管理及信息化建设等的基础性作用。

不同规模的印刷企业应对照《印刷智能工厂参考模型》，坚持补短板、扬长板，采取不尽相同的智能化建设方向。

1. 标准化是实现智能制造的基础

实施智能制造面临三大挑战即标准化、工作的组织和产品的实现，标准化因素排在首位。而在印刷智能工厂参考模型中，标准化也是作为数字化、网络化、智能化的底层基石。智能制造涉及机器设备、计算机、网络、人、数据、信息等方面，众多因素的都必须在标准的框架之下，才能保证正常运行，做到有序化，进而取得良好的标准化效果。因此，标准化工作对于智能制造的实现至关重要。

2. 中小型印刷企业以巩固提升数字化能力为主要目标

中小企业应抓住"新基建"浪潮中的发展新机遇，挖掘印刷业自身数字和智能资产优势，强化数字化基础，加速数字化转型。整合经验、厚植根基，以数据库为基础，以生产为主线，提高生产设备数字化率、关键工序数控化率、数字化研发设计工具普及率，基于新一代信息管理系统实现对产品管理、业务流程、生产过程管控的数字化。

3. 规模型企业以优化升级网络化应用为主要任务

数字化制造基础较好的印刷企业在数字技术应用的基础上积极开展"互联网+制造"。探索印刷品设计、研发等环节的协同与共享，生产制造过程中供应链、价值链集成和端到端集成，产品全生命周期服务中产业链各主体的连接和交互，提高产品生产数据分析能力。

4. 灯塔企业以智能化深层次探索和场景拓展为主攻方向

行业龙头企业进一步发挥数据要素的引领作用，促进印刷全生产周期内数据的有序流动、应用、共享、保护等。构建信息双向驱动下的智能印刷车间，加强大数据系统对印刷企业生产管理模式、组织运行模式、商业经营模式的牵引作用，使之成为生产科学决策、资源优化配置、发展合理规划、市场精准研判的重要依据和手段，逐步实现深度优化和智能决策。

三、基于参考模型标准的企业智能化诊断评估

印刷智能工厂参考模型可以用于帮助不同类型、不同规模的印刷企业更好地理解和认识印刷智能制造标准化的边界、对象、各部分的层级关系和内在联系，为印刷智能制造相关标准的制定提供支撑，同时为印刷企业的智能化诊断评估提供依据。

如图 3 所示，以智能印厂评价服务为目标，依据行业标准《印刷智能工厂参考模型》，从智能印厂诊断评估模型架构的搭建、诊断评价指标体系的建立、企业自评与专家评估流程的规划、整体解决方案集成平台的搭建四个方面入手构建智能化诊断评估系统，可以通过企业自评和专家评估系统分析诊断出企业所处智能等级，并通过历史评估数据库、软硬件规划库、供应商数据库、解决方案库等给出智能化建设方案建议，为企业精准决策提供支撑。

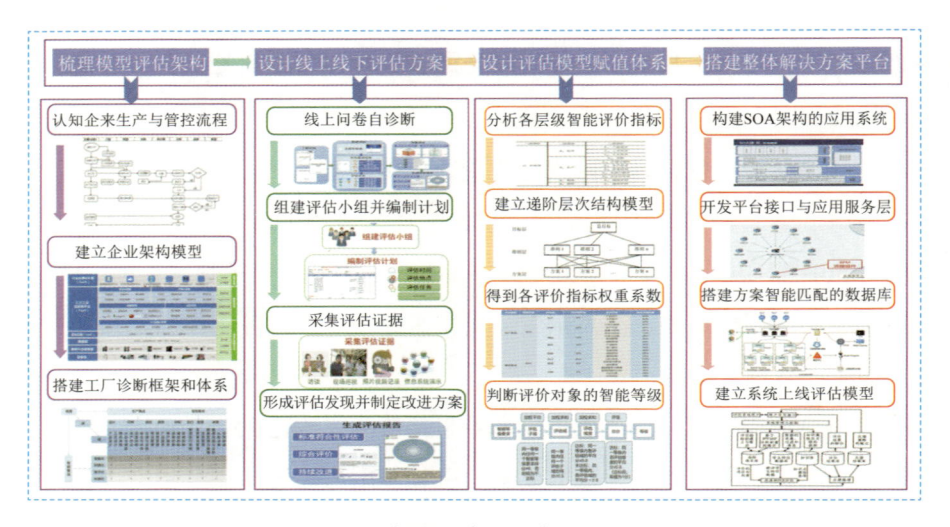

图 3 面向智能化建设的诊断评估系统

（1）基于参考模型建立企业诊断评估系统架构

面向印刷企业数字化、网络化、智能化发展需求，参照工业和信息化部两化融合评估系统的理念和方法，基于行业标准《印刷智能工厂参考模型》和国内外发展实践的基础，结合印刷行业生产特点，建立智能印厂诊断评估系统架构。

（2）线上企业自评与线下专家测评的诊断流程

面向不同规模企业的不同需求，设计线上线下诊断评估流程，提供"评、测、咨、升"的一站式赋能支持。企业可登录评估平台通过填写智能化调查问卷，对企业进行简洁碎片化的评估，自动生成诊断报告及改进方案；智能化专家深入企业生产现场，采取工厂检查、现场问询、专家会诊等方式开展深度测评，找短板，扬优势，给出更详细的智能化建设规划意见。

（3）面向智能印厂诊断评价指标体系的建立

以智能印厂模型诊断评估架构为基础，以评估方案为核心，建立逐级分层的智能印厂模型诊断评价指标体系，如图4所示，通过定量与定性相结合的层次分析法确定各评价指标的权重系数，判断评价对象所处的智能等级。

（4）智能化建设解决方案集成平台

搭建开放的、持续完善的印刷行业智能化评估数据库、软硬件方案规划库、供应商数据库等数据库，针对不同维度的量化评估和建设规划，基于不同细粒度特征匹配和智能索引，为企业提供详尽的解决方案参考。

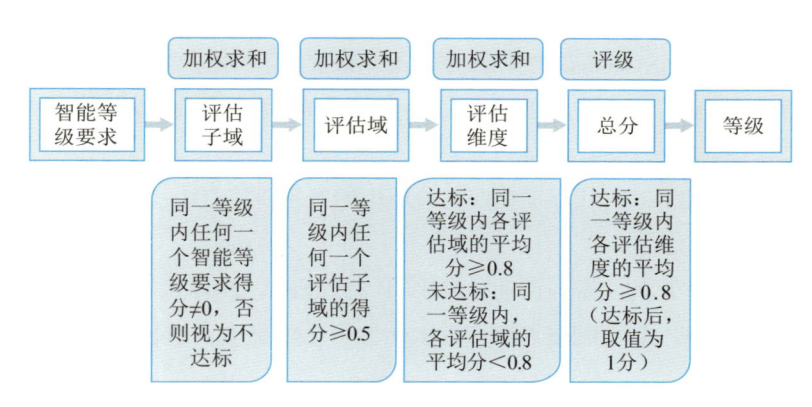

图4　智能等级评估指标

四、结语

我国印刷业智能化发展仍处于持续探索期，通过对印刷企业智能化建设的持续研究，制定必要的智能制造标准，可以指导不同类型的企业明确所处的智能化层级，准确判断智能化发展目标，为智能化发展规划提供可行方案，帮助印刷企业看清方向、理清思路、明确道路，助力实现信息化和工业化的深度融合，推动印刷产业结构调整，推进我国印刷业智能化建设进程。

参考文献

[1] CY/T 242—2021，印刷智能工厂参考模型 [S].

[2] 工业和信息化部 . 2016 年智能制造试点示范项目要素条件 [R]. 2016.

[3] 工业和信息化部、国家标准化管理委员会 . 国家智能制造标准体系建设指南 [R].

[4] 刘琳琳，曹从军，尚晏莹，等 . 中国印刷业智能化发展报告（2018）[J]. 印刷技术，2018.

[5] 刘琳琳，谢怡雪，张羽玲，等 . 智能化不是目的，是手段 [J]. 印刷工业，2019（3）.

[6] 陈黎鸥 . 智能制造加快布局 [J]. 印刷技术，2019，733（Z1）：13-14.

[7] 王森 . 智能化——印刷智能制造加快落地实施 [J]. 印刷经理人，2020（1）：16-16.

[8] Yan Lu，KC Morris，Simon Frechette. Current Standards Landscape for Smart Manufacturing Systems，美国国家标准化研究所（NIST）工程实验室，2016.

[9] 战德臣，程臻，赵曦滨，等 . 制造服务及其成熟度模型 [J]. 计算机集成制造系统，2012，18（7）：1584-1594.

[10] 赵五州，工业 4.0 时代标准化在制造业中的应用研究 [D]. 北京：华北电力大学，2017.

[11] 潘琨 . 智能工厂的实现与商业化未来 [J].PLC&FA，2015.

[12] 陈明，梁乃明 . 智能制造之路：数字化工厂 [M]. 北京：机械工业出版社，2017.

从第十二届"石梅杯"获奖产品探索国内柔印发展趋势[①]

蔡成基

第十二届"石梅杯"柔印产品质量展评活动的结果已于近期揭晓。本届评审专家组仍由上海出版印刷高等专科学校印刷包装程系主任顾萍领衔,7名成员的职称包含教授、高级工程师、高级技师、技师,有专业从事印前技术与色彩管理的专家,还有柔印产业链上重要的材料供应商。评审采取回避制度,凡提供本届参评产品的单位均不派代表担任评委。小组成员不设权重,每人1票,按得分高低评出获奖产品。这样可以在最大程度上真实反映国内柔印产品的水平,从产品中切实看到中国柔印未来的发展趋势。

一、柔印获奖产品群英荟萃

本届柔印产品质量展评活动评选出纸张类精品奖5个、薄膜类精品奖3个、瓦楞纸箱后印精品奖1个、标签类精品奖2个,总计精品奖11个。

纸张产品多年来一直是柔印工艺的主战场。本届纸张获奖产品,有宽幅多层纸塑铝复合材料饮料包装盒,俗称"利乐包",有厚卡纸奶茶集合包装盒,有休闲食品小包装盒和饼干包装盒,以及近10年来已经在瓦楞纸箱包装领域占据主导地位的预印纸箱,这些产品的市场意义很明显。类似于"利乐包"的纸塑铝多层复合材料包装盒进入国内市场后,原本存在凹印与柔印两种不同的印刷工艺路

[①] 原载于2021年第6期《印刷杂志》。

线。同样在卡纸上，柔印可以印，凹印也可以印，凹印制版习惯采用 175 lpi，而柔印制版一般只采用 133 lpi，从层次分辨力上区分，柔印比凹印低。但是凹版在油墨转移时必须在压印滚筒的大压力下才能转移到承印材料上，因此对承印纸张的表面平滑度有特殊要求，不然网点转移时会有质量缺陷，这就意味着必须选择适印的纸张。而柔印由于采用有弹性的凸版，油墨转移时对纸张没有特殊要求。对纸张的不同要求决定了两种工艺的不同成本，柔印以低成本胜出，即使在印刷图像分辨力方面还暂时落后。

卡纸类的包装盒，无论是休闲食品的小包装盒，还是装 800 g 饼干的中包装盒，或是装 3 杯奶茶的集合包装盒，以前都是胶印的传统领地。胶印机从对开扩展到小全张、全张乃至大幅面，主要针对的就是这个市场，胶印包装的赢利主要也在这个市场。但是，即使胶印质量从整体上来说高于柔印，以前单张纸胶印的传统产品现在也成了轮转柔印的新领地，关键就在于轮转用纸比单张纸用纸要节约 5% 左右，成本在这里再一次显现了它的影响力。

瓦楞纸箱印刷以前也是胶印的传统领地。但自从 2000 年起柔印预印工艺逐步推广，原先采用 350 克/米^2 白底白卡胶印后，上瓦楞机同瓦楞纸板贴合，最后模切成形的原制盒工艺，逐步被 150～200 克/米^2 的灰底卡纸水性油墨柔印，然后同其他纸卷上瓦楞成型机一次成型，最后再模切的新工艺所逐步取代。在不降低原有箱型纸箱抗压强度指标的情况下，柔印比胶印成本低得多，成本优势又一次证明了它的竞争力。

柔印以环保、低成本、高产能的特征与包装印刷的其他工艺相竞争，这是它的生命力之所在，也是它能够持续发展的基本保证。

在纸张类柔印产品中得分最高的是苏州普丽盛包装材料有限公司的"乐纯（万里挑一）"饮料包装盒（见图1），纵横向多联拼版，图像以蓝和绿为主色调，以蓝天、白云、草地为背景，以奶牛、菠萝、甘蔗为主线，层次很清晰。因为盒型的关系，图像面积受限，所以层次细腻、套印准确是该产品的难点。本届评审在套印精度的要求上规定得比较细。套印误差在 0.10mm 以内，得分 16～20 分；在 0.10～0.18mm，得分 10～16 分；在 0.18～0.35 m m，得分 4～10 分；在 0.35mm

以上，得分 0～4 分。"乐纯（万里挑一）"饮料包若要获得高分，套准精度高是一个非常重要的条件。多联拼版，不论是纵向还是横向，每一个盒面都是主要画面，没有可忽略的次要画面。印刷过程中的套准调节、印版滚筒操作侧与驱动侧的综合调节，对当班机长的要求非常高，对机长的技艺与责任心要求非常高。

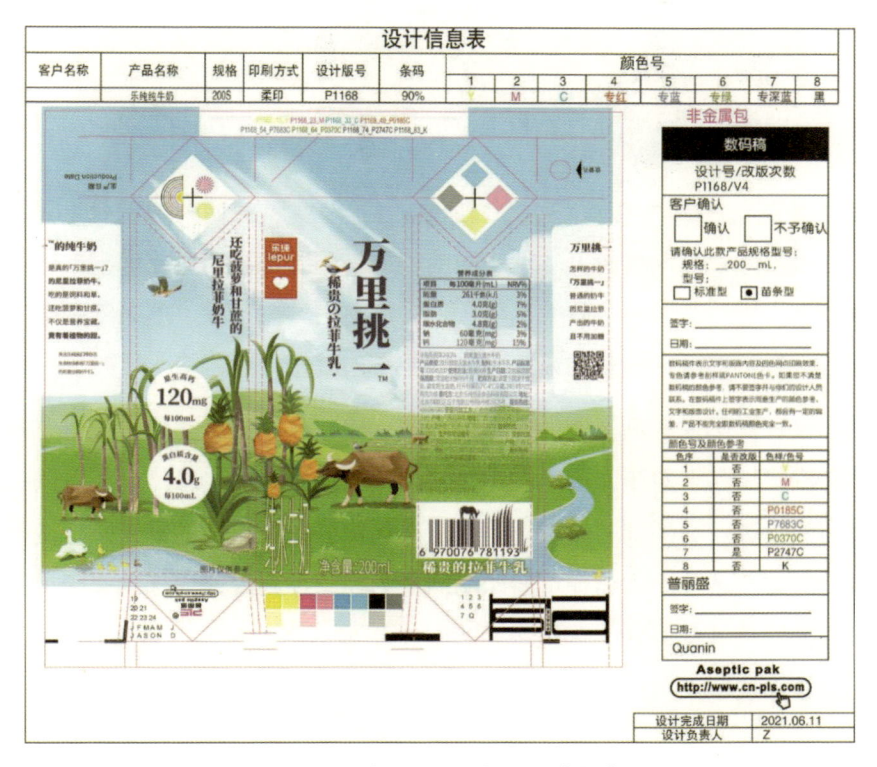

图 1 "乐纯（万里挑一）"饮料包装盒

与上届柔印展评的纸张类精品奖相比，如惠普打印机盒预印包装箱，以前看到的是画面的高反差、立体感、视觉冲击力。这类产品获奖更多的是对包装设计的欣赏，是对印前分色、制版的欣赏，或是对柔印工艺合理欣赏。但从"乐纯（万里挑一）"这个产品中看到的更是一线操作者的辛勤付出与工匠精神，获得评委的最高得分确实是实至名归。

"香飘飘奶茶杯托"厚卡纸包装和"雀巢产品（8 次方）"纸盒包装（见图 2）都是从胶印转为柔印的产品。柔印要像胶印，这是关键。前者由青州神工机械设备有限公司提供，后者由上海紫丹食品包装印刷有限公司提供。两个不同侧重点的行业分支，攻的是同一个市场方向，这很有意思。

图 2　"雀巢产品（8 次方）"纸盒包装

图稿设计并不在印刷企业的可控制范围。因此在"胶转柔"印刷工艺基本确定后，印刷时操作者对压力的掌控，对柔印网点完整性的追求，包含着网纹辊对印版滚筒的上墨压力控制与印版滚筒对压印滚筒的印刷压力控制，是这两个产品获得成功的必要条件。本届评审将印刷网点的完整性列入评比标准，因上墨压力过大形成的网点油墨外溢、因上墨压力过小形成的网点空心（俗称月牙形）、因印刷压力过大使圆形网点变成了椭圆、因印刷压力过小使网点虚印都属于扣分之列。该产品能在此次评审中获纸张类精品奖，说明印刷设备具备精准调节、稳定运行的功能，设备使用企业能精心用好各种装备，使之达到网点完整的要求。网点印刷的相同或类似，使柔印产品看起来像是由胶印工艺所印，"胶转柔"的工作就能持续并深入地扩展。

由深圳市英杰激光数字制版有限公司提供的"达利园—好吃点 800 g 香脆腰果饼"包装盒（见图 3）与湖北合信智能包装科技公司提供的"蒙牛纯甄 230g×10 瓶经典原味风味酸奶"预印包装箱（见图 4）产品展示了"胶转柔"的柔印质量水平。这两款产品的核心技术在印前。达利园包装盒采用了柔印的离散型网点（Esko LaMation，艾司科推出该技术时号称"惊奇"网点），制版公司在应用时按该网型的特点称其为"蚯蚓"网点。这种离散型网点克服了传统调幅网点在多色叠印时的摩尔干涉缺陷,使印刷图像更为细腻。蒙牛纯甄酸奶箱采用以细线条与大色块构图设计,由断续线条构成的图案极为精细,仅在图案的很小部位铺了一小处平网,150 lpi 的点缀,细看才能分辨出这一细节。由长短不一的线条构成的图案也没有摩尔干涉,同样十分细腻。

图 3 "达利园—好吃点 800 g 香脆腰果饼"包装盒

图 4 "蒙牛纯甄 230 g×10 瓶经典原味风味酸奶"预印包装箱

柔印同胶印的质量之争,主要在层次分辨力,层次清晰、图像细腻是比较的重点。常规的应对策略是提高网线数值,但由于柔性版受压后必然产生的弹性形变,柔印要达到胶印网点的相同水平,对柔印机、柔性版与人员操作技能必然提出更高要求。柔印多年来在同胶印的质量比拼中受挫，主要就输在这方面。但这两款产品的特点是巧用印前，在保持原有硬件不变的情况下，仅使用离散型柔印网点就能使柔印同胶印不分伯仲。离散型网点没有摩尔干涉，印刷质量更胜胶印。用印前技术来帮助柔印扬长避短，是本届展评活动带来的极大惊喜。

塑料薄膜类产品精品奖有 3 个，分别是瑞安市昶泓印刷机械有限公司、上海彩硕数码科技有限公司和西安航天华阳机电装备有限公司提供的离散型柔印网点的印刷样张（见图 5～图 7）。这批获奖产品中两个来自卫星式柔印机设备制造厂，一个来自将离散型网点 Bellissima DMS 技术引进国内市场的制版公司，没有柔印一线印刷企业。而且获奖产品不是正在批量供应市场的产品，而仅仅是试验样张。推介这样的产品，会有失公允吗？

图 5 "BOPP 高清里印展示样" 塑料薄膜

评审小组考虑过这个问题：其一，在柔印产品质量展评活动中由设备制造厂或制版厂提供优秀印刷样张不是本届首创，之前第 11 届也是这样操作的；其二，这 3 个获奖产品由不同的印刷设备与不同的操作人员完成，但都达到了很高的印刷水平，说明离散型柔印网点确实有稳定的实际表现；其三，历届评审中对产品和样张的评分有过规定，在相同得分情况下向印刷企业提供的产品倾斜，若得分差距较大，以得分高低决出胜者，本届评审中差距确实比较明显，得分高低成了唯一条件；其四，这3个产品的印刷质量确实好，不论套印精度、高光与暗调层次、实地密度等细节都很出色，因为薄膜印刷利用了OPP透明膜的反光，使样张的墨色更饱满。

图6 "Bellissima高清网点透明膜CINOVA产品"塑料薄膜

图7 "YRC81270/CINOVA卫星式柔印"塑料薄膜

这3个薄膜印刷产品采用Bellissima DMS技术，相信在薄膜印刷"凹转柔"的市场运作中会发挥有效的作用。

本届瓦楞纸箱后印的精品奖仍然落户株洲三新包装技术有限公司。"德国高级啤酒"瓦楞纸板直接印刷产品的制版线数高，网点清晰饱满，水性油墨印刷的色泽饱和度较高，没有明显的因瓦楞纸板印刷带来的"肋条"类墨痕（见图8）。同前几届获胜的因素相同，良好的设备状态与精心的人工操作，辅之以具有相当高技术含量的柔性版制作与水性油墨应用，使这一奖项同株洲三新结缘已久。衷心希望株洲三新能永葆先进，当然也希望它遇到竞争对手。

图 8　"德国高级啤酒"瓦楞纸板直接印刷产品

图 9　"力士沉醉星河沐浴露"收缩膜标签

标签产品集中了柔印工艺的高端技术，单位面积小但技术含量高，企业盈利空间较大。本届标签柔印精品奖由上海正伟印刷有限公司与苏州江天包装彩印有限公司分获。上海正伟印刷有限公司提供的是"力士沉醉星河沐浴露"收缩膜标签（图9）。从整个画面分析，该产品采用品红与天蓝分别构成两个色群，互相缠绕，互相浸润，柔和是其特点，有一种难以言说的朦胧美。冷烫银构成星河，星星闪烁更显露了星空的深邃与神秘。其实该收缩套标之前使用的工艺并不是柔印，而是数字印刷。2020年亚洲标签大奖赛上该产品曾获评委最高分，但因终端用户提出因疫情原因该产品还未公开上市，尚需保密，从而痛失全场印制大奖。因为标签设计得好，数字印刷的品质也好，所以商品上市后得到了丰厚的回报。因产能与成本因素，原有的数字工艺遭遇瓶颈，柔印以其质量、成本与产能的一贯优势接盘，以柔印调幅网仿真数字调频网，印刷质量几可乱真。现在市场上的该款商品收缩套标的工艺就是柔印，而不再是初闯市场时的数字印刷。

图10 "多芬滋养美肤沐浴乳"不干胶标签

苏州江天包装彩印有限公司提供的"多芬滋养美肤沐浴乳"不干胶标签（见图10），画面干净简洁，冷烫金构成的标志呈现了点睛一笔。该产品技术难点在浅浅的一抹阴影，175 lpi 网点渐变到零，不能有硬口，更不能有网点的跳阶。柔印标签现在常用 175 lpi 圆形传统调幅网点，以前这种胶印领衔的渐变到零的技术难题现在都由柔印接盘。机组式柔印机自从配置了滚枕结构以后，原来由机长掌控的齿轮节圆精密调节，在设立了调节限位后，普通机长都能胜任。柔印的整体质量水平已有明显提高，像类似产品所需要的这种高质量不再是柔印工艺的拦路虎。

值得关注的是本届新设立的技术创新奖，有 3 个单位获奖：东莞市润丽华实业有限公司、厦门市燕达斯工贸有限公司和东莞市中惠柔版科技有限公司。获奖产品都使用水性油墨，有传统的纸张柔印，也有这几年的新产品薄膜柔印。能使用符合国家环境标志产品技术要求的水性油墨是柔印取信于终端用户和广大消费者的基本保证。

2017 年原国家环保部要严控印刷油墨的 VOCs 排放，中国印协柔印分会主动请战，全力支持原环保部提出的油墨中溶剂含量不超过 5% 的指标，支持从源头替代入手，力争水性油墨废气直排。以源头替代为主解决印刷过程中的 VOCs 排放，利国利民，也利企业。柔印分会曾就控制油墨中溶剂含量不超过 5% 就可以废气直排提供了一种算法。生态环境部相关部门的领导在听取协会意见后，在环大气〔2019〕53 号文件中明确规定只要排放稳定达标，就允许不安装末端处理装置，对无组织排放收集处理的限值也放宽到溶剂含量 10%。因此，企业应该用好水性油墨，用好国家给印刷行业的政策许可。本届技术创新奖旨在对水性油墨技术着重推介。

由东莞中惠柔版科技制版、广东品龙精工机器公司印刷的"香约蜂蜜果茶"瓦楞包装箱（见图11）是一款瓦楞纸板直接印刷产品，采用 110 lpi 印版和 600 lpi 网纹辊。该产品的技术难点在于大面积的绿底与小面积的绿色塑杯套标同色展现。瓦楞纸箱的成本不允许绿色分开制版，因此在同样 600 lpi 网纹辊供应的墨量下，大面积底色要均匀平服，小面积套标绿色要有层次，这对柔印机械的精准调节要有特殊要求。设备的精密与操作的精准，是这款技术创新奖的立意所在。

图 11 "香约蜂蜜果茶"瓦楞包装箱

东莞市润丽华实业公司提供的薄膜类产品中面积最大的"PE 膜"与在西安航天华阳卫星式柔印机上印刷的"透气膜"水性油墨样张分别见图 12 和图 13。前者采用 1000 lpi 网纹辊，250～300 米/分车速，烘箱温度 65～70℃。这说明该水性油墨的成膜温度并不高，柔印机上只要采用与溶剂型油墨相同的干燥功率，就能成功干燥薄膜水性油墨。这打消了不少印刷企业关于使用水性油墨比使用溶剂型油墨更耗能的顾虑，是业界使用薄膜水性油墨难得的成功经验。

图 12 "PE 膜"印刷产品

图 13 "透气膜"水性油墨样张

有必要指出这款桌布印刷产品的技术含量：桌布很大，整个图案边缘只有 2～3 毫米空白，没有找到套印十字线或装版点。究竟是在桌布幅面外原有十字线已被分切掉，还是装版点隐藏在桌布图案中，评审时间有限，无法仔细寻找并判断之，只能用高倍电子放大镜观察图案边缘的叠色细节，两色相叠处出现的误差很小。这款产品使用的是广东欧格精机科技公司生产的卫星式柔印机，套印精准度由此可见一斑。此类产品的印刷难度并不是很高，采用平网和线条，但印量很大。装饰性产品是柔印市场应用的一个重要方面。这很像本届获奖的出口餐巾纸水性油墨印刷产品，按国外用户的审美爱好而设计。这些应用类产品是柔印市场的重要领域，不能以其没有高精尖的技术而轻视之。

"透气膜"水性油墨样张的版面设计原本是适用于溶剂型油墨印刷的，但现在使用的是水性油墨。从印刷网点细节已经很难辨别究竟是溶剂型油墨印刷还是水性油墨印刷，这是柔印水性油墨应用的突破。这说明柔印在采用水性油墨取代原先的溶剂型油墨工艺时，印版上没有多大变化，不会增加额外成本。由于担心水性油墨的稳定性，柔印在卫生包装领域长期使用溶剂型油墨工艺，有些企业甚至至今还不惜使用溶剂型油墨的末端排放处理。这一案例应该可以使这些企业有所触动。

厦门燕达斯工贸公司提供的"无纺布印刷"产品（见图 14）也获得此次技

术创新奖。产品呈长方形，宽度并不宽，外形尺寸极像口罩的外层无纺布。经了解，该产品采用的就是口罩用料，当口罩已成为防疫的常用品，口罩外膜的印刷与装饰就成了市场必需。这是柔印直接参与防疫抗疫的很好例证。疫情发生以来，国内柔印界很早就在各地政府指导下投入防疫抗疫工作。上海美迪科公司迅速转产医护人员急需的防护服，获得上海市政府的嘉奖，表面整饰采用的就是柔印工艺。如果仅就色块、线条乃至水性油墨涂布质量而言，此类产品是很难列入柔印质量评审范畴的，但燕达斯采用润丽华水性油墨在口罩外膜上的印刷，印刷网点清晰、饱满，层次丰富，真实还原了原设计，获得本届新设立的技术创新奖当之无愧。

图 14 "无纺布印刷"产品

二、柔性版离散型网点的市场需求

本届纸张和薄膜柔印精品奖中有好几个产品都采用了离散型网点新技术。从产品参数表看，因为离散型网点没有多色叠印时的摩尔干涉，所以显得特别细腻，相当于传统的 325 lpi 印刷。当然，325 lpi 这个数值是值得商榷的，但胶印可达到 300 lpi，各色叠印时的摩尔干涉条纹特别细，以至于看不出，这个效果是看得到的，因此"相当于"这个说法有可信性。

胶印调频网也没有摩尔干涉，也显得细腻，但胶印调频网重复印刷时难度大，还原性不易掌控，这种技术一般只用于出版印刷，印一些较少重复印制的画册、画报，很少用于包装印刷。因此采用离散型网点，仅强调没有摩尔干涉因而十分细腻是不够的，必须实证该技术不同于调频网，用于包装印刷时不存在还原困难。柔印离散型网点技术，不论是 Esko LaMation 还是 Bellissima DMS，都需要与胶印调频网技术作有效切割。

仔细观察一下这两种离散型网点，可以注意到其色调空间的网点变化。Bellissima DMS 的网点，从高光向中间调转换时网点面积变大，基本的细胞单元变粗。Esko LaMation 的网点在该区域的点数增多，一个方向上的 3～4 个点逐步连成了线，被制版公司形象地称为"蚯蚓"，很传神。网点面积增大了，从高光向中间调的延伸，网点面积逐步增大，这同调频网是不一样的。这个特点同柔印的网纹辊配置关系很大，应高度关注。

柔印网纹辊配置规则中，强调印版的最小网点直径不小于网纹辊网穴开口直径，用多精细的印版就需要配多高线数的网纹辊，为的是不让细小网点误塞进网纹辊网穴中，拔出时带出的油墨粘在印版上造成堵版。离散型网点使基本的细胞单元变粗，使网点面积增大，尤其是一些线条似的网点被网纹辊上的网墙阻挡住，使印版网点不容易误塞进网纹辊网穴中，这对柔印提高质量、降低损耗是一个利好。当然，由于对离散型网点知之不多，即使发生堵版，操作人员肉眼也不能马上分辨出。这有点像艾司科水晶网点的作用，即使堵版也不容易被觉察。用户不易察觉，柔印也不用经常停机擦版了。

这个特点对采用卫星式机型的柔印用户太有诱惑力了。卫星式柔印机由于采用中心压印滚筒结构，承印材料紧贴在中心压印滚筒表面，同中心压印滚筒同步运行，几乎没有速度差。这种结构使卫星式柔印机相邻色组之间的承印材料张力差近似为零，即使采用传统的齿轮传动，卫星式机型的套准精度也很高。当采用伺服驱动以后，套印精度又提升了一个台阶。

但是该机型有一个缺陷，由于滚筒直径大，环绕滚筒四周分布的各色组间的干燥装置会使滚筒的表面温度上升，上升温度 ΔT 会使大直径的钢质滚筒表面膨胀，从而缩小了印版滚筒与压印滚筒之间的距离，使印刷压力增大。业界解决这个问题的措施很多，有控制滚筒内的水温来替代控制钢辊表面温度的，也有直接在滚筒表面用温度传感器监控调节的,还有通过提高中心滚筒内部初始水温来降低 ΔT 使金属体膨胀总量减小的,更有采用 CCD 相机检测印刷压力的标志,再通过伺服驱动使印刷单元后退来达到稳定印刷压力的。这些措施有的有效,有的无效。但有效措施中制造成本会明显上升,尤其是印刷压力负反馈的自动调整价格要高许多。当然更多的是不作为,印版 175 lpi 不行则用 150 lpi,再不行就用 20 多年前的 133 lpi,只要印刷过程中不因印刷压力增大而形成堵版,宁愿牺牲图像层次,甚至退到 120 lpi 或 110 lpi。20 多年来,国内薄膜柔印采取的基本就是这一对策。

　　机组式机型也有自己的软肋。虽然机组式柔印机印刷单元采用滚枕结构后,印刷压力调节的精确性与稳定性有了长足的进步,但有些设备制造商并没有真正掌握滚枕机构的核心算法。滚枕直径误差太大,有些部位必须要负公差,但加工后的零件却成了正负公差,空有滚枕外形,而无法确保压力调节时不会因误操作使印版沾上多余的油墨。设备上的短板使柔印在解决堵版故障、提高印版网线数、达到凹印或胶印相同的层次分辨力方面总是力不从心。除了个别企业能掌握核心技术,在"凹转柔"课题上进步较快外,柔印业界总体水平同凹印还存在明显差距。

　　但是本届柔印参评产品展示了一条新的解决路径,采用离散型网点,不再有网线数限制,图像没有摩尔干涉,视觉上不比凹印 175 lpi 差。即使印刷过程中遇到堵版,也不用停机擦版,轻微故障甚至令人很难察觉。在印刷的层次分辨力方面,"胶转柔"已经看到成果,"凹转柔"离目标也不远了。

三、具有重大进步意义的柔性版自我清洁功能

　　图 15 是一款获得纸张柔印佳作奖的产品,提供产品的单位是绍兴芙兰柯印刷科技有限公司。产品画面并不出挑,因为这是为《儿童时代》与《365 夜儿歌》设计的封面。出版社现在对儿童读物的环保要求高于印刷精美度,设计上反而没有太大讲究,画面上缺乏震撼力,评审时得分并不是很高。但是该产品采用 133 lpi,最小网点 1%,采用 700 lpi 网纹辊,而且所用印刷机已工作多年,并没有滚

枕机构，完全凭机长的操作习惯与技能掌控。按网点直径计算，133 lpi 印版的 1% 网点直径是 22 微米，700 lpi 网纹辊的网穴开口直径是 33μm，小网点完全可能塞入网纹辊网穴，印版会沾上多余的油墨。但是用 200 倍电子放大镜对小网点进行观测，没有发现此类故障。这令人惊奇。

图 15　《儿童时代》《365 夜儿歌》出版物封面水洗液态版产品

柔印堵版时，油墨粘在印版上，需要仔细清刷才能去除。而且堵版时，印版网点上的油墨在转印过程中已被承印材料擦去，需要停机擦版的其实是印版上相邻网点间不着墨的凹陷区。凹陷区原本不该着墨，但由于印刷压力增大使网点坍塌，或小网点塞进网穴而带出油墨，印版网点的斜坡面沾上油墨黏附在凹陷区，积少成多，最终填平沟壑，本不该相连的网点形成多余的墨点。

该产品没有出现这个故障，说明沾在斜坡上的油墨没有黏附在印版的沟壑之间，而是形成水珠状的墨滴，随着版滚筒的旋转，油墨又顺着坡度流到网点顶部，即着墨区。关注多余油墨不黏附在印版网点间的凹陷区，这个课题其实业界一直在研究，比如用四氯乙烯与正丁醇混合溶剂洗版的一般工艺配比是 3∶1，要经常用比重计测量洗版溶液，当比重超过 1.33 时要添加四氯乙烯，使之回到原有比重。

当然洗版机毛刷必须时时保持正常状态，不论是采用平刷还是滚刷。

洗版的质量控制要点是使小网点洗出，网点之间不粘连。但当时还没有注意到网点间凹陷区的平整与光滑，知识与经验还不够。有些制版单位将溶剂混合比例调整到 4∶1，这就体现出洗版溶剂溶解性的无比重要了。柔性版经 UV 固化后的区域硬度很高，毛刷在其上基本不留痕迹；但未固化部分，即需要在溶剂溶解性作用下被刷去的部分，硬度并不高，毛刷极易留下痕迹。

根据界面分析与界面匹配理论，这种痕迹会增加区域表面能。当表面能大于油墨表面张力，油墨会牢牢粘在印版这一区域，根本甩不掉，除非停机用毛刷刷除。因此业界长期以来一直在关注洗版溶剂溶解性与毛刷的匹配问题，一直努力避免印版不着墨区域过于粗糙。

由于印版非着墨区过于粗糙而影响了新技术推广的，橡皮布激光雕刻技术就是一例。表面上看，该技术是受激光雕刻产能较低的拖累。其实若测定一下该技术雕刻的柔性版，因激光逐点烧灼的原因，非着墨区的表面能比着墨区要高出 6 达因。而采用能达到清洁转印的某款水洗版，非着墨区比着墨区仅高 2 达因。这个数据其实是印版对柔印机误操作沾上油墨的宽容度，这对印刷企业是十分重要的。

按此推论，最合适的柔性版应该是复合版，即形成底基的树脂与形成面层的树脂要具有不同的表面能。工艺上的改革不难，原先单层流延 T 模改成多层，但成本会明显上升。业界能否接受价格上升，还是未知数。此次获奖产品采用的是水洗液态版，不是高价格的复合树脂版。经测定，印版着墨区与非着墨区的表面能基本相等。由于印版表面实施了 CAP 技术，着墨区的表面能还高于非着墨区，这正是复合版想要达到的功能。该制版技术已挣脱了液态版原先只能做 3.94 mm 厚版的羁绊，将产品适应性从瓦楞纸板印刷扩展到 1.7 毫米的薄版印刷，涵盖不同厚度的纸张印刷，并正在向薄膜印刷领域摸索迈进。

绍兴芙兰柯印刷科技公司的这款产品使柔性版具有了自我清洁功能，这比柔性版的清洁转印在技术上又进了一步。柔印界沿着这条路继续走下去，并同柔印机的控制齿轮节圆技术相结合，柔印工艺的智能化前景可期。

四、柔印薄膜水性油墨应用的市场突破

本届参评产品大多数采用水性油墨印刷。柔印在纸张印刷上采用水性油墨本不待言，标签常规采用的是 UV 油墨，薄膜基本上还在使用溶剂型油墨。在柔印领域，目前还没有达到国家环境标志产品技术要求的细分领域已经不多了。

柔印采用薄膜水性油墨突破复合软包装领域是柔印产业链下一步的重点工作。要做好这一工作，必须要搞清楚水性油墨的成膜理论，搞清楚水性油墨的成膜温度与成膜时间，搞清楚控制水性油墨印刷品水分残留的现实意义。

业界可能会疑惑：在纸张印刷上已经用了这么多年水性油墨，好像也没有感到使用水性油墨前还需要了解这些东西，是不是小题大做？水性油墨在纸张上印刷，纸张的渗透吸收功能对水性油墨在承印材料上的帮助干燥起到了非常重要的作用。

但薄膜没有渗透吸收功能，水性油墨干燥过程缺乏这一助力，不能一味添加溶剂助干。水性油墨中的溶剂添多了，水性油墨就不再是水性油墨了。搞清楚这些问题，将有助于业界在不增加干燥功率的基础上用好水性油墨。"使用水性油墨会增加印刷过程中的能耗。"这种认识是错误的。

水性油墨在薄膜上成膜一般需要四个阶段：水性油墨的溶液与乳液共存，水分挥发使乳液颗粒靠拢集中，乳液树脂交联，交联树脂形成墨膜。纸张印刷时，承印材料具有渗透吸收功能，四个阶段中的前三个阶段同纸张的渗透吸收同步进行，并没有感觉到前三个阶段的重要。当水性油墨干燥不再具有渗透吸收这一基本条件以后，使用水性乳液树脂体系的薄膜水性油墨就需要明确水性油墨的成膜温度与成膜时间两个重要参数。成膜温度与乳液体系的树脂特性和配比有关，成膜时间与水性油墨固含量、水性乳液树脂的释水性能有关。

柔印工艺依据水性油墨成膜温度决定印刷机上的干燥温度设定，依据水性油墨成膜时间决定印刷品下机后是否需要增加熟成工序。不同水性油墨的这两个参数存在很大不同，印刷厂在实际应用时，需要事先做好技术准备。不能用溶剂型油墨成膜的概念即墨膜堆积、溶剂脱出而固化成膜来理解水性油墨。成膜原理不

同，干燥方法也不同。

水性油墨成膜时间同其在薄膜上成膜后的水分含量关系很大，该参数同后续工艺比如无溶剂复合的剥离强度有着密切关系。目前水性油墨印刷品在无溶剂复合工序经常遇到剥离强度不稳定的情况，与没有很好掌握这一参数是有关系的。

本届技术创新奖所用的薄膜水性油墨，在 65～70 ℃ 的干燥环境下，印刷速度能达到 250～300 米/分，说明该水性油墨的成膜温度并不高，这是业界所需要的。水性油墨在表印领域已能正常应用，适应性很好，笔者衷心希望在里印领域也能有所突破，在复合软包装领域发挥作用。

在此有必要提出水性油墨的色浓度问题。水性油墨的色浓度可以超过溶剂型油墨，水性油墨中的颜料比例可以比溶剂型油墨颜料比例更高。因为溶剂型油墨颜料比例受限于颜基比，而水性油墨不受此限，所以水性油墨的颜色密度可以做得比溶剂型油墨高许多。"凹转柔"项目所需要的是使柔印在层次分辨力与色泽饱和度上同时超过凹印，这是一个坚实基础。试想，如果在薄膜印刷上采用离散型网点，不论 Esko LaMation 或 Bellissima DMS，并采用高色浓度水性油墨，"凹转柔"在工艺上还有不可克服的困难吗？

五、柔印与数字印刷主动对接开创了柔印市场的新领域

获得标签柔印精品奖的收缩套标，表面上看，这表明当数字产能跟不上市场需求时，柔印可以来应急。但细究发现，该案例其实揭示了柔印产品值得重视的一个新领域。

毋庸讳言，不用印版的数字印刷甚至不用调油墨，这种印刷方式基本上靠流程指挥，印刷过程很轻松，很干净，很受年轻人喜爱。包装设计师也很喜欢数字印刷，设计师构思验证就像使用电脑打印机一样，试错的成本同传统包装印刷相比要小很多，因此用来快速而低成本地探索市场反应。数字印刷确实是个好东西。

然而，数字印刷方式的静电成像与喷墨两种工艺路径差别很大，印刷后的效果也有不同。国内印刷界至今还没有统一的数字印刷质量标准，这对该工艺的深

入和推广风险很大。数字印刷所依赖的喷头技术目前还主要被国外企业所控制，这意味着价格高企的现状不会马上改观。成本、质量与产能是数字印刷的软肋。

柔印产业链要承认自己与数字印刷相比所存在的差距，要针对数字印刷的软肋主动出击。柔印与数字印刷的主动对接是一个重要的市场发展方向。按照包装印刷的一般流程而言，数字打样客户确认后用传统印刷完成订单，这就是对接，获奖的那款产品走的似乎就是这条路。然而由于数字打样时有些采用调频网，有些采用调幅网，柔印对接时一般都采用调幅网，因此怎样使调幅网同调频网相似，使传统印刷可以"仿冒"数字打样乃至乱真，这就蕴含了极高的技术含量。数字打样或数字印刷在初闯市场时，就有意识地为传统柔印的接盘预留下空间，出新时的数字印刷不是越精细越好，而是要能同传统柔印越像越好。这个构思与准备就能应对市场出新靠数字印刷、成本产能靠柔印的目标。标签柔印目前就亟须树立起这个观念，与数字印刷共同发展。

六、柔印发展趋势初探

综上所述，从本届获奖产品探索国内柔印的发展趋势，可以清晰地看到柔印的绿色化与智能化条件已一步一步在成熟，产品质量有很大提升。

水性油墨技术是柔印继续保持环保属性持续发展的有力条件，不论是 VOCs 排放还是碳排放，水性油墨技术始终与潮流同行。柔性版的自我清洁功能使柔印可以有效节省一线劳动力，在柔印少人化、自动化的路上快跑。当设备改善暂时遭遇瓶颈，印前技术已能有效加以弥补。至于为机台配置自动运输线以节约人力成本更不是难事，ERP、MIS 基本技术都已成熟。柔印绿色化、智能化前景可期，前途光明，必将迎来更大的发展。

第四部分
行业典型案例篇

在我国印刷行业智能化、绿色化、数字化、融合化的发展趋势下，柔性版印刷领域得以提升加速，柔印的应用范围继续扩大。虽然2021年仍受疫情的严重影响，印刷行业市场竞争加剧和原材料及人力成本的高涨，但柔性版印刷企业不断在技术工艺创新、包装材料和产品线拓展、绿色与可持续性发展、全自动高速智能化生产线、两化融合和数字化转型等方面深挖潜力，在市场拓展和降本增效方面形成了突出特色。

"行业典型案例"部分遴选了部分具有代表性的柔性版印刷企业作为案例解析。其中有深挖凹印转柔印质量和效益提升的创新型软包装生产企业，有使用全自动柔印生产线制造纸质无菌包装的食品包装企业，有成功走出创新、环保和数字化转型之路的新型瓦楞纸箱包装企业，有通过柔印组合印刷技术推动企业生产两化融合的智能标签印刷企业，还有在包装材料创新和可持续发展方面成绩斐然的芬兰柔印软包装公司等。此外，还新增了2021—2022年美国FTA柔印大奖赛获奖案例选评，希望业内同人能够从中得到有益的借鉴，进一步推动柔性版印刷领域的高质量发展。

"行业典型案例"部分受限于时间紧迫和编者水平等原因，这些案例在行业内的代表性可能存在一定的局限，不妥之处敬请谅解。

软包装凹转柔助力质量和效益提升

一、一家创新型软包装生产商

上海紫泉标签有限公司（以下简称上海紫泉）隶属于上海紫江集团，是目前国内规模领先的专业标签制造商之一。公司主要生产各类热收缩标签、绕贴标签、高透明 PE 热收缩彩膜和 PE 卫生巾包袋等产品，年产各类标签 260 亿张、PE 热收缩膜 8500 吨、PE 卫生包袋 2 亿只。公司注重管理和技术创新，通过 ISO9001：2015 质量体系认证，又先后实施了 ERP、6S、SOP、TPM、平衡计分卡、精益生产等先进管理方法。公司拥有"上海市企业技术中心"，具备雄厚的技术研发实力，是上海市创新型企业。公司在行业中有很好的口碑，拥有遍布全国各地的 400 多家客户，多年来同可口可乐、百事可乐、宝洁、金佰利、达能、农夫、怡宝、百威、青岛啤酒、元气森林等许多国内外知名品牌企业建立了良好的合作关系。

二、公司柔印发展历程

上海紫泉起初引进了一台意大利 UTECO 宽幅柔性版 8 色印刷机，1998 年进行 PE 薄膜柔性版印刷工艺测试和相关验证，开启紫泉软包装柔印探索之路，如今已有 24 年的柔印发展历史。公司软包装柔印业务达 1.8 亿元，柔印产品类别扩展到 PE 卫生巾包袋、PE 热收缩彩膜、复合类软包装、PET 收缩标签、OPP 绕贴标签等，生产的柔印产品在中国印刷技术协会柔性版印刷分会组织的柔印产品质量展评活动中，累计获得精品奖、优秀奖、佳作奖 30 多项。

1998—2001 年是薄膜柔印在国内软包装市场的摸索期，属于起步打基础阶段。上海紫泉面对的困难很大，可借鉴的薄膜柔印工艺经验太少，原辅材料配套不完整，印前方案较单一，柔性版制版技术停留在传统胶片制版阶段，品牌客户对柔印效果不认可。上海紫泉的技术工程师和生产人员付出了很大努力去探索柔印工艺和印刷质量控制，为后续的工艺创新和产品升级打下了扎实基础。这一时期公司的主要柔印产品是 PE 卷筒纸包袋和部分卫生巾包袋。

2002—2008 年是公司柔印技术创新期和柔印软包装的市场推广期。上海紫泉增加了一台进口 8 色宽幅柔印机，柔印产品开始丰富起来。柔性版新技术率先有所突破，紫泉抓住机会开展系统印刷测试，经过印品评估和数据分析，重新定义印版需求，如版材、加网线数、最小网点、浮雕、线条文字等。印前制作和分色方案针对产品特点而制定，比如专色参与图像拓宽色域，图像参与背景色相互融合补充密度，留下不少经典分色案例；印刷工艺形成适合自身硬件配套模式，积累沉淀一些印刷印前小方法、小技巧，到今天还被同行模仿应用，部分产品批量化达到 133lpi 的加网线数。这一时期公司的主要柔印产品是 PE 热收缩彩膜和 PE 卫生巾包袋，代表性产品是强生公司"娇爽"系列卫生巾包袋和可口可乐易拉罐 PE 热收缩彩膜。

2009—2018 年是公司柔性版印前和印刷持续创新和市场份额增长期。上海紫泉再增加一台进口 10 色宽幅柔印机、W&H 三层共挤吹膜机、多台欧式制袋机。柔印的印刷机、整体配套、油墨、制版新技术迭代推出，品牌商对柔印效果和质量要求也在提高。国内外几家印刷大厂陆续投资柔印，主做软包装产品，这对柔印软包装发展是好事，可以促进柔印整体水平提高并形成力量。上海紫泉做柔印"不再孤单，不用孤军奋战，不用一个人走夜路，终于有些可以吵吵闹闹地结伴前行"。在这一阶段，上海紫泉快速完成高清网点（见图1）、微穴技术（见图2）、主流平顶网点新技术评估验证，并成功导入柔印产品，印前标准化基本完成，大幅提升了印刷效果和印刷质量，部分 150lpi 和 175lpi 的高精度柔印产品批量生产。PE 热收缩彩膜业务稳步增长，欧式袋业务大幅提高，代表产品是宝洁包装。

图 1　高清技术早期印品　　　　　　图 2　微穴技术印品

2019—2022 年是上海紫泉的柔印产品类型转型期，公司增加部分复合软包装产品和 PET 收缩标签产品，寻找软包装和标签新业务，印刷设备没有新投入。研发部门围绕 Bellissima 制版新技术展开研究，"量身定做"印前印刷工艺，又在国内首次将该技术应用在高附加值 PE 欧式袋产品上，显著提升了印刷精美度，印刷质量的稳定性尚需长期跟踪。这一时期公司更重视印刷效率的提升和综合成本的下降，印刷质量标准化控制是研究重点，代表产品是金佰利各式包装。

三、软包装凹转柔实施要点

首先分析凹转柔产品类型和特点。不同的产品类型，对应不同的产品需求和标准、制造工序以及质量要求。不同的产品特点又与印刷设备及配套、承印基材、油墨及溶剂、印前和色彩策略、柔性版技术筛选、印刷工艺等因素相互关联。因此凹转柔产品最好分类对待，这样有助于提高印刷工艺转换的成功率和质量。上海紫泉公司的凹转柔产品对比分析如表 1 所示。表中 4 类产品分类进行凹转柔时应关注以下重点。

1. 单层 PE 卫生巾包袋类产品

该类产品袋型的供货方式多样，包括中式小底封袋、中式大底封袋、欧式袋、提手袋、异型袋、卷状、卷筒状等。其中，中式小底封袋广泛应用于卫生巾包装。根据内容物的大小和排列的多样性，系列小包袋往往需要匹配较多组印刷套筒，这里优先考虑套筒重复周长覆盖全系列包袋尺寸还原、周向多拼均分、错位拼版工艺。大底封袋要考虑包装后折角和边线的墨膜耐性，需要增加透明光油涂层保护。

表 1 凹转柔产品类型和特点

产品类型	产品特点			
	尺寸精度与套筒	色彩还原	墨膜耐性	客户应用
单层PE卫生巾包袋类	1. 尺寸偏差要求宽，拼版灵活；2. 套筒重复周长需多样性；3. 部分大欧式袋应考虑最大幅宽	1. 追样要求较高，图像还原精度较高；2. 专色较多；3. 一般有大面积背景色	1. 平面耐摩擦要求；2. 包装后棱角线耐摩擦是难点；3. 浅专色耐晒性；4. 金银色	1. 高速走机顺畅；2. 热封强度；3. 包袋抗粘连；4. 不掉色、不褪色
PE热收缩彩膜类	1. 尺寸偏差要求宽；2. 注意最大套筒配置	1. 追样要求一般，图像加网线数不高；2. 往往一个产品单元含对称图案	1. 底白遮盖力；2. 耐水揉搓性；3. 耐晒性；4. 收缩成型后墨膜拉伸变形	1. 自动走机顺畅；2. 抗静电干扰；3. 收缩美观、包装稳固
收缩标签类	1. 尺寸偏差小；2. 一般定制套筒	1. 追样要求较高，往往多图、高密度背景色（含阴字）、多专色；2. 拼版总数多，多色套印难度大	1. 涉及油墨体系导入；2. 耐摩擦、耐晒、耐刮擦、耐皮脂；3. 部分基材油墨附着力较差	1. 高速套标顺畅；2. 外观美观；3. 不褪色
复合软包装类	根据承印基材刚性和成品尺寸偏差范围	1. 追样要求较高；2. 承印基材多样性和复合要求，增加色彩管理难度	1. 涉及油墨体系导入；2. 耐晒性；3. 剥离强度和复合外观	1. 走机顺畅；2. 包装定位准确

欧式袋主要应用于婴儿尿片尿裤包袋，包袋展开宽度尺寸较大，需同时考虑印刷机最大加工幅宽和套筒重复周长。值得注意的是，PE欧式袋存在图案错位偏差问题，与PE薄膜特性、制版横向纵向底图变形率、印刷张力、制袋控制等

因素密切相关。

2. PE 热收缩彩膜类产品

根据内容物的包装瓶罐尺寸和组合特点，一般 18 套印刷套筒可以满足多数 PE 热收缩彩膜的尺寸还原要求。印刷幅宽一般不是问题，主要考虑大包装 PE 彩膜，如 12×1.25L、24×550mL 包装需要匹配大重复周长套筒，最小网点要满足印刷工艺，避免燥版时丢失网点。墨膜的耐性要满足耐晒、耐摩擦、耐水、耐揉搓等要求。

3. 收缩标签类产品

收缩标签类代表产品包括可口可乐 OPP 乳白绕贴标签、百事食品桂格 PET 收缩标签等。这些产品的基材刚性高且标签尺寸要求高，偏差一般在 ±0.5 毫米。相对 PE 薄膜，收缩标签类产品在印刷张力的作用下，印刷尺寸变化很小，经过材料对比和印刷测试，往往需要定制专用套筒满足尺寸高精度还原。此外，该类标签多属于高密度、多专色、多图产品，凹转柔效果还原难度较大，多拼套色要求高。

4. 软包装复合类产品

软包装复合类产品的复合基材类型和厚度组合多样，对剥离强度、复合外观、色彩管控有一定要求。涉及新油墨体系导入，需要进行色彩管理和复合验证。其中 PE 透明拉丝膜复合 PE 乳白膜包袋，总厚度 90～120 微米，复合和制袋工序也是质量管控重点。

上海紫泉的凹转柔代表产品如图 3～图 6 所示。图 3 "嘘嘘乐" PE 小底封袋是十几年前一个 PE 卫生包装老品，其余是近三年转为柔印产品代表，产品类型涉及 PE 包袋、PE 热收缩彩膜、PET 标签、PE 复合包袋。

四、凹转柔产品工艺评审流程

1. 产品调研及价值评估

产品调研及价值评估主要分为 6 点，如图 7 所示。

图3　中式小底封袋

图4　欧式袋

图5　果粒橙12瓶装重包彩膜

图6　哈尔滨啤酒6罐装PE轻量彩膜

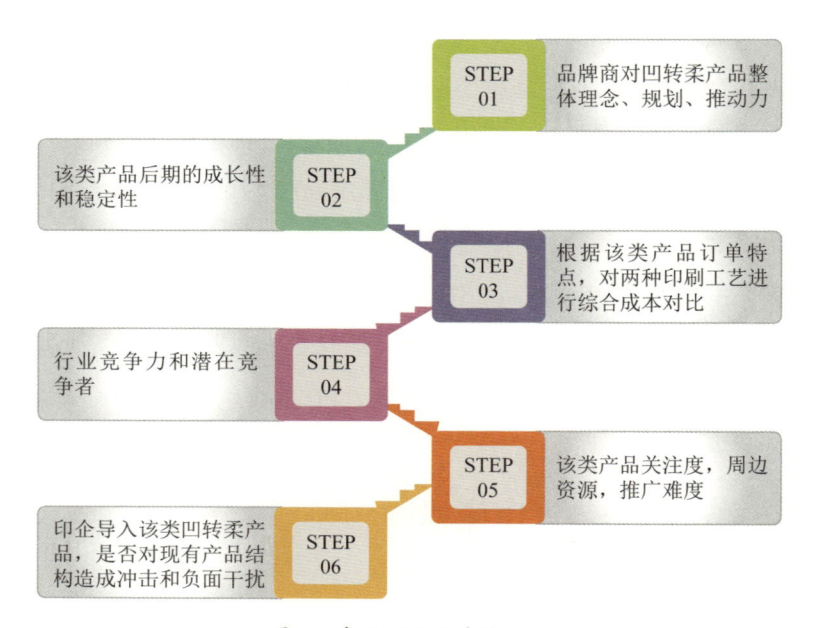

STEP 01　品牌商对凹转柔产品整体理念、规划、推动力

STEP 02　该类产品后期的成长性和稳定性

STEP 03　根据该类产品订单特点，对两种印刷工艺进行综合成本对比

STEP 04　行业竞争力和潜在竞争者

STEP 05　该类产品关注度，周边资源，推广难度

STEP 06　印企导入该类凹转柔产品，是否对现有产品结构造成冲击和负面干扰

图7　产品调研及价值评估

2. 产品匹配度

产品匹配度主要包括印刷企业的硬件资源配置、产品质量标准和质量体系。

硬件资源配置包括宽幅柔印机（幅宽、色组、套筒、网纹辊）、其他工序对应机台（吹膜机、检品机、复合机、制袋机）。柔印机的最大幅宽、色组数、套筒和网纹辊配置、干燥和自动换卷等设置应与产品要求匹配。如果在单一印刷机台加工两类产品，特别是采用不同的油墨体系，需要评估产品质量风险和印刷效率。具备多机台条件的印刷企业应早做规划，提高机台间互相替代性，考虑凹转柔产品能在多机台间实现印刷加工、颜色还原，为产品推广和内部降低成本打下基础。

产品质量标准和质量体系主要考量的是，导入的凹转柔产品能否快速制定验证产品工艺、产品标准、质量管控点，形成质量体系，如有同类凹转柔产品，就不需要复杂验证，能够快速导入。

3. 产品开发和验证

（1）印前标准化色彩管理

印前标准化色彩管理即颜色数据化、标准化，指导凹转柔产品色彩还原（追样）。关注的重点是图像中的高光、渐变和断口处理，柔印图像中 CMYK 颜色密度和色相应当匹配凹印样品中 CMYK 颜色密度和色相。此外，专色还原也是重点。

（2）印刷工艺有效性验证

要抓准各个工艺点和控制范围，如柔印产品定义最小网点 1.2%、1.6%、2.0%，在满足追样要求的同时，兼顾小网点的使用寿命；产品图案尺寸还原与印刷基材、印刷张力的关系；印刷油墨耐晒等级匹配产品耐晒要求，特别是被大量冲淡的浅色系，耐晒性大幅下降。

（3）产品技术标准与客户质量标准对接

不同凹转柔产品的标准分开制定，内容细化建议导入部分凹印产品标准和理化检验方法。

（4）客户试机

试机可分为小试、中试、批量，关注走机和包装效果，基材性能匹配、墨膜耐性和摩擦系数。

五、软包装凹转柔收益

软包装凹转柔具有很高的经济收益和社会收益。经济收益主要比较两种印刷方式的综合成本，由于产品订单类型和印厂加工能力的区别，两种印刷方式都有成功案例。而柔印更像一名"中长跑"运动员，加工中长订单可显现优势，通过平均车速高、更少的油墨溶剂消耗、低能耗、合格率去分摊订单前半程成本压力，主要包括产品换型增加的时间成本、额外的辅料和版费、设备折旧、额外网纹辊和套筒配置。达到某个临界点后，成本优势也就跑赢了。

柔印的社会收益显著体现在碳排放、资源消耗、能源消耗、包装可循环可持续方面。柔印方式同样能够完成包装和印刷的功能和作用，但消耗更少的油墨溶剂资源，部分油墨、溶剂的原料追根溯源（非石油基可循环再生），能源又大幅节约，优势十分明显。

多年来，上海紫泉公司一直坚持推进凹转柔进程，目前已经在薄膜类、标签类、复合软包装类产品的凹转柔方面积累了一定经验，产品分类更明确，产品调研更精准，成本对比更细化，企业资源在优化，开发流程更完善，在印刷工艺转换中创造了产品价值和社会价值。

践行可持续发展理念的无菌纸质包装企业

一、一家无菌纸质包装领军企业

无菌包装技术早在 20 世纪 50 年代就由瑞典人发明，并首先在乳制品行业获得广泛使用。时至今日，随着消费者健康意识的提高，液态奶和非碳酸软饮料的市场需求在逐步提升，无菌包装行业也驶入发展快车道。根据 Converged Markets 发布的报告，无菌包装市场规模预计将从 2017 年的 399 亿美元增长到 2025 年的 768 亿美元，2018—2025 年的年均复合增长率预计将达到 8.5%。并且随着技术的成熟及应用推广，无菌包装还逐渐在生物技术、酒水调味等多个不同的行业领域得到不同程度的应用。

乐美包装昆山有限公司（以下简称乐美包装）于 2009 年投资近 6 亿元建成（见图 1）。公司引入世界领先的设备和技术以及规模化的生产方式，成为全球三大拥有独立知识产权的无菌纸包装企业之一。乐美包装是集研发、生产和营销为一体的综合基地，主要致力于研发、生产和销售食品包装行业的纸质无菌包材。经过 10 多年来的发展，乐美包装已经成为无菌包装行业的领导者之一，产品和服务遍布全球 60 多个国家和地区，销量在近 5 年时间里增长了 4 倍多，乐美包装还被客户好时公司授予"卓越供应商"奖项，是第一家获得此奖项的全球包装供应商，也是亚洲区域唯一获此殊荣的供应商。

乐美包装配置有全封闭式的生产车间，采用先进的空气净化系统，并与专业的虫害防治公司合作控制虫害，取得了 FSSC22000 食品安全体系证书、GMP 认证等。公司拥有经验丰富的印前设计团队，保障客户产品达到最优的印刷效果，同时工厂拥有世界一流的全自动高速无菌包装生产流水线（包括印刷机、淋膜机、分切机及检测机等）。

图 1　乐美包装（昆山）公司

二、卫星式柔性版印刷助力企业高速发展

近年来，随着版材、制版技术、印刷设备、油墨、印刷工艺等技术的进步，柔性版印刷在符合国家环保政策和印刷业绿色发展方向的同时，产品印刷质量也得到很大提升，步入高质量印刷行列，在包装印刷市场的应用得到大幅度提升，已成为增长速度最快的印刷方式。

柔性版印刷机有卫星式、机组式、层叠式、组合式等。其中，卫星式和机组式柔印机占比较大，两者合计市场占比达到约 75%。目前，乐美包装拥有宽幅机组式柔印机和宽幅卫星式柔印机各一台，分别是 BHS 8 色机组式柔印机和 UTECO 8 色卫星式柔印机。卫星式柔印机的色组结构如图 2 所示，逆时针方向依次是 PU1 到 PU8。与机组式相比，卫星式柔印机将料带紧紧包裹在中心压印滚筒上，其印刷张力更加稳定，无须借助自动套准控制系统，套印精度高。同时，卫星式柔印机还具有结构简单、压印点之间距离短、机器结构刚性好、使用性能更稳定等优势。在引入卫星式柔印机后，乐美包装的生产效率更上一层楼，为企业飞速发展奠定基础。

图 2　UTECO 8 色卫星式柔印机的色组结构

三、改进生产工艺，弥补设备短板

拥有诸多优点的卫星式柔印机却有干燥性能差的致命缺点。由于印刷机内各色组共用一个中心烘箱，导致各色组受到的热风风量与热风速度会有巨大差异，比如接近通风口的 PU1 色组的干燥性能明显优于远离通风口的 PU4 色组。为了解决此问题，业内通常会降低设备生产速度，使纸张在色组内的干燥时间增加，因此国内大部分卫星式柔印机的生产速度局限于 300 米/分。乐美包装的技术人员通过对生产工艺的研究改进，在保证印刷质量的前提下突破瓶颈，成功将 UTECO 8 色卫星式柔印机的生产速度提高到业界罕见的最高达 550 米/分，与机组式柔印机的生产速度并驾齐驱，这大大提升了生产效率，增强了公司的市场竞争力。

然而，卫星式柔印机在高速印刷时的干燥性不足，常常会产生油墨反粘现象。这是因为上一色组油墨在转移到纸张上后，未及时干燥就进入下一色组，这时未干燥的油墨便会黏附在印版滚筒上进而转印到纸张上，出现原本不该在图文中出现的印迹。经过乐美包装技术人员的研究发现，反粘现象多半出现在前一色组为深色油墨而后一色组为浅色油墨时，尤其当后一色组为原色黄油墨时，反粘现象尤为严重。为解决这一问题，乐美包装技术人员将 Fingerprint 印刷测试柔性版在

KCMY 和 YMCK 两种不同色序下，在卫星式柔印机上分别在 300、400、500 和 550 米/分四种印刷速度下进行实验测试，对比不同生产速度下的网点增大稳定性、颜色转移和色差，希望通过改变印刷色序的办法，解决卫星式柔印机反粘现象。

1. 不同生产速度、不同色序下的网点增大

不同速度、不同色序下的网点增大如图 3 和图 4 所示。图中可见，不管是在 YMCK 色序下还是在 KCMY 色序下，不同生产速度之间的网点增大差异很小，不同色序下的网点增大差距也很小。由此可见，生产速度和色序并不影响网点增大的稳定性。

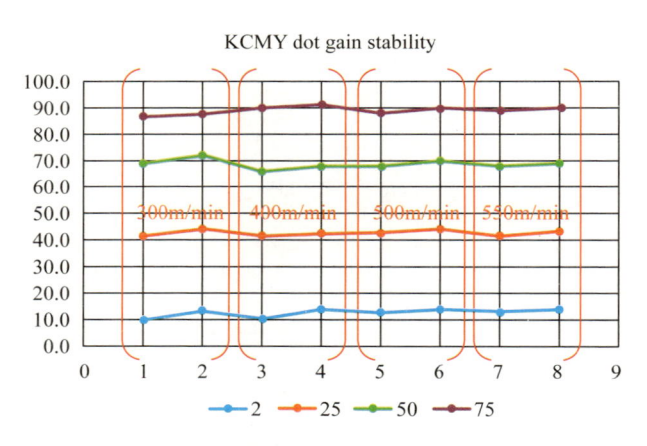

图 3　KCMY 不同速度下的网点增大稳定性

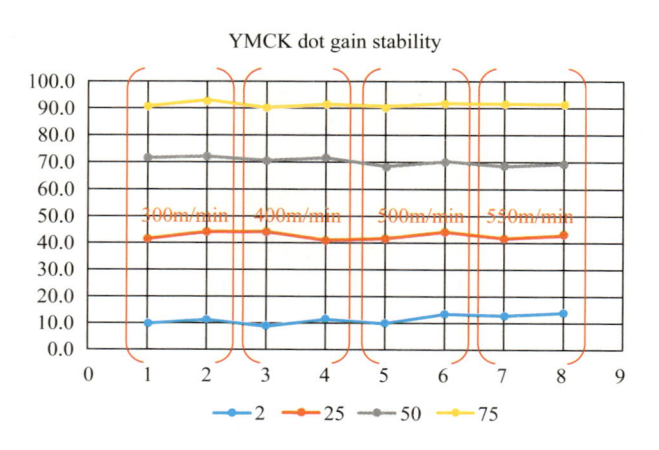

图 4　YMCK 不同速度下的网点增大稳定性

2. 不同色序下的网点增大值

在生产速度为 300 米 / 分时，不同色序下网点增大的详细数据如表 1 所示。结果显示，在生产速度为 300 米 / 分时，在 KCMY 色序的情况下，2%、25%、50% 和 75% 网点的网点增大值均在标准范围内，而在 YMCK 色序的情况下，仅有 2% 和 25% 网点的网点增大值在标准范围内，50% 和 75% 网点的网点增大值超过标准范围，这可能导致图文渐变处阶调突变、大面积平网的边缘不间断描边、图文色彩偏深等问题。

表 1　生产速度 300 米 / 分时的不同色序下网点增大数据表

色序	网点面积	最小值	最大值	目标值	√ / ×
KCMY	2%	10.8%	14.8%	12.6%±3%	√
	25%	42.0%	44.3%	41.4%±3%	√
	50%	66.3%	72.1%	68.7%±3%	√
	75%	87.0%	91.2%	88.2%±3%	√
YMCK	2%	9.6%	14.2%	12.6%±3%	√
	25%	41.0%	44.1%	41.4%±3%	√
	50%	68.9%	72.0%	68.7%±3%	×
	75%	89.7%	92.9%	88.2%±3%	×

3. 不同生产速度、不同色序下的颜色转移评估

不同生产速度、不同色序下 CMY 三色的 △ a*b* 数据如表 2、表 3 所示。从表 2 可以看出，在 KCMY 色序下，不同生产速度时，75% 和 100% 网点△ a* 的极差超出范围值；从表 3 可以看出，在 YMCK 色序下，不同生产速度时，75%、100% 网点△ a* 和 b* 的极差都超出范围值。所以，不同速度下，KCMY 和 YMCK 两种色序的浅色调区域（＜ 50% 网点）的颜色变化是在标准范围内的，而深色调区域（＞ 75% 网点）的颜色变化超过标准范围，并且 KCMY 的变化小于 YMCK。

表2　KCMY色序下不同网点CMY三色的△a*b*数据表

印刷速度	25% △a*	25% △b*	50% △a*	50% △b*	75% △a*	75% △b*	100% △a*	100% △b*
300米/分钟	3.95	4.94	2.54	4.83	3.33	7.77	-3.23	0.95
400米/分钟	3.92	5.78	2.47	3.27	5.38	6.4	-1.15	1.46
500米/分钟	4	5.67	3.76	4.09	6.93	7.28	0.32	1.89
550米/分钟	3.97	5.49	2.86	3.9	4.63	5.81	-1.67	1.57
最小值	3.92	4.94	2.47	3.27	3.33	5.81	-3.23	0.95
最大值	4	5.78	3.76	4.83	6.93	7.77	0.32	1.89
极差	0.08	0.84	1.29	1.56	3.6	1.96	3.55	0.94
标准值	2	2	2	2	2	2	2	2
√/×	√		√		×		×	

表3　YMCK色序下不同网点CMY三色的△a*b*数据表

印刷速度	25% △a*	25% △b*	50% △a*	50% △b*	75% △a*	75% △b*	100% △a*	100% △b*
300米/分钟	3.39	4.04	1	1.69	1.89	2.55	5.28	3.52
400米/分钟	2.79	3.95	0.26	2.12	2.48	3.81	4.31	9.02
500米/分钟	3.23	3.4	0.91	2.51	3.78	4.16	7.64	14.37
550米/分钟	2.7	3.98	1.62	3.29	5.17	5.71	7.51	12.59
最小值	2.7	3.4	0.26	1.69	1.89	2.55	4.31	3.52
最大值	3.39	4.04	1.62	3.29	5.17	5.71	7.64	14.37
极差	0.69	0.64	1.36	1.6	3.28	3.16	3.33	10.85
标准值	2	2	2	2	2	2	2	2
√/×	√		√		×		×	

4. 相同生产速度、不同色序下的色差区别

如表4所示，在生产速度为550米/分时，KCMY色序下25%、50%、75%

和 100% 网点处 $\triangle E_{00}$ 数据均在 1.5～2.0 范围内；在生产速度为 550 米 / 分钟时，YMCK 色序下 50% 网点的 $\triangle E_{00}$ 数据略微超标，100% 网点的 $\triangle E_{00}$ 数据明显超标。这表明 YMCK 色序下中间调和暗色调的色差偏大，KCMY 色序下各阶调的色差均在范围内。

表 4　在 550 米 / 分钟速度时不同色序不同网点 CMY 三色的 $\triangle$ E00 数据表

色序	25%	50%	75%	100%
KCMY	目标值	目标值	目标值	目标值
YMCK	1.75	2.61	1.09	15.3

根据上述数据，技术人员最终将卫星式柔印机的色序固定为 K1C3M5Y7，即四色黑放在 PU1、四色蓝放在 PU3、四色红放在 PU5、四色黄放在 PU7。这样有两个好处：一是将四色中最深的颜色四色黑与最浅的四色黄大大分开，加大干燥路径从而强化干燥性能，降低反粘现象发生的概率；二是由于四色黄油墨本身表面张力低，不易干燥，若色序放在前侧，容易导致后续颜色压在上面压不实从而出现重影现象，放在后侧便能很好地避免重影现象的发生，避免因为改善一项不良而造成另一不良现象。

通过技术人员对色序的研究分析，乐美包装的卫星式柔印机可以在保证产品质量的情况下，稳定地高速生产，在充分发挥卫星式柔印机优点的同时弥补了其不足，这是乐美包装内部重视技术实力的体现。

四、践行可持续发展理念

近年来，绿色环保、可持续发展的理念已逐步成为社会发展的共识。具有独到战略眼光的乐美包装早已通过水性柔印工艺的运用在印刷绿色化上做出布局。如今，乐美包装正在向实现产业可持续性发展的目标迈进。乐美包装正着手的可持续性领域之一是循环经济，通过资源节约和循环利用，使企业与环境和谐进步的经济发展模式。如果完全实现了循环经济，那么企业所有产品都可以实现回收再利用，企业生产出来的产品不用进入垃圾填埋场，而是通过一个闭环系统后重新使用。为了实现这个目标，乐美包装正与多家行业伙伴合作共同推进这一项目。比如与欧洲包装和环境组织（EUROPEN）和资源循环利用产业联盟与技术创新（ATCRR）进行合作、通过森林管理委员会（FSC）和森林认证体系认可计划（PEFC）的专业绿色认证、持续研究开发乐美全本色包装等可持续发展产品等。

乐美包装在产品可持续发展目标中已小有收获。已经投产的乐美包装无菌砖系列的乐美全本色包装产品是一种可持续的包装解决方案。乐美全本色包装产品（如图5所示）的碳足迹很低，设计时考虑到环保因素，产品由外部生物基聚合物涂层和非漂白纸组成，在制造和运输过程中都具有较低的碳足迹。例如，普通1L苗条包的碳排放量为64.7，乐美全本色1L苗条包仅为59。在相同规格的情况下，碳排放量下降达5.7。此外，由于使用非漂白纸，减少了化学物质的使用和自然资源的浪费，乐美全本色包装产品具有100%可回收利用率、对臭氧消耗的影响减少9%、减少生产中工业化学品的使用、对自然资源的压力减少10%以上以及碳足迹比标准产品低50%五大突破。

图5　乐美全本色包装产品

五、未来展望

目前，在疫情防控形势趋稳向好、复工复产稳步推进的大环境下，乐美包装已全面复工，大力拓展海外业务，海外订单量猛增。公司2022年5月产值超过1.6亿元，较去年同比增长40%左右。

企业生产持续发力，项目推进快马加鞭。目前，乐美包装新投资的无菌液态食品复合材料扩产项目规划方案已经由当地规建局审批完成，正处于紧锣密鼓的建设筹备期，预计2022年9月开工建设，并整合公司全球研发力量，建设世界一流研发中心。预计投产后，公司可年产无菌液态食品包装材料390亿包，年产值达69亿元，乐美包装将成为全球最大的纸塑铝复合材料生产单体工厂，乐美包装昆山新厂如图6所示。乐美包装将始终坚持以人为本、求实进取、合作共赢，持续创新的企业价值观，以关爱环境、崇尚健康、为客户提供全方位的食品包装解决方案与服务为使命，以追求成为全球食品包装行业领导者为愿景，不断努力向前发展！

图6　乐美昆山工厂规划

瓦楞纸箱包装的创新、环保与数字化转型之路

一、一家专注瓦楞纸箱包装的集团化企业

杭州秉信环保包装有限公司（以下简称秉信包装）始创于 1998 年 8 月，是一家坚持专注于瓦楞纸箱包装产业的集团化企业，同时也是一家集研发、设计、生产、销售、服务为一体，致力于为客户提供一站式包装服务解决方案的专业包装公司。

二十余载砥砺前行，秉信包装从零开始，从小到大，发展至今，现已拥有杭州、重庆、沈阳、武汉、广州、西安、淮安、郑州、哈尔滨、天津、乌鲁木齐、成都、江门共 13 个生产基地，并以每年 1～2 个据点的速度持续成长。2021 年，秉信包装营业总收入突破 50 亿元，同比增长 20%，业绩表现稳居行业前列。至 2023 年，秉信将于全国布局 16 家直属生产基地、8 个预印中心，业务范围可辐射全国大部分地区。

秉持"诚信、务实、创新"的经营理念，秉信人匠心不改，初心不变，在"成就一流纸箱包装企业"的道路上坚定前行。一路走来，秉信包装赢得了海内外众多客户信赖与支持的同时，也先后斩获了"国家级绿色工厂""国家高新技术企业""杭州市示范印刷企业""杭州市企业高新技术研发中心""浙江制造"等荣誉称号，成为行业内当仁不让的头部企业（见图 1）。

图 1　杭州秉信环保包装有限公司

二、不断创新，将纸箱创新提升到新高度

  瓦楞纸箱是现代商业和贸易中使用最广泛的包装容器，也是当今世界各国采用的重要的包装形式之一；自 1920 年瓦楞包装技术引入中国，至今已发展了 100 余年，而纸箱这一包装形式一直变化不大，主要用于商品的运输和防护。随着时代的发展，人民生活朝着更加快捷、个性化、多变的方向发展，在传统的瓦楞纸箱厂基本都处在 OEM 阶段的时候，秉信包装于 2017 年打破常规，前瞻性地提出"纸箱 2.0"创新理念，该理念以消费者为中心，注重纸箱的体验、感受、权益三大方向，从升级的角度，诠释纸箱的新应用，同时在公司内部成立包装服务组，为客户提供全方位包装服务，从 OEM 迈向了 ODM。

  "纸箱 2.0"理念下的易系列纸箱、八角纸箱和二维码纸箱等创新包装，在客户端路演和行业峰会中，受到客户和业界的认可和肯定。经过两年的发展，"纸箱 2.0"日趋成熟，为企业经营带来了新的活力，但秉信包装并未停止创新的脚步，随着经济朝着更加高效、环保、节能的方向发展，秉信包装因应改变，在"纸箱

2.0"理念之上,提出"纸箱 3.0"的升级理念,该理念在保证顾客的交期、成本、品质的前提下,提供客户"创新""环保""智能"三大增值服务(见图2)。秉信包装联合中亚机械,开发出国内首台全自动裹包八角纸箱包装机、A 式八角纸箱开箱机以及全自动蔬果托盘成型机等自动化包装设备,配合秉信创新箱型,给客户全新的体验,将纸箱的创新提升到一个新的高度。

图 2　从"纸箱 1.0"到"纸箱 3.0"的升级理念

此外,秉信包装的柔印和预印瓦楞纸箱均采用水性油墨,环保低碳,可回收。近些年来,预印发展猛进,从环保角度而言,预印比胶印更利于行业发展及保护环境,秉信包装采用预印广色域解决方案,以达到降低成本、精进品质、提升利润、保护环境的目的。

三、创新案例——八角纸箱的开发应用

八角纸箱是一种新型纸箱,相较于传统四角纸箱,在抗压能力、材料用量以及美观度上,都有很大的提升,该箱型在国外已经有了很好的应用基础,秉信通过对该箱型的研究和实验,在结构面做了进一步创新,但应用面主要的问题就是成型,由于八边形是一个不稳定的结构,靠目前国内的包装设备以及手工都很难达到成型方正的效果,而国外设备价格过于高昂,引进性价比不佳,解决八角纸箱的成型成了亟须解决的问题。

2017 年 11 月,秉信包装和中亚机械在上海 SWOP 展会上结缘,达成了合作意向,随后双方就八角纸箱开箱机开发达成共识(见图3)。经过技术攻关和不

断实验，2018年6月，全国首台A式八角开箱机开发成功，实现了A式八角的自动开箱封箱。接下来更高速度的双通道A式八角开箱机完成开发，实现了26箱/分的高速开箱，满足客户端的高效生产要求。与此同时，更加自动化的高速裹包八角箱包装线也在同步研发，2019年4月，适配创新箱型的多台八角纸箱设备正式亮相中国包装容器展，给客户提供全方位的创新体验，成为秉信包装新的发展方向（见图4）。截至目前，秉信包装的八角系列纸箱已经应用于乳品、电器、饮料、方便食品等领域，并取得八角纸箱相关专利11项，八角纸箱应用技术列入2022中国包装行业科学技术奖的提报，相信在不久的将来，该项技术会在更多领域开花结果。

图3　会议讨论 　　　　　　　图4　展位现场

四、绿色包装助力企业高质量发展

在国家"双碳"战略的背景下，绿色发展已经是企业高质量发展的重要要求。秉信包装作为纸制品包装企业，深入贯彻"环安、发展、绿色、创新"的发展理念，积极推动绿色包装。

秉信包装全面践行绿色包装，采用光伏发电实现污水处理的零排放以及整个生产过程的节能管理等，西安秉信环保包装有限公司被授予国家级"绿色工厂"称号，沈阳秉信环保包装有限公司、天津秉信包装有限公司、成都秉信环保包装有限公司被授予省级"绿色工厂"称号，杭州秉信环保包装有限公司被授予市级

"绿色工厂"称号。

2021年，国家开启快递包装绿色产品认证，秉信包装紧跟国家绿色产品认证的脚步，旗下5家工厂——广州秉信环保包装有限公司、天津秉信包装有限公司、西安秉信环保包装有限公司、郑州秉信包装有限公司、乌鲁木齐秉信环保包装有限公司获得国家首批绿色产品认证，并作为首批获证产品的企业代表于2021年6月9日参加了由市场监督管理总局联合国家邮政局共同举办的快递包装绿色产品认证推进活动。

秉信包装积极参与行业标准的制定，杭州秉信环保包装有限公司作为主要起草单位参加团体标准 T/CIC 023—2021《包装行业绿色工厂评价规范》、T/CPF 0022—2021《绿色设计产品评价技术规范 瓦楞纸板和瓦楞纸箱》的制定，并分别于 2021 年 9 月 30 日、2021 年 12 月 30 日发布实施。

秉信坚持将绿色包装的理念融入整体的生产管理，推动能源管理体系和碳核查，提高企业整体的能源效率和经济效益，目前已有5家工厂通过了能源管理体系认证，2022年全部工厂都将同步推动。2022年，4家工厂已开展碳核查，未来两年内将完成全部工厂的碳核查。秉信包装根据核查状况制定并落实节能减排方案，实现低碳战略，不断加大对绿色、低碳的重视程度，增强企业发展的内在动力，在行业中处于领先地位。

五、数字化转型

经过20多年的发展，秉信包装拥有系统的管理模式和完善的工艺流程。智能的运营系统建立了信息互通应用平台，通过ERP、MES、APS等系统完善整体数据库，并且运用系统处理印前图稿、信息采集、智能检测、数据传输系统等，应用网络和以连接数据库为基础的信息服务系统，将公司的自动化、信息化、智能化系统应用于管理、生产、研发、仓储等各个方面，覆盖公司总部及全国各事业部。

自1998年8月成立，秉信包装的工厂便陆续引进各类自动化设备，包括自动瓦楞纸板流水线、水性印刷开槽模切一体印刷机、全自动平轧机等，经过多年的发展陆续建起重庆、沈阳、武汉、新疆、广州、西安、淮安、郑州、杭州、哈尔滨等工厂，而设备的自动化、智能化升级一直是秉信不断探究的方向，企业先后又引进自动制糊系统、瓦楞线的智能控制系统、全自动联动线印刷机。同时，秉信包装向国际优秀企业学习，自2010年3月起与日本王子集团建立长期技术交流合作关系，并引进了日本先进的梅谷印刷机。2014年9月，秉信第一台预印机在沈阳上线，正式踏入预印领域，目前已建立东北、华东、华南、西南、西北五个预印生产中心，建立了完善的销售网络以更好地服务客户。随着经济的高速发展，为了能够快速、高效地完成客户订单，秉信自2018年开始引进自动码放系统，集捆扎、打包、缠膜、堆码于一体的自动化系统，将自动化提升到一个新的高度。近年来，为了适配方便快捷的大众消费观念，秉信于2021年引进了第一台数字印刷机，使产品同时走向多样化、小批量、个性化。秉信在不断变革中茁壮成长，为迈向智能化建立起坚实的硬件基础。

在硬件设备不断改造升级的同时，秉信包装也在不断完善软件系统。2010年11月，SAP系统和知识管理KM系统相继上线。为了完整追溯产品工艺参数，2017年导入MES系统，实时传送数据给数据库，为了更加准确、高效地完成工作，生产管理方面又引入WMS系统实时了解原纸库存、成品的库存情况，及时做出采购计划以及生产计划，并及时调整库存情况，为管控成本提供了准确的数据基础。

在智能化推进部分，秉信运用智能工厂的整体方案，整合了生产车间智能物流系统，分为两部分：智能原纸输送系统、全智能纸板物流输送系统。智能原纸输送系统主要负责生产线原纸的输送及管理，通过MES软件调取原纸信息，集合数据采集管将数据传给ERP系统，为ERP对原材料库存管控提供有力的数据支持。全智能纸板物流输送系统，生管数据做到实时数据的更新和物流排程的调整；与ERP数据对接，做到提前物流排程；MES系统指挥整个物流系统的运行，动态显示整个纸板物流系统的运行状况，做到可视化管理和产品物流可追溯（见图5）。

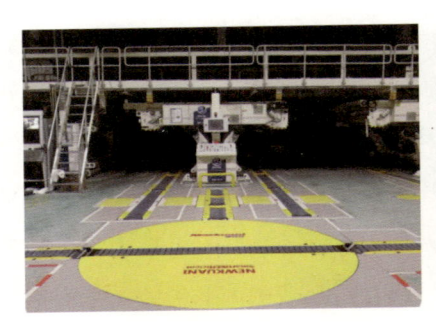

图 5　生产车间智能物流系统

整个工厂通过 SCADA 系统，做到数据可视化展示、统计报表管理、移动终端管理、数据储存等。从产品整个生产周期管理，产品制程的过程检测，从原料采购生产到成品出库全程智能化生产、全过程管理，实现工厂物联网的信息平台，以实现标准规范的自动化、智能化、数字化的现代工厂。

六、未来展望

秉信包装将环保写入企业名称，意味着其将可持续发展注入企业基因的决心。从生产原料、生产工艺到终端产品，从工厂到员工，秉信包装一直将环保践行在经营活动的每一个环节。

在产品的创新与拓展上，秉信包装持续打造与市场形成差异化竞争的产品，秉持"纸箱 3.0"创新理念，在生产技术和经营能力上，紧跟行业趋势，在工厂信息化、自动化的基础上，进一步推动企业往智能化、数字化转型。

未来，通过从硬件到软件、从技术到理念的迭代更新，成为"中国纸箱包装的标杆企业"指日可待。这是秉信包装的底气，更是秉信包装的决心！

柔印组合印刷技术推动标签生产两化融合

一、一家全国规模领先的不干胶标签印刷企业

广州美祺智能印刷有限公司（以下简称美祺印刷）创建于 1998 年，是一家集研发、生产、销售和服务于一体，专业从事不干胶标签印刷和防伪不干胶标签研发生产的高新技术企业（见图1）。美祺印刷与宝洁、立白、金龙鱼、拉芳、劲酒、怡宝、海天、李锦记等知名品牌保持长期合作，前后服务过上万家国内外品牌，产品广泛应用于日化、酒水、食品、药品、保健品、汽车燃油等诸多领域。美祺印刷的工厂建筑面积超过 11000m²，拥有配套完善、行业领先的印刷设备体系，胶印、柔印、凸印、网印、数字印刷设备等配备齐全，各具优势，灵活互补，能同时满足不同行业客户多品种、各批量、各交期的标签加工需求。

图1　广州美祺智能印刷有限公司

美祺印刷研发中心先后通过了广州市研发机构和广东省工程中心的认定，同时培育了一支富于激情和创新能力的印刷技术队伍，致力于行业技术标准的制定和工艺及设备操作技术的不断创新，以匠心打造最高品质的标签产品。目前，美祺印刷已成为华南规模最大、全国规模领先的不干胶标签印刷企业，已在深圳、天津、浙江等地设立了6家子公司，初具集团公司的规模。

二、柔性版印刷推动两化融合进程及清洁化生产

随着信息化技术的发展和现代化工具的进步，工业企业逐步从人力密集型向科技型迈进，柔性版印刷在美祺印刷两化融合的发展方面起着决定性的作用。为了满足企业产品生产质量及效率的提高，以及满足企业对各部门工作的管理需求的提升，美祺公司自2012年以来先后引进了8台柔性版生产设备，从2004年开始逐步在柔版机上启用先进的系统管理软件，满足从设计研发到生产，再到数字化管理的需求。

1. 工业化发展历程

美祺印刷自1998年成立至今，每年都在不断完善生产线生产设备、研发应用设备及系统，公司先后引进了商标机、凹版印刷机、太阳凸版机、中天胶印机、丝印机、鸿冠UV干固机、分料机、ZEBRA打印机、通车床、旺昌曝光机、折弯机、空压机、施托克编码器、宝大剥离强度试验机PT-6081B、科雷-德宝冲版机DB-CTP-90带制冷、红外加热炉、北大方正喷码机、欧米特柔性印刷机等。其中欧米特柔印设备由起初的6色柔印机逐步升为12色，美祺印刷都是率先购买的企业。为了更好地做好柔性版印刷生产，美祺印刷还特意配套购买柔性版晒版机（见图2、图3）。

2. 信息化发展历程

1998—2003年，美祺印刷成立初期，逐步实现了办公区域、传统车间的网络铺设，完成电脑房的搭建，共配置电脑50台，自1999年开始由重点工作场所布控，到2003年实现全场区布控，共安装监控设备26台，有效对各车间及办公

场所进行监控,有效帮助公司及时发现问题并解决问题,起到了很好的安防作用。

图 2　柔性版晒版机

图 3　柔性版印刷机 6 台

2007 年,美祺印刷开始使用 coreldraw 图形设计软件,精微细致的操作空间以及优秀的颜色填充、调色方案,印刷颜色与设计颜色的高度一致,提高了研发部的办事效率以及成品满意度。同年,引进了用友 861 系统,将线下的财务管理搬到了线上。

2013 年,引进新用友 U8 软件,在原有的财务管理基础上,以敏捷财资为核心,以业务事项为基础,实时会计,助力企业实现财务向数字化转型。

2014 年,使用艾司科数码流程软件,完成印前流程自动化,加快了生产过程,降低了人工操作的出错率和操作员干预的需求(见图 4)。

图 4　两化融合体系策划

2016年，开始使用可变数据"切图"软件，帮助电商部门快速解决各类排版问题，大大提高了工作效率。

2018年至今，开始使用西牛坡印刷 ERP 系统，经过2021年的系统升级，如今系统已经实现了开单、智能计划及执行、采购管理、货仓管理、合作伙伴管理、财务预算及应收账款等功能，日常运营管理工作基本实现数字化。

3. 获得"清洁生产企业"殊荣

美祺印刷自 2020 年 1 月起推行清洁生产的项目方案，历时约 24 个月，终于有所成效。原来老款的柔性版印刷生产线生产效率较低，调机纸路长，造成浪费严重，并且人工套位依赖经验，不够准确。2020 年引进一台新型的 IFLEX370 后，情况发生了明显改变：旧机印刷速度为 60～80 米/分，新型柔性版印刷机为 100～200 米/分，且新机功能更加齐全，工艺调整比较灵活；旧机调整纸路调整一次需要消耗至少 150m，新机调机纸路短，可控制在 100m 内，节省原料成本；旧机依靠人工套位，依赖人工操作经验，套位不精准，新机为智能套位，套位准确度高，可提高产品质量，降低产品不良率，提高产品一次合格率。

（1）社会及环境效益（计算依据及过程）

工作效率至少提高 20%，更换前后功率均为 90 千瓦，按年运行 300 天，每天运行 5 小时计，则年可节省用电 90kW×300d×5×20%=2.7 万 kW·h/a；每次调机纸路减少 50m，按幅宽 17cm 计算，每天调机 3 次计，则可节省原材料 50m×0.17m×3 次×300d=7650m^2。

（2）经济效益分析（计算依据及过程）

方案实施后，节省电力 2.7 万 kW·h/a，按电费成本为 1 元/kW·h 算，可节省电费 2.7 万元/a；按照纸原料成本 4 元/m^2 计算，则可节省原料成本 7650m^2×4 元/m^2=3.06 万元；总计可获得经济效益 5.76 万元/a。

根据相关统计数据，项目实施前，美祺印刷柔性版印刷清洁生产限定性指标达到Ⅲ级，故审核前柔性版印刷清洁生产水平未达到国内清洁生产一般水平；实施清洁生产项目后，公司的各项单耗、产品的一次合格率、清洁生产管理均有一定的提升，柔性版印刷清洁生产限定性指标达到Ⅱ级，清洁生产水平达到国内清洁生产先进水平（见图 5、图 6）。

图 5　清洁生产项目实施前（左）和实施后（右）对比

图 6　清洁生产企业证书

三、生产高质量柔印组合标签，增强综合实力

1. 高质量产品为疫情贡献力量

2020 年初疫情暴发，在接到立白集团的抗疫通知以后，美祺印刷领导立即安排就地过年的机长奔赴生产线。鉴于当时有部分人员还在老家，有些过油、喷码、冷烫、除胶、复合等工艺的机长未能及时回到岗位，幸好美祺印刷的 4 台组

合式柔性版印刷机充分发挥其优势，节省了大量的人力和物力，顺利完成了本次的任务。

疫情发生后，美祺印刷也及时总结了"六大建议"，以帮助标签印刷企业应对类似的突发事件。第一，区域上分散布局，以提升服务水平，特殊状态下可以分散风险；第二，完善供应链的建设，不仅要建设实物供应链，还要完善服务供应链；第三，智能制造；第四，做好色彩管理，以解决分散生产和远程打样的难题，发挥替代的作用；第五，多面手工人培养，对人才的培养不仅要放在提高效率、人才速成上，更多的是要从紧急事件应对这一角度来考虑；第六，管理优化，主要是树立危机意识、敏感决策、制定应急预案、企业化建设。

2. 高质量产品提升公司的行业地位

在广州市出版印刷协会举办的"2020年度广州市包装品质量竞赛"中，美祺印刷凭借组合式柔性版印刷的技术，通过自行设计的红酒标签荣获金奖，如图7所示。

美祺印刷主要通过专白+4C+丝印凸油+丝印夜光绿防伪油墨特性的工艺，利用柔性版组合式印刷，完成了该产品。产品效果呈现主要利用UV丝印夜光油墨有光环境下呈现无色（或浅绿色）透明效果，在黑暗环境下发光并呈现明亮的黄绿色，环境越黑暗，发光效果越明显。夜光油墨在黑暗环境下发光的能量来自其在有光环境下所吸收的能量，若长期置于黑暗环境下，其发光效果会逐渐下降直至完全暗淡，将其重新置于有光环境时将会重新吸收能量并恢复夜光效果。

图 7 在2020年度广州市包装品质量竞赛中荣获标签类金奖

此外，美祺印刷利用柔印组合式印刷技术还获得了其他多个奖项，比如荣获2020年亚洲标签大奖酒类银奖、荣登2022年中国标签业品牌影响力50强日化类标签分榜单全国前 5 强等。美祺印刷充分利用柔性版组合式印刷，提升了产品的质量，缩短了交货周期，得到了客户的一致好评。

图 8　荣誉证书

四、未来将继续探索数字印刷应用和"互联网+"商业模式，加快智能化制造进程

随着年轻人成为市场的消费主力，个性化包装定制需求逐渐增长，品牌商纷纷推出个性化包装或标签吸引消费者。同时，数字印后的发展成熟也给数字印刷产品创新带来更多可能。在数字印刷的落地应用方面，美祺也有一些经验和心得：第一，找准细分市场，以消费者为中心，契合消费趋势，找到个性化、定制化需求场景；第二，要让数字印刷在标签印刷企业普及，必须提升印刷企业自身业务数字化的能力，而数字化印前将成为关键；第三，印刷企业要重视对市场的研究及产品创新；第四，数字化印刷的集成度更高，对印刷人的素质要求更高，要让数字印刷在标签印刷企业快速落地，印刷企业也要重视人才储备及培养工作。

另外数字化印刷对印刷企业的运作效率、管理水平、成本控制等方面都提出了更高的要求。

除了探索数字印刷应用，美祺印刷认为互联网时代对传统行业的冲击不可小觑，必须借力互联网，改变传统思维。美祺印刷的目标是利用互联网思维，整合标签行业资源，将中小型标签印刷企业联合起来，建立可服务所有终端客户的核心工厂；采用互联网营销模式，扩大消费人群及服务能力；联合整个行业建立销售网络，通过优化生产、管理流程，降低企业运营成本，提高行业整体资源效率价值而从中获取价值转换的利润。通过行业整合过程，掌握行业大数据和垄断市场能力。利用互联网时代的新思维，采用新的发展模式，相信标签印刷企业也会在新的平台上取得新的发展。

如今行业中尚未形成独角兽企业，行业标准尚未形成，为美祺印刷成为行业龙头提供了机遇；国家大力支持不干胶行业发展，提供了政策红利；经济持续发展，下游企业不断发展壮大，为不干胶标签行业打开了更大的市场；消费能力提升，使得消费群体对不干胶标签的美观及个性化需求在提升。因此，美祺印刷将引进更多新型的柔性版印刷设备，充分与供应商沟通，将现有设备升级改造，提高其精度，降低不良品的生产率。

不干胶原材料基本就是铜版纸、合成纸，纸类材料涨价，销售价格及利润容易波动；印刷行业的印刷设备投入要求较大，对企业发展形成基金壁垒；人力成本、房租成本等快速上升，导致企业利润率维持在较低的水平；宏观经济波动，下游应用行业的需求量容易受影响，进而影响标签行业。由此，美祺印刷需要引进先进的生产技术和研发装备，改善生产流程及产品结构，提高生产效率，降低生产成本；关注国内外动态，及时调整企业营销策略，发挥公司品牌优势，强化优势，降低宏观经济的影响；利用信息化系统，加快订单交付率，提高财务现金周转率，为企业的经营发展提供足够的资金支持。

未来美祺印刷将不断提高企业自动化和信息化水平，提高产供销数字化运营能力，进而提高服务客户能力；重视管理体系和人才队伍建设，积极引进各方面人才，留住人才；迎合市场需求，生产丰富的个性化产品。

芬兰柔印软包装公司的成功之路

赵嵩　编译

一、一家欧洲领先的可持续性软包装柔印企业

芬兰是位于北欧的发达国家，国土面积约34万平方公里，人口550万，芬兰工商业发达，社会福利水平高。经济方面，芬兰奉行自由化的市场经济体制，2021年人均GDP约为5.3万美元，在45个欧洲国家中排名第14，远高于欧盟平均水平。Amerplast是芬兰的著名软包装印刷企业，位于芬兰南部城市坦佩雷，是欧洲较大的柔印软包装厂之一，多年来一直为欧洲大型的品牌商提供食品为主的柔印软包装服务。

1952年，索米宁家族创立了Amerplast公司，今年是其成立70周年。最初为了让自家孩子穿上干爽的裤子，在美国读书时，萨米·索米宁先生就有了用塑料裤子固定尿布的想法。几年后，他的妻子玛雅·索米宁夫人决定尝试创业。她买了一些机器，开始在他们两居室公寓里制作塑料裤子。因为整个经营理念和使用的第一批原材料都来自美国，所以当时就把公司命名为Amerplast［Amer取自英文单词"美国"（America）的前半部分，Plast取自英文单词"塑料"（plastic）］。从制造尿裤到塑料雨衣，两人引领了其他塑料产品的开发和公司的扩张。他们很快意识到塑料未来会成为是一种极为有用的包装材料，并开始制造塑料薄膜和软包装。

经过 70 年的发展，目前 Amerplast 公司在芬兰和波兰共有 3 家工厂、7 处办公地点，拥有 450 多名员工、11 台宽幅卫星式柔印机、1 个印前设计中心和 2 个制版中心，产品主要是用于食品、卫生品包装、饮料和零售包装的高性能的软包装材料，销售到 25 个国家。

二、Amerplast 公司发展历程

公司成立后，1960 年代是快速城市化和工业化的时代。Amerplast 了解塑料的应用潜力，并且由于生产塑料包装，其产品范围迅速多元化。到 1960 年代末期，公司搬到芬兰南部的坦佩雷，至今公司总部和两家工厂仍在那里。

1970 年代第一次能源危机给 Amerplast 公司乃至整个世界都带来了巨大冲击。无论全球如何动荡，得益于不断创新的经营理念，Amerplast 平稳度过了危机，其生产的 mingrip 品牌冷冻袋几乎成为每个芬兰家庭必备之物。1971 年，Amerplast 收购芬兰的一家工厂，专门从事 minigrip 袋的开发，其产品出口到芬兰以外，并在瑞典斯德哥尔摩成立了销售办事处（见图 1）。

1980 年代的经济繁荣，让 Amerplast 公司进一步扩大了生产规模并投资了新工厂。1985 年，创始人萨米·索米宁的儿子出任董事总经理。一年后，Amerplast 成为上市公司。几年后，Lassila & Tikanoja 公司购买了 Amerplast 的大部分股份。1990 年代，芬兰工业进入国际化发展阶段，Amerplast 也顺势在波兰投资建厂（见图 2），安装了当时最先进的生产设备，直到今日，波兰依旧被认为是西欧对外的桥头堡，同时紧密联系西欧市场。

2000 年年初，Amperlast 集中服务于无纺布、软包装和薄膜卷材等业务领域。2014 年，在经历一系列股权变更后，Amerplast 公司启动了一系列重大投资计划，用于更新生产设备（见图 3）。这些投资项目包括坦佩雷手提袋工厂的自动化，以及波兰和芬兰最先进的 10 色柔印机。

图1　1970年代Amerplast公司生产的mingrip冷冻袋几乎成为每个芬兰家庭必备之物

图2　Amerplast的工厂内部

2018年，Amerplast在波兰开设了第二家工厂，当时印刷包装行业在欧洲已经进入了持续关注环境保护的时代。其实早在20世纪90年代，Amerplast公司就已经制定了保护环境的经营策略，在那个时就已经开始使用回收材料。该公司在软包装行业向可持续发展战略转型过程中占据了领先地位。

图 3　吹膜机

2021 年，Amerplast 股东将其股份全部出售给英国私募股权集团 Chiltern Capital LLP。收购完成后，Amerplast 的业务将与其母公司旗下的汉米尔聚乙烯材料公司和普莱斯马克包装材料有限公司合并组成一个扩大的泛欧包装印刷集团，值得一提的是，这两家公司都是位于英国伦敦北部的聚乙烯材料供应商，其中的汉米尔聚乙烯材料公司成立于 1966 年，是英国首批从事聚乙烯创新的制造商之一。在 10 年间，该公司开发了 HDPE（高密度聚乙烯）和 LLDPE（线性低密度聚乙烯）薄膜，后者是与陶氏化学公司合作开发的，与 LDPE（低密度聚乙烯）相比，LLDPE 具有较高的软化温度和熔融温度，有强度大、韧性好、耐热、耐寒等优点，还具有良好的耐冲击强度、耐撕裂强度等性能，并可耐酸、碱、有机溶剂等而广泛用于工业、农业、医药、卫生和日常生活用品等领域。

Amerplast 认为这是一个快速发展的契机，整合了供应链上游两家包装材料公司的组合将进一步产生协同效应，为公司提供了进一步发展的动力，特别是在新产品研发上，可以扩大产品种类和客户网络（见图 4）。公司继续专注于通过创新和可持续的软包装解决方案与客户共同成长，新泛欧洲集团内部的协同工作也会为公司提供更多的专业知识、专有技术和研发生产上的灵活性，以更好地服务和满足其在欧洲大陆、英国和其他区域客户的未来需求。

图 4 Amerplast 的柔印生产车间

三、深入研究包装材料，创新丰富包装产品线

多年的发展让 Amerplast 明确了自己的使命和愿景，即通过完全融入循环经济的可持续软包装解决方案与客户共同成长，成为欧洲领先的循环经济软包装公司和客户首选的供应合作伙伴。

纵观 Amerplast 过去 70 年的历史，关注客户需求，不断丰富产品解决方案，提供高品质产品和服务，从原材料、生产过程和最终产品上长期关注可持续性，是他们成功的主要因素，当然我们也不能忽视历代管理者在公司发展中所做出的一系列适时又颇有远见的决策，让这家公司可以持续发展壮大。

丰富的产品线和高质量的包装产品是 Amerplast 成功的一个关键点，目前的产品线覆盖了卫生用品和纸品包装、食物包装和标签、零售包装、保温包装、安全和邮寄包装、食品和非食品的工业包装、包装机械和对应的包装袋等。在每个大类下，Amerplast 还为每个细分领域做了更为精细的划分，甚至开发了一些自有品牌。

例如，Amerplast 多年来一直专注于食品包装，对食品科学和食品包装的要求有着深刻的理解。除了专注于卫生和产品安全，他们工厂还通过了英国零售商联盟全球食品安全标准的认证。对于食品包装，Amerplast 又有 6 个分类，包括烘焙食品包装、新鲜食品包装、奶制品和肉类包装、方便食品包装、干燥和冷冻食品包装和标签。

对于烘焙食品，Amerplast 拥有多年经验，创建了自己的子品牌 Amerbakery，同时提供单层薄膜、多层复合材料和现成的袋子。他们的面包袋之所以受欢迎，是因为薄膜质量高、印刷质量出色以及其他特殊功能，比如增加活动代码和反复密封的功能。Amerplast 的面包袋客户包括北欧和中欧的大型面包生产商，大部分产品都是根据客户需求量身定制的，但同时也为寻求快速交货的客户准备了标准尺寸的产品，这些产品留有库存，交货期可以很短。

除了先进的包装性能，Amperplast 利用精美的柔印提升包装的视觉效果，所有印刷全部采用 10 色宽幅卫星式柔印机和 Esko 高清柔印技术。

四、关注可持续发展

除了在包装材料上的深入研究，Ameprlast 把关注可持续发展作为公司未来成长的主要驱动力。客户之所以选择 Amerplast，也是因为他们除了能够始终如一地提供高质量的软包装、一流的服务之外，同时致力于积极主动地把创新和可持续发展结合起来。

2020 年 Amerplast 生产的包装产品有 95% 属于可回收材料，超过 90% 的工厂废料是可以在内部重复使用的，和 2019 年相比，生物基材料的使用增长了 33%。

2020 年 Amerplast 从产品、生物基材料和回收材料的使用三个方面，设定了更具挑战的可持续发展目标，计划到 2022 年，产品有 97% 属于可回收材料，到 2025 年则要达到 100%。对于原材料中使用的回收材料的比例，目标设定为到 2022 年达到 19%，到 2025 年达到 22%，到 2030 年达到 27%。生物基材料的使用目标是到 2022 年达到 7%，到 2025 年达到 10%，到 2030 年达到 18%，如图 5 所示。

我们的目标和承诺
可回收包装的比例

96%	97%	100%
2021	2022	2025

生物基材料的使用比例

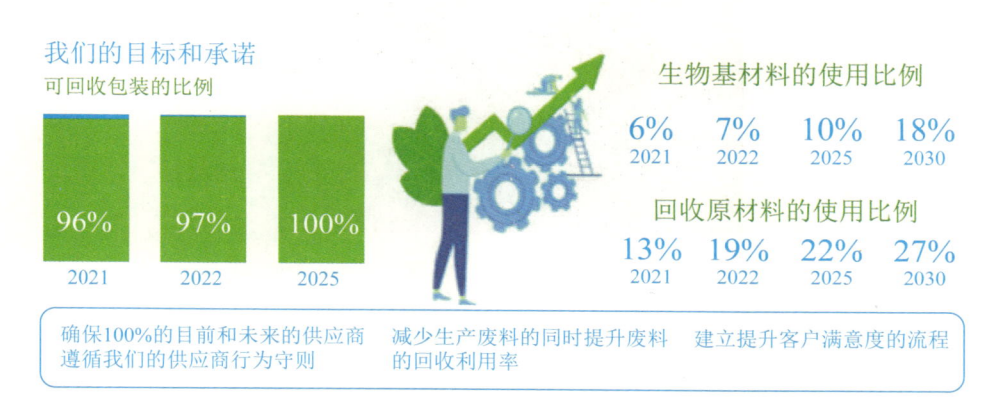

6%	7%	10%	18%
2021	2022	2025	2030

回收原材料的使用比例

13%	19%	22%	27%
2021	2022	2025	2030

确保100%的目前和未来的供应商遵循我们的供应商行为守则

减少生产废料的同时提升废料的回收利用率

建立提升客户满意度的流程

图 5　2020 年 Amerplast 设定的可持续发展目标

然而公司的可持续发展目标同时也面对很多挑战，对于生产过程来说就有很多需要解决的问题。举例来说，位于芬兰和波兰的两个制版单位需要服务全部 11 台宽幅卫星式柔印机，出于环保和效率的考虑，波兰工厂从 2008 年就开始使用热敏无溶剂制版系统，然而随着公司业务量的增长，原有的系统达到了产能的极限。虽然原有系统也有不少好处，一线生产人员也有不少正面评价，这些改善在于：一是不使用溶剂，制版车间环境没有以往的刺激性气味；二是无溶剂系统操作起来很容易；三是制版快，补版也快，不需要准备备用版，节省了不少成本。

同时位于芬兰的坦佩雷工厂仍旧使用溶剂制版，现有的溶剂系统的制版质量已经无法满足客户需求，从制版公司购买的印版成本不低，制作周期也比较长，渐渐成为芬兰工厂的生产瓶颈。不但在生产上无法和设备较为先进的波兰工厂在生产标准上保持一致，溶剂的使用和公司的可持续发展目标也已经无法契合。

图 6 Amerplast 波兰工厂的制版车间印前经理 Elzbieta Marczak（右一）

2021 年 9 月，Amerplast 对两处的制版车间进行了大规模升级，购置了目前最为先进的激光雕刻机和热敏无溶剂制版系统，这个升级对于 Amerplast 意义重大。波兰工厂的印前经理 Elzbieta Marczak 女士（见图 6）曾经表示："在顺利完成设备安装后，与我们之前的制版品质做了一次对比，很容易就发现整体制版性能的巨大改善。我们的制版重复性和印版质量都得到了提升，独立元素，如独立点和线条文字，渐变的平滑度有了质的飞跃。除此之外，新的制版系统的维护时间缩短了 75%，过去我们每个月需要大概停机两天用于设备保养，现在只要半天就够了。特别是新的远程支持系统很有用，不仅解决了疫情期间的设备维护的问题，而且可以随时随地对设备状态给出分析和建议。"

位于芬兰的工厂安装了全新的激光雕刻机、曝光机和热敏制版机，停止了原有的溶剂制版机，也不需要再向外部制版公司购买成品印版。如图 7 所示，当地的制版车间操作员 Jonna Noponen 说："使用新系统的改善显而易见，我们再也不用碰溶剂洗版了，也不用考虑溶剂回收那些事，无溶剂系统用起来太方便了，印刷机长对新版材也很满意，现在的印刷质量终于可以和波兰厂接近了，现在用新系统配合最新的加网技术，可以很好地改善实地密度，也满足了客户提出的要同凹印质量接近的要求。"

图 7　Amerplast 芬兰工厂的制版车间操作员 Jonna Noponen

五、总结

　　回顾 Amerplast 的成功历程，我们不难发现，围绕产品品质和客户需求，长期关注可持续发展，适时采用新技术，积极创新，研发有针对性的产品，结合现代企业经营管理方式，整合产业链，拓宽国际市场，是 Amperlast 成功的关键。在中国软包装行业迎来柔印技术大发展的今天，希望这些经验对我国企业有一定的借鉴作用，帮助我国的软包装企业更好地迎接新一轮的挑战。

2021—2022年美国FTA柔印大奖赛获奖产品选评

赵嵩　王洋　编译

一、FTA柔印大奖赛简介

在美国柔印技术协会（FTA）的组织下，FTA柔印大奖赛分别于2021年和2022年上半年落下帷幕并在 *Flexo* 期刊上刊登获奖结果。FTA柔印大奖是由FTA评选出的柔印行业的一个重要年度奖项，也是全球柔印行业持续时间最长、最具声望的年度印刷比赛，以表彰那些具备卓越印刷品质和精确一致性的杰出印刷企业。每年FTA收到的数百份参赛作品中，每一份都由评审团对其印刷难度和印刷水平进行评审，每一份获奖印刷品都证明了其在印刷质量上的显著成就。

FTA柔印大奖赛评奖的过程公开透明，包容性强，美国以外的企业获奖也很常见。比赛参赛产品按照宽幅、中幅、窄幅、预印、后印、信封、自荐和学生组分组评审。因为柔印在美国有很大部分应用于宽幅薄膜印刷，所以宽幅柔印技术的比拼至关重要。除了大家熟悉的窄幅标签和纸箱印刷外，柔印信封也占据了一席之地。值得一提的是学生组作品，其中获奖者以大学生为主，但也有高中生参加，旨在鼓舞和推动年轻人积极学习柔印知识。

本文将对2021—2022年美国FTA柔印大奖赛的部分获奖产品的专家所作的点评进行相关介绍。大赛的完整获奖结果可浏览其英文网站：https://www.flexography.org/honors-awards/excellence/。

图 1　Perfection 包装公司印制的 Tapas 包装袋

二、2021 年获奖产品选评

2021 年美国 FTA 柔印大奖赛受到疫情影响，样品收集工作晚于往年。不过由于包装涉及很多民生相关产品，在 2020 年受到的影响有限，甚至有些包装印刷公司还有不错的业务增长。

1. 宽幅薄膜多色印刷卓越奖（图 1）

印刷企业对于该产品的介绍："客户的设计对于传统柔印来说极具挑战，图像的背景是四色叠印的布纹，其中很大一部分渐变到了绝网，同时上面还有加网的文字。如果按照常规的加网方法，用制版曲线限定最小网点的话，那渐变的硬口一定很明显。为了达到近似凹印的效果，我们采用了混合加网技术，高光使用了调频网点，中间阶调使用了调幅网点。整个文件全部使用了混合加网，让所有颜色看起来都很干净，最终印刷出来的结果超出了大家的预期，如果不用放大镜看，几乎很难判断出是柔印产品。"

裁判组的评价："这个产品从整个阶调上看非常好，实地的油墨覆盖和高光的绝网都很好，同时打样和实际产品目测也很接近。"

2. 宽幅薄膜多色印刷金奖（图2）

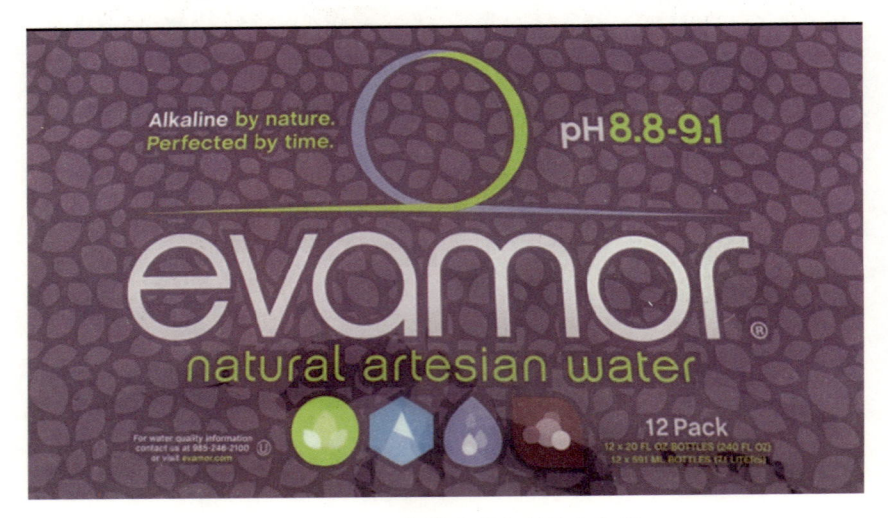

图2 Accredo 包装公司印制的水包装

裁判组的评价："该产品在使用色域拓展技术的同时又兼顾到细小及白文字的印刷，非常出色。"

3. 宽幅薄膜多色印刷银奖（图3）

裁判组的评价："这个产品套色精准，白墨和彩墨实地印刷均匀。"

图3 Folmex 公司印制的柔顺剂外包装

4. 宽幅薄膜多色印刷铜奖（图 4）

图 4　美国包装集团公司生产的巧克力包装袋

5. 宽幅薄膜多色印刷铜奖（图 5）

图 5　Transcontinental Ultra Flex 公司印制的宠物食品包装袋

裁判组的评价:"这是一个优秀的基于过程控制的产品,一个系列的三个产品套色精准,印刷和打样完美匹配。"

6. 窄幅标签印刷卓越奖(图6)

印刷厂对于该产品的介绍:"这个产品最早是用单张纸胶印机印刷的,产品有6～7个颜色,还使用了亚光金膜和局部上光。客户给了我们胶印样张要求我们追样,我们通过2～3轮上机打样把颜色追到接近,最终用柔印达到了胶印颜色的96%。"

裁判组的评价:"这件产品制作得极为精细,几乎找不到可以提升的空间。精细的网线、精准的补漏白和套准,冷烫金效果非常好,同时UV光油的纹理感明显。"

图6 印度iTek包装公司印制的洁面乳包装盒

7. 窄幅标签印刷金奖(图7)

裁判组的评价:"非常不错的产品,阴阳文字都很清晰,实地厚实。"

图 7　McDowell 标签公司生产的保健品标签

8. 瓦楞纸箱后印卓越奖（图 8）

印刷厂对于该产品的介绍："我们的客户没有任何特别的要求，电子文件是四色加几个专色，有些困难的是背景的大实地不太容易做，其次是如何用 6 色印刷出来，并且让颜色容易套准。我们决定使用直径 44 微米的调频网点（相当于传统加网 128lpi），背景的黑色印刷两次，把那些套印困难的颜色拿掉。图像的分色上，人物 T 恤衫上只留黑色，耳罩上只用了黄色和黑色，蓝色和黑色只用在六边形的图案上。印刷效果很好，特别是男人的胡子、头发、手臂这些区域，阶调和细节表现得都很好。"

图 8　Northern Corp 公司印制的耳罩产品包装

裁判组的评价："图像的印刷质量很高，黑色和红色的大实地印刷厚实均匀，调频网点印刷的效果很好。"

9. 瓦楞纸箱后印金奖（图9）

裁判组的评价："背景的实地印刷厚实均匀，酒瓶的图像精美。"

图9　Advance 包装公司生产的威士忌酒包装

三、2022 年获奖产品选评

2022 年评选出的 FTA 柔印大奖中，宽幅柔印有 3 个金奖、4 个银奖和 4 个铜奖；中幅柔印评选出了金奖、银奖、铜奖各 3 个；瓦楞纸预印评选出了 2 个金奖、2 个银奖和 1 个铜奖；另外还有窄幅柔印、瓦楞纸板后印和信封类评奖。

1. 宽幅柔印薄膜卓越奖（图10）

印刷厂对于该产品的介绍："由于印版、油墨、网纹辊、工艺管理和设备技术的不断发展，柔印的印刷质量现在已经超过了胶印和凹印的标准。参赛作品中包括两幅极具挑战性的图片，对应的 RGB 文件展现的细节非常复杂，包装物展现的真实感和诱人的效果非常令人震撼。通过对印刷工艺和设备的了解，以及在之前有难度订单中获得的经验，我们可以熟练应用扩展色域印刷；这使我们能够说服客户继续在本土使用柔印生产，而不是把订单放到海外去使用凹印进行印刷。"

裁判组的评价："在清晰度和细节方面，这是一幅印刷得非常好的作品。而且，印刷机将条形码周围的微小文字印刷得如此之好，真是令人惊讶。"

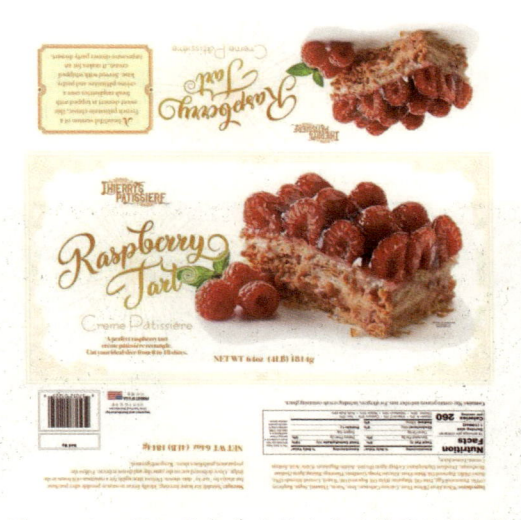

图 10　Sunshine 软包装公司生产的草莓馅饼包装

2. 宽幅柔印涂布纸金奖（图 11）

裁判组的评价："纵横向的套色都非常好，颜色的一致性也很好；而且实现的色域非常广。"

图 11　Marvaco AB 公司代表 OptiPack 包装公司选送的蔓越莓包装

245

3. 宽幅柔印非涂布纸金奖（图 12）

裁判组的评价："图像的清晰度令人印象非常深刻。网点和平网都非常干净，尤其是香肠的网点上。"

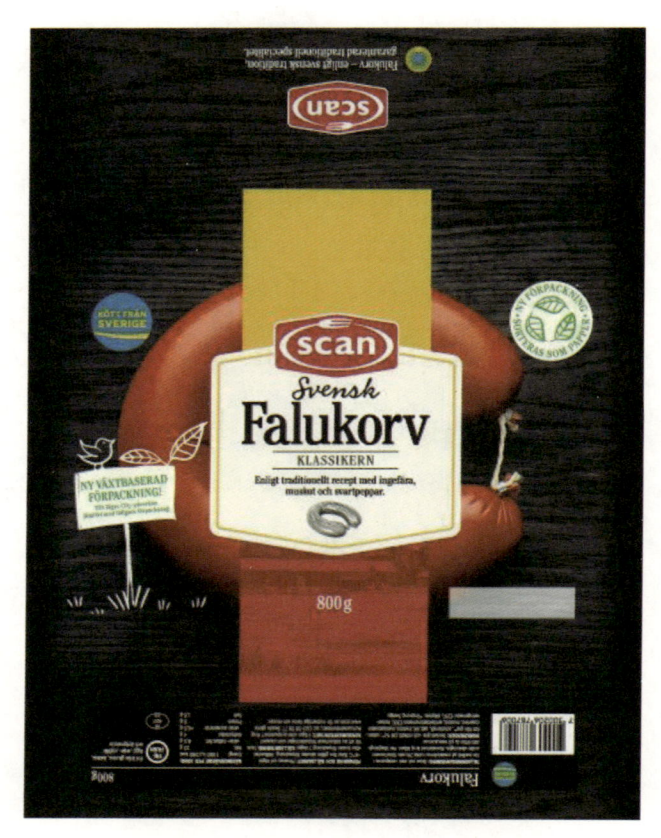

图 12　Marvaco AB 公司代表 HQ Print 印刷公司选送的 Svensk 法伦香肠包装

4. 中幅柔印薄膜卓越奖（图 13）

印刷厂对于该产品的介绍："客户对这个项目的期望值很高，因为该产品在历史上一直使用凹印来展示品牌特有的颜色；客户想要的产品的颜色和印刷效果与货架上原有产品保持一致，另外他们特别注意花瓣的层次和色调。这个产品中最具挑战性的部分是色彩的搭配，既要保持厚实的颜色，同时还要体现花朵的精致细节和色调。此外，引入了一个新的浅紫色专色，不但参与了图像分色，同时用于印刷中间的淡紫色实地色块；在印刷中，如何平衡这个专色的实地和花朵的印刷细节，则是一个额外的挑战。总而言之，这个产品从头到尾都是一个挑战，我们对印刷结果感到非常自豪。"

  裁判组的评价："在整个印刷门幅上套印得非常好，高光印刷效果和画面的过渡也非常好。总的来说，这是一个印刷得非常好的样本，因为包含了很多小细节而脱颖而出。"

图 13　Accredo 包装公司生产的精盐包装

5. 中幅柔印薄膜金奖（图 14）

  裁判组的评价："出色的白色遮盖效果，另外灰色与褐色的扩缩做得非常好。"

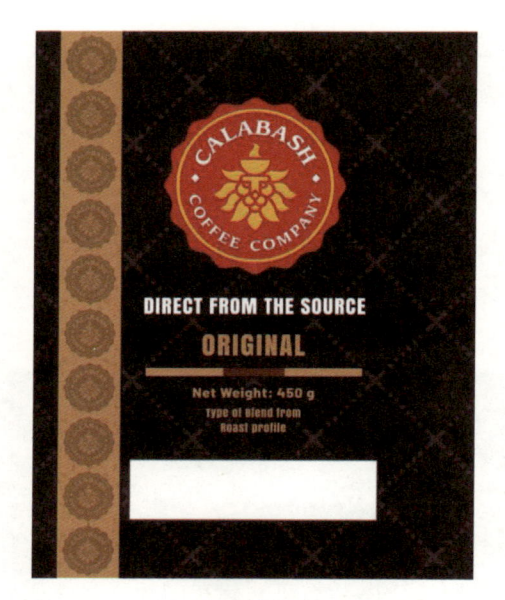

图 14　SA CV 工业塑料包装公司的咖啡包装

6. 中幅柔印薄膜金奖（图 15）

裁判组的评价："以非传统的油墨使用扩展色域进行印刷，效果非常好，非常细致的细节和出色的套印效果。"

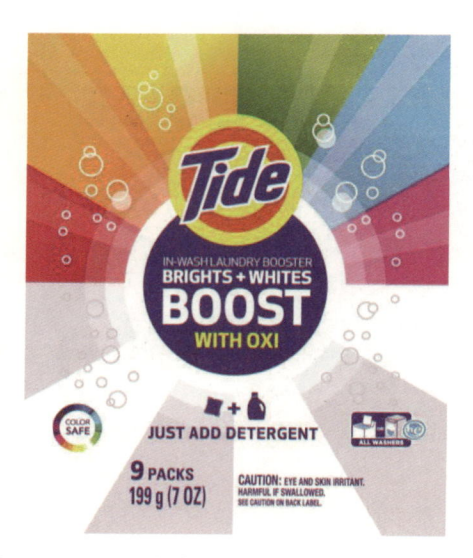

图 15　Accredo 包装公司的汰渍洗衣添加剂包装

7. 瓦楞纸箱预印卓越奖（图 16）

印刷厂对于该产品的介绍："尽管要达到客户的设计期望有很多挑战，我们的印前和印刷部门还是非常成功地完成了这项工作。客户的原始文件使用传统的 4 色处理所有的图像，这导致了非常小的扩缩量，并且有专色超出了 CMYK 的色域。所以我们使用了 8 个颜色来重新进行分色，包括专色参与了图像的分色；这使我们可以实现更准确的专色、更小的扩缩和更完美的细节展现。由于在同一张印版上需要同时印刷线条和高光网点，以及一些颜色需要使用大墨量的网纹辊，所以我们使用了杜邦 ESM 平顶网点印版；这可以帮助我们更好地控制网点增大，保持高光网点的干净和色彩准确，同时也获得了较高的实地密度。虽然我们修改了文件的分色，加入了新的专色并重新定义了一些细节部位的效果，但是印刷图案中袋子的白色背景部分还是需要准确套印才行。在印刷中，我们的工人一直盯着这些区域，尽管扩缩量不大，但是在正常印刷套色跑动下，也可以保持边缘部位的精确套准。"

裁判组的评价："非常棒的设计！使用灰色来代替了黑色，展现了柔和的色调，并实现了非常好的过渡印刷效果。一个印刷得非常好的产品，值得获得最佳表现金奖。"

图 16　国际纸业公司生产的爆米花小吃包装

8. 瓦楞纸箱预印金奖（图 17）

裁判组的评价："套色非常好，樱桃图片中的细节让这张照片引人注目。"

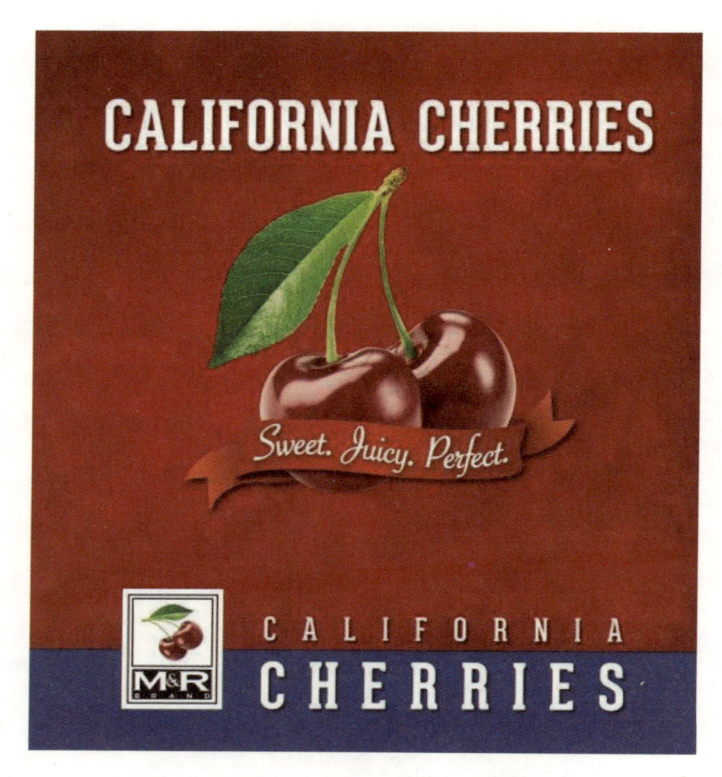

图 17　国际纸业公司生产的加州樱桃包装